JN200647

|新装版|

夜眠る前に贈る言葉

CONTEMPLATION BEFORE SLEEP

OSHO

Originally Published as
"Contemplation Before Sleep"
By Osho

はじめに

この本の内容は、光明を得たマスターOSHOと、その弟子や探求者との講話から抜粋されたものです。これだけで読んでも、「朝の目覚めに贈る言葉」と併せて読んでも、一日の終わりの最上の締めくくりとなるでしょう。

眠る前にマインドに残された最後の思考は、朝目覚めるときの最初の思考になるといいます。おそらく私たちの大半は、テレビドラマのイメージで膨れ上がったマインドや、過去の苦悩や将来の不安とともに眠りにつくのでしょう。私たちのほとんどは、眠りに入っていくにしても悩み事を抱えているのです。

この選り抜きの一節一節は、特別に夜のために選ばれました。「朝の目覚めに贈る言葉」に引用されたものは刺激的です——時に簡潔で、時に華麗で。それは、これから始まる一日への、活気あふれる全面的(トータル)な参加を常に支持するものです。これに対して夜の巻のOSHOの言葉は、くつろぎや拡がり、溶け去ることや解き放つことの重要性を、読む者に思い起こさせます。

この本には数々の写真がちりばめられています。この本は1年を１２ヶ月、１ヶ月を３１日に分けています。「１月」が必ずしも暦上の１月である必要はありません。それは、あなたが読み始める１ヶ月目ということです。一連の文章は、手あたり次第に読むより、連続して読むように構成されています——OSHOの生への理解が日毎に明らかになっていくように。また夜のための言葉は、朝の内容と連続しています。

この本は独特の用い方をします。この本は小説として読まれるようには意図されていません。一度に一節ずつ読むとよいでしょう。それは盛りだくさんの食事ではなく、晩餐の後、一日をしめくくるミントのようなものです。OSHOは、その言葉の賛否や論議や分析を誘発するために、語ったわけではありません。それどころか、その言葉を覚えておく必要すらないと言っています。

「語っていることがあなたの生で現実のものとなったら、言葉を覚えているかどうかなど、かまうものかね？　覚えていなくても完璧に正しい。どんなものであろうと言葉の記憶は障害となる。純粋に意味だけを、あなたの実存の最奥の核まで浸透させなさい。そこへは言葉が至ることはない。言葉を越えた意味だけが入っていける」

　実際、彼の言葉を読むことは、知的遊戯というより、むしろ音楽に耳傾けることに似ています。音楽に耳傾けること——それともワインを味わうようなことでしょうか。ゆっくり味わい、香りを楽しみ、その味わいであなたの魂の味覚を喜ばせてください。

マ・プレム・マニーシャ

夜眠る前に贈る言葉

目　次

contents

夜眠る前に贈る言葉

month 1

意識のコロンブスであれ

BE A COLUMBUS OF CONSCIOUSNESS

1

month 1

この世の中はあまりにも、苦しみもがいている
人類の意識の歴史上初めて
人間は存在の行路を見失ってしまった
今だかつて私たちほど
苦しみにみまわれた人間はいない
過去において人々は終始貧しかった……実に貧しかった
人々はずっとひもじい思いをしてきた
だが精神的にこれほど貧しいことは決してなかった
今日ほど人類が精神的な飢餓感を覚えたことはない
私のワークのすべては
存在への慧眼(けいがん)を
あなた方に取り戻させることに注がれる
人類が再び存在に根ざさぬかぎり
私たちに未来はない

人間は、愛の歌、愛のダンスとなる可能性を秘めている
だが、その潜在性を具現化するのは
非常に限られた、実に稀な人々だけだ
人は種子として生まれる
が、そのほとんどが種子のまま死を迎える
その生は、だらだらとした無益な試み以外の何物でもない

私が見るに、人々が寺院やユダヤ教会堂や教会に通うのは
愛ゆえにではなく、ただ恐れゆえに他ならない
そうだ、年をとればとるほど
より足しげく通うようになるのも
いっそう死を恐れるようになるからだ
生において、この上なく価値あるものを知り得た人々は
教会や寺院などに行きはしない
だが、生がその手からすり落ち始め
底知れぬほど暗い死の闇が忍び寄って来ると
人々は恐怖に取り付かれ、自分を護ってくれる人を求める
もはや財産をあの世まで持っても行けず
友人と一緒に行ける訳でもなく
家族とも離れ離れになることは明らかだ
自暴自棄から、神という概念にしがみつき始める
しかしこれは、愛や感謝から起こったことではない
それに、恐れが生んだ神など偽りの神にすぎない

私のここでの努力のすべては
あなたが恐れから神へと向かうことなく

美と創造性と、愛の体験を通して神の許へ行けるよう
存在への窓を開け放つことに注がれている
そして、人がこうした体験を経て神と接触すると
それは変容をもたらす
途方もなく素晴らしいものとなる
たった一度の存在との、生きた接触で充分だ——
あなたは決して、同じままではありえない

とてつもない挑戦とともに
初めて人は統合され
その生エネルギーは結晶化される
このことを覚えておきなさい
決して、宗教を恐れと結びつけてはならない
恐れなき勇気と手を結ぶことだ
あなたを未踏の地へ
どんどん突き進ませるほどの勇気とだ

それはあたかも地図なしで
対岸のことなどあずかり知らずに
小舟で荒れ狂う海へと、漕ぎ出して行くようなものだ
コロンブスのように——
ただ、地球は丸いという仮説だけをたよりに
いずれの地にか、たどり着くだろうという希望を抱きつつ——
意識に関して、人はコロンブスのようであるべきだ

4

month 1

私の提案はこうだ
愛を探し求めることから始めなさい
直接、神に向かうのではなく
直接、神を探し求めると
その神は単なる想像の所産となる
ヒンズー教の神であったり、イスラムの神であったり
キリストであったり……
それは真実の神ではない

愛を通して探し求めることだ
愛には神にはない素晴らしい点が一つある！
それはつまり
愛には
キリスト教もヒンズー教もイスラム教もないということ……
愛はただ愛であり
いかなる形容詞も付随しない
愛の比類なき素晴らしさは、そこにある
人類が、神の代わりに愛を探し求めるなら
いともたやすく、人類に偉大な愛の絆が結ばれることだろう

「神」という言葉を口にした瞬間
神は遠くかけ離れた存在になる
それはまさに、創生期以来語りつがれてきたことだ
神はどこか上の方――遥か遠くに離れた天空のどこかにいると
だが「愛」というとき、神はハートのすぐそばにいる
いわゆる聖職者のたぐいは、押し並べて抜け目なくずる賢い
彼らはこのかた、神が遥か彼方の存在であることを
証明しようとし続けている
神が遠くにいなければ
神の代弁者、媒介、代理人にはなれないからだ
神という言葉を使うとき
それは人格を持った人という感覚を与える
神は限定されたもの、定義されたものとなる
だが愛は、人格を持つものではない
それは質であり臨在だ　花と言うよりは、芳香だ――
限定されることのない、果てしなく無限の広がりを持つものだ
「神」というと、あなた方はただ無力感を感じる――
“どうしたものだろう？”と

だが愛があれば
それに関して何らかの事はできる
愛に満ちていること、それは人間の最奥の本質だ！
ゆえに私の教えのすべては
「愛」という言葉に中心を置いている
イエスは言った、「神は愛である」と
私は言う、「愛は神である」と――

6

month 1

愛の人は、全体的に生きることを知っている
そういう人は、トータルに生きているからだ
その肉体は愛に溢れ
その細胞は愛に踊り
そのマインドは愛のことで一杯だ
論理ではなく愛に溢れている
そのハートは愛でみなぎっている——
それは単なる血液の浄化装置でも
単なる呼吸器官でもない——
一息ごとに愛を吸い込んでは、愛を吐き出している
そもそも魂そのものが、純粋な愛、愛の海なのだ

そうした人間は、必ず存在を発見するものだ
そうした人間から、存在はいったいどこに
身を隠せるというのかね？
事実、そうした人間に
存在を探し求める必要はない
存在の方が探し求めて来る
なんという美しさだろう
存在があなたを探し求めてやってくるとは

対象を定めることなく愛しなさい
存在全体を愛しなさい
それはひとつのリアリティだ
実際、木や山や人の間に違いはない
すべては互いに関わり合い
深い調和の中に在る
人間は酸素を吸い込み、二酸化炭素を吐き
樹木は二酸化炭素を吸い込み、酸素を吐き出している
そうだ、樹木なしでは人間は存在できない
すべてはお互いにつながり合い
浸透しあっている
そう、存在全体はそのように結びつき合っている

だから対象を定めることなく愛しなさい――
木々、星々、山々、人々、そして動物たちを
要点は何を愛するかではなく
あなたが愛することにある

8

month 1

人間の幸福は、存在とともにあることだ
存在に根ざすようになれば人は全体的で健康的になる
存在とともになければ
根もなく、ずっと滋養も得られない状態に陥る
存在は土壌だ
私たちの滋養となり、至福となるものだ
そして生のすべては探求——
至福の源泉を探求することにかかっている

全面的な明け渡しの中で
初めてあなたは存在と
触れ合うことができる
さもなければ不可能だ
ちょうど水が百度で蒸発するように
全面的な明け渡しがあって
初めてエゴが消滅し
あなたはただの空っぽの空間となる
内側には誰もいない
そこには大いなる沈黙
果てしない無限がある
だが誰もいない

その時こそ
空全体があなたの内側へとなだれ込み
天と地が出会い
あなたが
死すべきものから不死なる魂へと
変容をとげる瞬間だ

10

month 1

人は自らの意志を超えていく必要がある
そうすれば神の意の一部となるだろう
自らの意志は落とすべきだ、問題のすべてはそこにある
いったん自らの意志が溶解してしまえば
存在が私たちを通して働きかけ始める
その時そこには、何の惨めさも不安もない
人は完全にくつろぎ、そこには何の問題も存在しない

あらゆる問題は、あなたの意志から生じている
意志とは、全体との闘いを意味するからだ
それはもがきだ、もがきは緊張をもたらす
失敗はまぬがれない
だからどんなに激しく闘おうとも
人は胸の奥深く、どこか奥深いところで
それが無駄であることを知っている
全体にあらがおうとも勝ち目はないと——
人は全体とともにあって初めてうまくいくものだ
全体と闘ってではない
自らの意志を明け渡した瞬間、すべてがあなたのものとなる
突如として、宇宙全体があなたへと扉を開く
あらゆる神秘があなたのものとなり
いっさいの秘め事、すべての鍵があまねく引き渡される
その逆説（パラドックス）とはこうだ
意志の明け渡しによってあなたは主人（マスター）となる
意志を保持し続ける、そのために闘いを招き
あなたは奴隷であり続ける

人々はがちがちに固くなってしまっている
生自体がそうなるように仕組まれている
生は人々に闘いを強いるからだ
ゆっくりゆっくりと、人は内側の柔らかさを
ことごとく失っていき、まるで岩のようになる
だが、岩のような人間は死んでいるも同然だ
生きているとは名ばかりで、真正に生きてはいない

真正なる生は、たおやかで感じやすくありながらも
開いているものだ
存在を恐れてはならない
存在はあなたを気遣い、愛している
存在と闘う必要性など、微塵もない
存在は、これまであなたが求めてきたもの
あるいはこれまで心に描いていたもの以上の何かを
与えようと待っている
だがそれは、あなたがたおやかで
感じやすくあればの話だ
あなたが受容的であれば
存在はいたるところから入ってくる
存在に対して恐れることなく、受容的でありなさい
いつでも応じられるようにしておくことだ
恐れる必要は何もない
それは私たちの存在だ
私たちはそれに属し
存在は私たちに属しているのだから

12
month 1

今こそ宗教は、本物（リアル）にならなくてはならない
もうたくさんだ
すでに充分すぎるほど
擬い物と付き合ってきた
生は本物（リアル）だ、愛は本物だ
生を愛するなら、それはあなたにとって存在のすべてとなる
そして生を礼拝する唯一の方法は
歌い、踊り、花を咲かせ、創造的であり
この壮大なる祝祭に何かを捧げること
この素晴らしき祭典、素晴らしきカーニバルに
風趣を添えることだ！
それはどこまでも続く
星々は踊り、木々は踊り、そして海は踊っている

私のサニヤシンは、その海の一部となるべきだ
そして木々の、雲の、星々の一部に——
これこそが私の寺院だ
私はそれ以外のいかなる寺院も
いかなる神も信用していない
これは私自身の体験による
私は私とともにいる人々と、それを分かち合いたい

サニヤシンであることは
簡潔に今、祝祭の次元へと向かっていることを意味する
それは春への招待
春に向けて用意をすることだ

フリードリッヒ・ニーチェは言っている
「神は死んだ」と
だがニーチェにこう尋ねた者はいなかった
「誰が神を殺したのか？」と
可能性は二つしかない——自殺か他殺だ
が、神に自殺はあり得ない
それは不可能だ
というのも、神とは至福を意味するからだ
どうして至福が自殺できるだろうか？
神とは真実を意味する
真実が自殺を犯せるものかね？
神の真の意味は永遠だ
だから自殺は不可能だ
神は抹殺されたに違いない —— 聖職者たちに
あらゆる宗教の聖職者たちは
大きな陰謀の一部をになってきた
彼らが神を殺したのだ
むろん本物の神を殺すことは不可能だ
が、みずからが創り出した神ならば可能だ
宗教という名を借りた
一万年にものぼる愚かな歴史のためにも
私はこう提案したい
愛を探しなさい
神のことなどすべて忘れて
すると神聖さがおのずと訪れるだろう
それはきっと訪れる
それは必然だ

14

month 1

肉体は、生まれては死に
マインドも、生まれては死んでいく
だがあなたは、肉体でもなければマインドでもない
あなたは両方を卓越した何かだ
決して死ぬこともなく、決して生まれることもない何かだ
あなたは常にここに在り
これからも在り続けることだろう
それを感じ始める瞬間
生についての洞察のすべてが変わり始める
今の今まで重要だったものが
どれも取るに足らないものとなる
財産、権力、名声……そうしたたぐいのものすべてが

そして以前には気にもとめずにいた多くの事柄が
突然、とてつもない重要性を帯びてくる
愛、慈悲、瞑想、祈り、神聖さといったものが

覚えておきなさい
あなたの内側には
永遠なる何かがあるということを

イエスは言った
神の王国はあなたの内側にあると
それは目覚めたる者すべての、本質的な教えだ
どこにも行く必要はない
外側に探し求めないことだ
そこでは何ひとつ見つかるまい
あなたは空虚なまま満たされず
挫折感に打ちひしがれたままだろう
そもそも、本当の王国、本当の富は
あなたの内側、あなたの主観、あなたの魂にあるのだから

通常、人間は外向的だ
きっかり対極へ動けばそれは内向的となる
世の中に反抗するわけではないが
自分自身を知らずにいることはとても危険だ
ひとたび自分自身を知れば
世界中を歩き回り、喜びを分かち合い
喜びの中に生きるだろう　そこには何の問題もない
自己の実存に根ざしていれば
自分が望むだけ外向的にもなれる
それでいて、あなたが損なわれることもない
街中で暮らすこともできる
自分の瞑想をかき乱されることもなく

だが最初に何より肝心なことは、内側に定まり
自己の内なる実体(リアリティ)に精通することだ

私の努力はすべて、あらゆる手を尽くして
あなたを内側へと向かわせ
内側へと入っていく手助けをすることだ

私はあなたに、真実を与えることはできない
それは誰にも不可能だ
だが、どこで発見できるのかという示唆は与えられる
月で発見できるものではない
エベレストで見つかるものでもない
それはまさに、あなたの内側で発見されるものだ
眼を閉じて、内側を見つめることを学びなさい

すべては神聖だ
実のところ神はいない、あるのは神性さだけだ
神とはある種の質、臨在であり一個の人格ではない
神を人とみる概念は擬人観であり
人々は自己のイメージから、神のイメージを創りあげてきた
それは人間の投影にすぎない、真実の神ではない
だからこそ仏陀は、神について沈黙を保ったのだ
仏陀は神性については語ったが
神については一言も語らなかった

私自身の経験したことも全く同じだ
神はいない、だが神性さは存在している
存在全体は神性に満ち溢れている
神と世界とを分かつものは何もない
存在は神聖だ

この洞察、こういう眼で存在を見つめ始めなさい
するとあなたは驚愕するだろう
決してそれまで見たこともなかったものが見え始めるからだ
あなたは毎日同じ物を見てきた
同じ木々、同じ鳥たち、同じ人々を——
だがいったん、すべては神聖だというこの洞察が開けたなら
万物を新しい光のもとに見始める
そうなると、世界はもはや入り組んだものではなくなる
もはや、何の問題もなければ何の疑問もない——
それは解明されるべき問題ではない
生きるべき神秘だ

17
month 1

神性さは私たちの本質、私たちの実存そのものだ
それは外側にある何かではなく
最奥にある核、内側そのものだ
それを探し、見つけ出そうとする必要はない
ただ想い起こすことだ
神性は、私たちから失われてはいない
ただ自分自身が誰なのかを
私たちがすっかり忘れてしまっているだけだ

人間は
存在を迎え入れる主(あるじ)にもなれるし
存在の我が家となることも可能だ
そして存在を迎える主や家にならぬかぎり
人は満たされぬままだ
存在を内側に招き入れないかぎり
人は深い欲求不満にかられ続ける
存在が私たちの実存に入るや否や
私たちは存在そのものとなる
それは人間の最終の定めだ
その成就があって初めて、達成の満足と喜びがある

19

month 1

私たちは存在のごく近くにありながら
まるで平行線のように決して出会うことがない
ひとたび過去と未来に関わることを止めてしまえば
平行線は徐々に近づきだし
ある日突然、そこにはただ一本の線しかなくなり
二本の線は消える
それは比類なき喜び、この上ない至福の瞬間だ
それこそ誰もが探し、待ちこがれているものだ
しかしながら人々はそれを見逃し続けてきたために
惨めな状態にある
準備しなさい
そのための手だては唯一、ただ現在に生きることだ
そうすればあなたは、存在の我が家となるだろう
それこそは、生の成就だ

存在は、唯一の保証だ
財産、権力、名声——
そういったものは何の保障にもならない
家族、友人、たとえ生そのものであろうと——
何の保障にもならない
私たちの周りは不確実なものだらけだ

確実なものがひとつある
それは、外側のどこにも見出すことができず
最奥の核でしか見出せないものだ
そこには神が済んでいる
そこは神の住処——あなた方のハートの核心だ！

また、内なる神を知ることは
あらゆる保障を超えていくことだ
するとすべてが、安全で確実なものになる
そしてすべてが安全で確実であれば
惨めさや不安はおのずと消え去り
この上ない至福が湧き起こる
その至福こそ
あなたの実存がもっとも切望しているものだ

21
month 1

勝利は奥義を知ることを通して得られる
知るに値する奥義はただひとつ
それはあなたの最奥に秘そむあなた自身だ
そこはもっとも秘められた場所だ

人々は遠く広域に渡り旅をし続ける
それは別に難しいことではない
人々は月にも達している——それ位はいとも簡単だ
だが自己の中心(センター)に到達することは実に難しい
しかしながらそこには
秘中の秘が
あらゆる秘法のドアを開くマスターキーが
隠されている

サニヤシンであることは
あなたが自己発見の道へと入っているということだ
それはすでにそこにある
必要なのは、私たちがそれを発見することだけだ
ただ幾つかの無用なものを
幾つかの覆いを取り去らねばならない
すると突然、神そのものと直面する
奥義とは私たちが神であることだ
にもかかわらず、物乞いに甘んずるのは惨めなことだ

まず最初に覚えておくべきことは
生は私たちに授けられたものであり
私たちが勝ち得たものではないということ
実のところ、人々はそれを受け取るに全く値しない
これはとても奇妙な存在の法則だが
それに値する仏陀、キリストといった人々は
生より消え去り
それに値しない人々が、何度も何度も生まれ変わっている
ひとたび、生を受け取るに値するようになった人は
究極の中へ消え去る用意ができている
もし受け取るにふさわしくなければ
また戻ってくる必要がある

また覚えておくべき二番目のことは
精神(スピリット)の力についてだ
それもまたあなたに属するものではない
あなたの中に絶え間なく流れている神のものだ
あらゆる瞬間、あなたは神を呼吸している
むろん無意識的にだが
意識的になった時にはきっと驚くことだろう
私たちは神を食べ、神を呼吸している——
紛れもなく神を
神は私たちの滋養だ
神は私たちの根であり
枝であり、葉や花、実でもある
神はすべてであり　私たちはゼロに等しい

23

month 1

人生において、贈り物を受け取るほど難しいものはない
それはエゴに反するからだ
与える方がまだたやすい、与えることは実に容易だ
だが受け取ることは、たいそう骨が折れる
しかも自分が受け取るに値しない人間であれば——
それはさらに難しくなる、実際私たちは値しない——
受け取るに値するだけのことをしてはいない
祝福を受けるにふさわしい人物ではない
だが存在はひたすら与え続ける
それは私たちがそれに値するからではなく
存在が溢れるほどに満ち足りているためだ
あなたがその祝福を受け取るとき
存在はあなたに感謝するだろう
あなたはその荷を降ろしてあげた
あなたが存在から重荷を少しばかり引き取ったからだ
だが覚えておきなさい
贈り物を受け取るのはとても難しい
何か屈辱のようなものを覚える　少しばかりきまりが悪い
サニヤシンはこの上ない喜びと祝福のうちに
贈り物を受け取ることを学ばなくてはならない
というのも、受容的になればなるほど
さらに与えられるものだからだ
全面的に受容的であれば、天国のすべてがあなたの実存へと
今ここ、この瞬間にも降りてくる
あなたの側に必要なことは
ただ完全に自分を開き、用意を整えることだ

あらゆる時代の
すべての師(マスター)たちはこう宣言している
人は皆、聖なる王者として生を受ける
にもかかわらず、その事実に全く気づかずにいると
自分自身の内側の世界を知らなければ
その王国に気づくことはない
そしてまた
永遠なる自らの王国を知らずにいるために
とるに足らぬことを望み
ちっぽけな物ばかりを乞い求めている

私たちは自分が物乞いであるという悪夢を見ている
人は目覚めた瞬間
いいようのない驚きに包まれる
自分は物乞いではなく、王だったのだと気づいて

それこそが瞑想の目的のすべてだ——
それはあなたに内側の王国を知らしめ
至上なる可能性に気づかせる
そしてひとたび目覚め始めれば
旅は困難なものではなくなる
ほんのかすかな目覚めでも
眠気はほとんど薄れ、物事は容易になる
だがあなたが目覚めぬかぎり
それが実体となることはなく
リアリティに至ることはない

ひとたび目覚めたならば
あなたは第二の誕生を探求し始める
そして第二の誕生は
唯一、瞑想を通してのみ可能となる
最初の誕生は、母親を通して起こるもの
第二の誕生は、瞑想を通して起こる
そのため古代の聖典には
瞑想は実の母親と記されている

イエスは弟子たちにこう語っている
「再誕生なくして神の王国に入ることはできない」と
東洋では
神に到達した者は
ドゥイジャ、二度生まれた者と呼ばれる
第二の誕生は芳香を放つ

26
month 1

西洋の瞑想は、思考のたぐいにすぎない
より崇高な物事についての思考が、瞑想と呼ばれている
神について、キリストについて、愛について考えるとき
それは瞑想と呼ばれる

東洋においては、思考は瞑想とは何の関わりもない
神について考えようが、お金について考えようが
それが要点ではない
対象が何であろうと、思考は瞑想の妨げとなる
東洋では、瞑想は無思考
まさに混じり気のない実存（ビーイング）の状態を意味する
そしてただ存在していること——
それは生におけるこのうえない経験だ
何の思考もよぎらず、行き交うものすべてが止まり
マインドが消え去る
だが、意識は今までにも増してそこに在る
思考の背後にあったもののすべてが、もはやあらわになり
思考に巻き込まれていたあらゆるものが
今や解き放たれるからだ
すべてのエネルギーが解き放たれる
人は単なるエネルギーの貯蔵庫にほかならない
それは、一筋の波紋も起こらぬほど静かなエネルギーだ

静かな意識の泉に
静かなエネルギーの泉に存在は映し出され
人はそれを知るに至る　神とはそれの別名にすぎない

27

month 1

神性を経験するには
ただマインドを脇へのけておくことだ
それは瞑想のすべてだ――
とめどもなくしゃべり続けるマインド
全く何の訳もなく延々と動き続ける
この狂ったマインドを止める方策だ
それは何の得にもならないのに、目まぐるしく動いている
私はマインドを破壊すべきだと言っているわけではない
単に、脇へのけなければならないだけだ
そうすれば必要なときそれを使うことができる
それはちょうど、ガレージの中の車のようなものだ
使いたければ、ガレージから出すこともできる
そうなればあなたは主人だ

だが通常、現実はその正反対だ
車のほうが、ガレージに入りたくないと言い張る
「私は止まる気などない」と車は言う
「あなたのほうが私と一緒に走るべきだ」と
そして、一日二十四時間走り続ける
たとえ眠っているときでさえ、マインドは動き続ける
一般的には、マインドは幼年時代にいったん動き始めると
その人が瞑想へと入っていかないかぎり
死の間際まで止まることはない
瞑想に入ったごくわずかな人々のマインドのみが止まり
そして突然、マインドの雲に隠されていた太陽に気づく
その究極の光、究極の太陽に気づいていることこそ
聖なる知にほかならない

私たちは外側に耳を傾け続けている
ゆえに内側の声を逃し続ける――
あなたの最奥の核から発せられる声を
私たちはうわべだけで、マインドの中で生きている
しかもマインドはすこぶる騒々しく
静かで小さな内側の声を聞くのもかなわない
師(マスター)とは、単に方便として必要なものだ
それはあなたが外側になら耳を傾けるからだ
マスターは、存在が何百年にもわたり
内側よりあなたに伝えようとしてきたものを
外側から語りかける

マスターとともにあるということは簡潔に
目を閉じて内側を見つめ
自らの直観を聴きとり始められるよう
そしていつの日か内側へと向かえるよう用意を整えること
そう、直観は常に正しい
知性は正しいかもしれない、間違っているかもしれない
それは常に『かもしれない』だ
疑いは残るだろうし、疑いの余地は常にある
だが直観には何の疑いもない
それはただ知っている
直観的な人間は決して後悔することがない
そういう人は、不適切な行為は決して行なわない
それは不可能だ
彼はただ内なる存在の声に従う

29

month 1

あなたは肉体でもなければマインドでもない
あなたはそのすべての目撃者だ
目撃を通して成長をとげぬかぎり
人は自分が魂——ソウルだと知ることはない
あなたは何かを見て、初めて自分の目に気づく
その目を閉じたままだったら
目のことなど全く忘れてしまうだろう
もしある子供に足を使わせないでいれば
歩くこともかなわなければ
足のこともいっさい忘れてしまうだろう

ある機能を使えば
それに気づくようになる
見ることで自分に目があることに気づき
聞くことで自分の耳に気づき
嗅ぐことで自分の鼻に気づく
全くそれと同じように
人は目撃することによって
自分に魂があることに気づく

目撃とは魂の機能だ
それは東洋において探求されてきたものだ
つまり、どうやって起こることすべての目撃者となり
ただ観照する者
何の同一化もなく純粋に観つめる人となるかだ

あなたはただ、肉体とマインド
そしてそういったすべての機能と活動と
その動きを見ている
あなたは道端に立ち
行き交うものの流れゆくさまを
ただ観照する者にすぎない
あなたは走る車でもなく
トラックでもなく、バスでもなく
人間でもなく、水牛でもなければ、牛でもなく——
何者でもない
道端に立つ、ただの目撃者にすぎない

それが瞑想の何たるかだ
肉体とマインドの複合物を
何の同一化もなく観照すること
すると間もなく全く新しい現象——魂の存在を体験する
私がここで働きかけていることのすべては
そこにある
それはあなたが神であり
神聖であり
永遠の存在であることに
気づかせることにほかならない

30

month 1

勇気とは何だろう？
もっとも重要な定義は
慣れ親しんだもの、既知のものを落とす能力のことだ
というのも、慣れ親しんだ既知のものや過去のもの――
そういったものこそ、マインドそのものだからだ
過去を落とせば、その瞬間に無限の世界が開かれる
だが人は、それほどまでに開くことを恐れる
人はそうした広漠とした空間の中では、ただ途方に暮れる

マインドはちっぽけなものだ
それは居心地がよく、心暖まるもののように思える
まるで黄金の鳥かごのようだ
それは美しく――自分で美しく飾りたてられるものだ
誰もがみな、飾りたてようとしている
それが教育の目指すところだ
黄金のかごを飾りたて、華美に仕立てあげる
あなたはほとんど離れられずにいる
あなたはそれにしがみつき始める
自分に翼があり
空全体にも挑んでいけることを忘れてしまっている
あなたには目指すべき星々があり
前方には長く悠々たる旅が開かれていることを忘れている
これゆえに私の定義では
勇気とはあらゆる恐れ、あらゆる危険にもかかわらず
マインドという黄金の囲いを落とし
未知なるものの中へと入っていく能力を指す
そういった質を持つ人間だけが宗教的なのだ

生とは神と同義だ
神は生の創造者ではなく
生そのものだ
だから神と生は別々のものではない
創作者という着想に、そもそもの誤りがある
神は画家のようではない
画家と絵を描く行為との間には、距離が生じる
神はむしろダンサーのようだ
ダンサーは踊りと一体になる
神を礼拝するために
寺院やモスクや教会にまでいく必要がないのはこのためだ
生は必要量を超えて横溢している
この地球全体、この存在全体が
神に満ち、神で漲っている
神は木々の緑、赤、そして黄金だ
神はあらゆる所に遍在している
神を回避することは不可能だ
私たちは神と毎瞬、対峙している

神を見逃し続けるのは
私たちが抱いている神への概念のせいだ
神は遥か彼方の天国に存在しているという考えゆえに
私たちは見逃し続ける
そういった馬鹿げた考えは落としてしまうことだ
そうすれば、神を至るところに見出すだろう
神はすぐ間近にいる

かつてラーマクリシュナはこんな質問を受けた
「神はどこにいるのでしょうか？」
すると彼はこう答えた
「神のいない場所はどこなのか言ってごらん
私は神のいない場所を探し続けてきたが
見つけられなかった
神のいない場所など
私はいまだに知らないのだよ」

month 2

イエスと応えなさい

SAY YES

人々は惨めだ
何しろ、存在に抵抗する意志をずっと曲げないのだから——
この瞬間から抵抗するのはやめることだ
リラックスして手放し（レット・ゴー）てみることだ
存在に生のすべてをゆだねるがいい
すると生は全面的に違った趣きを持ち始め
至福が呼吸のように自然にあるだろう

すべては存在からの贈り物だ
私たちはどんな物を受け取るにも価しない
私たちはいかほどのものか
存在は私たちに生を
そして愛する力を
美しさを感じる力を
真実を見出す力を与えてくれた
私たちがそれにふさわしいからではなく
受けるに価するというからでもなく
存在がありあまるほど溢れているがゆえにだ

それは雨を降らせんばかりの水を
十二分に含んだ雨雲のようだ
その豊かさゆえに
私たちは恵みを受け取ることができる
それはあたかも、限りなく芳香を放つ花のようだ——
その芳香は風に放たれる
それは光のようだ——始まりもなく終わりもない
それは分かち合うべきもの
さもなければそれは重荷と化す

3

month 2

至福とは未来のどこかで起こるわけではなく
すでに起こっている事象なのだ
私たちが
単にそれと断ち切られた状態にあるだけだ
それは底流のように
ずっとそこに流れている
だがあなたは
それと自分とを繋ぐ方法を忘れてしまっている
あなたはのプラグは外れている——
私の働きかけ(ワーク)のすべては
あなたを再び
喜び、至福、平和、愛、そして調和の底流へと
繋ぐことにかかっている

瞑想はあなたを再びそこに繋ぎ
自分の本性へと辿り着くための
手がかりを与える唯一の方法だ

生は贈り物であり
誕生も、愛も、死も、また贈り物だ
もしも味わい方を知っていればすべてが贈り物となり
味わい方を知らなければ
その生は不平不満に終始するものでしかなくなる

人にはただ二つのタイプしかない
生そのものの美しさ
生が与えてくれたものの美しさを
味わうコツを知っている人々
そして味わい方を全く知らない人々だ
彼らは常に不平を言い
さらに多くのものを要求する

宗教的になれるのは前者でしかない
後者は宗教的にはなれない
後者の人々は遅かれ早かれ
きっと神を否定しにかかるだろう
なぜなら、欲望を満たしてくれない神は敵と化すからだ
次のようなことわざを生んだのは、そういった人々だ
「人は計画し、神は成否を決する」

このことわざは
宗教心のカケラもない人々によって作られたものだ

決して目標には至れず、実現せず
心が満たされることはない
決して目標には至れない
彼らは惨めさのうちに生きている
それはあたかも、自分が何かを拒否されているかのように
常にうらみを抱いているからだ
どうやって、彼らに感謝することなどできるというのかね？
そして感謝の心がなければ何の祈りもなく
祈りがなければ何の宗教性もない

5

month 2

祈りとは万物の主を賛美すること
それは肯定的な心（ハート）の取り組み方だ
そのハートは疑いも否定も知らず
世界のこのうえない美しさゆえ、踊り歌ってしまうほどだ
その贈り物は
私たちが受けるにとうてい値しないほどのものだ
創造主に報いることはできない
私たちのできることは、ただただ賛美すること
ハレルヤを謳歌することぐらいだ！
完全にハレルヤに満たされれば
ほかには何の必要もなくなる
そのときすべてが可能となり
不可能でさえもが可能となる

だから、祈りをあなたの道としなさい
可能なかぎりあらゆる方法で賛美し
そして決して不平を言わないこと
不平を言うマインドを落としてしまうことだ
それが唯一の解決策だ
そしてひとたびそう決めてしまえば
人は不平を言う古い習慣を落とし始め
エネルギー全体が、賛美の方向へと移行し始める
賛美は至福と祝福をもたらす

あらゆる方法で賛美することだ
夕陽を、雲を、木々を、鳥を
そして人々を賛美することだ
ケチケチとはしないように

できうるかぎり全身全霊で
心をこめて賛美しなさい
するとあなたは、少しずつ少しずつ
存在へと近づいていく
それは橋となる
存在に至る最短ルートだ
瞑想の道のりは長く、祈りは近道だ

祈りは宗教の礎(いしずえ)であり
真の祈りは存在の経験へと至らしめる
祈りの種となるものは謝意だ
感謝の念を抱きなさい
存在からの贈り物ほど素晴らしいものはなく
またそれは絶え間なく
あなたに降り注がれ続けているのだから
だが私たちはそれを
当たり前のこととして受け取り始めている
それは人類がなしうる限り
もっとも愚かしい行為のひとつだ
だがマインドは常にそれをやり続ける
マインドは物事を当然のこととして受け取り始める

陽は昇り、その朝焼けはあまりにも壮麗だ
だがあなたのマインドはこうつぶやく
「だからどうした？　それは毎度のことだ
ただ次の朝、別の朝だというだけだ」

東の空じゅうが昇る朝陽に赤く染まり
雲は様々な色に溢れている
だがマインドはつぶやく
「だからどうした？　何も目新しいことではない
これまでにも何百万回と起こってきたし
これからも何百万回も起こり続けることだ」

このように物事を捉えているとすれば
また、これこそマインドの物の見方なのだが
それはあなたの敏感さを損なっていく
美に対して無感覚になり
音楽に対して無感覚になり
詩に対して無感覚になり
愛に対して無感覚になり
価値あるものすべてに対して無感覚になる
そして当然ながら暗闇の中に
醜悪さの中に生きることになる
だがそれは、あなたが自分で創り出したものだ

感謝の念を持ち始めなさい
味わい楽しむという感覚を磨くことだ
すでに存在がしてくれたことに対し
賛美を捧げることだ
すると、より多くのことがあなたに起こるだろう
賛美すればするほどさらに深く見てとれるようになり
より洞察も深まることだろう
祈りに満ちた人は驚くほど知覚が鋭敏になる
彼は、あたり一帯に存在を見出す
存在の印をいたるところに見出し――
沈黙のうちに聖典を見出し
石の中に説法を聞く

ただ、愛のエネルギーの中へと溶けてしまいなさい
ただただ愛のエネルギーになることだ——
何か特有のものを愛するのではなく
ひとつひとつのもの
すべてのものに愛を抱きなさい
たとえそれが「無」であろうと！
要点は愛の対象にあるのではなく
溢れ出る愛のエネルギーそのものにある

部屋で静かに座っているとき
部屋中を愛のエネルギーで満たしなさい
愛のオーラをあなたの回りに創り出すのだ
木々を観れば木々に恋し
星を観れば星に恋する
あなたは愛そのものであり
それ以外の何者でもない
だからあなたがどこへいようとも
あなたの愛を注ぎなさい……たとえ岩であろうと
そしてその愛を岩の上に注げば
岩でさえ、もはやただの岩ではなくなる

愛とはそれほどの奇跡、魔法だ
それはあらゆるものを愛されしものへと変える
あなたは愛となり
存在はあなたの愛する者となり
存在は神となる

人々は自分が愛にならずして神を探し求めている
どうやって神を発見できるというのかね？
人々には必要不可欠な準備と状況
そして空間が整っていない

愛を生み出しなさい
そして神のことなどすべて忘れるがいい
するとある日突然
あなたはいたるところで神に遭遇するだろう

できるかぎり沈黙の中にありなさい
さらに深く静寂の中に座りなさい——
単に肉体上の静けさだけでなく
肉体が静寂の中にあれば助けになり
ある程度の状況は創りだせる
だがそれは終わりではない
それは単なる始まりにすぎない
さらに重要なのはマインドが静かであること
その間断ないお喋りが止むことだ
そしてそれは必ず止まる——
ただ人々がいまだに試みていないだけだ

必要なのは実に単純な過程(プロセス)だ——
あなたの内側に座って観ることだけだ
あらゆるたぐいの古い策略を練るのは
マインドに任せておくがいい
そしてあなたはただ
どのような判断を下すこともなく見つめる
その良し悪しを言うこともなく
選択することも拒絶することもなく——
完全に無関心で冷めていなさい
クールで無関心であり続けることにより
ゆっくりゆっくりと、コツがのみ込めるようになる

最初のうちマインドは
あらゆる古い手管を使ってくるだろう
だがやがて、マインドはきまりが悪くなり始める

どんな手管、あの手この手にもあなたが動じないからだ
あなたがそれに逆らったとしても
それでもマインドは大いに安心する
それがあなたをかき乱したからだ
だから逆らわないこと
それと闘わないことだ
マインドの策略の犠牲となってはならない
ただ距離を保ち続けなさい

何度も何度もあなたは巻き込まれるだろう
気づいた瞬間、自分をそこから引っ張り出しなさい
再び自分自身を整え、もう一度観始めなさい
ある思考が湧き起こる──それを観なさい
それはあなたの目の前にやって来る──観なさい
するとそれは過ぎ去る
それに気づいていなさい
良いか悪いか、どうあるべきかあらざるべきか
そうしたいっさいの解釈を持つことなく
道徳的な態度をとることもなく
ただ科学的に冷めて観察していなさい

ある日突然、思考は消え去り
その日かつて味わったことのない沈黙が訪れる
そうなれば、それは二度とあなたから離れることはない
あなたとともにあり続け
あなたの魂そのものとなる
それは自由そのものだ

よりさらなる沈黙へと
入っていきなさい
機会があるときには
いつでもただ何もせず
静かに座ることだ
瞑想のためですらなく
何の理由もなく
何の目的もなく
ただ静かに座りなさい

ゆっくり、ゆっくりと
沈黙は深まり
それは圧倒的なまでの
経験となる
そして沈黙が内側に
あまねく滲み渡るとき
あなたは
自分とは誰かを知り
そしてこの生の
全容を知るに至る
それを知る中で
人は神を知る

10

month 2

死に乗っ取られてしまう前に
本当の我が家を見つけださなくてはならない
それは可能だ
さほどかけ離れた所にあるわけではない
それは見つけ出せるものだ
紛れもなく、あなたの実存の内にあるのだから
微塵もそこから動く必要はない
それどころかむしろ静かに座り
駈けずり回っている
ありとあらゆる心的な動き（メンタル・トラベル）を落とさねばならない

マインドが過去にも未来にも動いていないとき
旅は止まる
まさにその瞬間に、種子は植物へと芽吹き始める
そこには無限の可能性がある——
果実、花々、太陽、風、そして雨
あなたはそれらと戯れる

風と踊り
雲と喜びを分かち合い
星々とささやき合うことができる

無理のない自然さは神聖さへの扉となる
自然であることは神聖であることだ
マインドは決して自然にはなりえない
それは過去か未来かのいずれかにある
もはや存在していないものの中か
まだ存在していないものの中にある
それらふたつの狭間に見失い続けているもの、それが扉だ

現在という瞬間は時間の一部ではない
現在という瞬間が
マインドにとっても入手不可能なのはそのためだ
マインドと時間は同じことを意味している
マインドとはあなたの実存の内側での時間であり
時間はあなたの外側におけるマインドと言える
だがそれらは同じ現象だ

この瞬間は、時間の一部でもマインドの一部でもない
この瞬間に生きるとき
あなたは神聖さの内にある
それこそ瞑想の真の意味であり
祈りの真の意味であり
愛の真の意味だ
そしてこの瞬間において行為すれば
その行為は束縛にはならない
それがあなたの行為ではなく
あなたを通して行なわれる、神聖なるものの行為だからだ
それはあなたを通して流れ来る神聖さだ

12
month 2

すべての境界を落とし
無限なるものとなりなさい
ただ無限、永遠性の見地からしか考えないことだ
それ以下のものが人々を満足させたことなど
一度もなかったし、これからもずっとそうだろう
肉体上の限界は落とさなければならない
私たちはあまりにも、自分を肉体と同一化しすぎている
私たちは自分自身を肉体とみなすが、それは違う
これは落とされるべき最初の虚偽だ
この虚偽から、他の多数の虚偽が生まれる
肉体と自己を同一化すれば
老いや病、死を恐れるようになる
それらの恐れは、この肉体との同一化から派生するものだ

自己を純粋な意識としてとらえなさい
あなたは肉体ではなく
肉体に気づいている者だ
また、あなたはマインドでもない

最初は肉体から始めなさい
粗大なものから始めた方が容易だろう
それから微細なものへと移行し
マインドをあなた自身から離れているものとして
見つめなさい
自分が肉体でもマインドでもないと気がつくにつれ
何の妨げもない、途方もなく自由な感覚が
あなたの中に湧き起こってくる

そこには何の障害も壁もなく
あらゆる方向に開け放たれた広がりがある
そしてその後でもっとも微細な壁——
感覚（フィーリング）を落とさなくてはならない
それはもっとも微細なものだ
最初に肉体、それからマインド、そしてハートだ
そしてハートから自由であることとは
光明を得ることだ
あなたは自分が肉体、マインド、ハートの
いずれでもないと知るや否や
ただちに自分自身が誰なのか
そして存在とは何か
生とは何かをあまねく知ることだろう
そしてあらゆる秘めごとが
ただちに明らかになる

私たちは、ここではみな訪問者だ
ここは我が家ではない
我が家はどこか別の場所にある
私たちは異国の地にいる
自己の外側に居続けることは
家のない状態に留まること
内側に入ることは
我が家に帰ることだ

今こそ内側への帰還に向けて
あらゆる努力がなされるべきだ
あらゆる手段を尽くし
どんな危険をも負うべきだ
そもそも
この内側への帰還以上に
大事なことはない
それはすべてを投げ捨て
犠牲とするに値する
そのほかのすべては
とるに足らないものにすぎない

宗教的な人間は無自我(エゴレス)に生きる
その人は知っている
「私は全体の一部だ、全体の本質をなす一部だ
全くかけ離れているわけではない」と
「私は全体からかけ離れてはいない」と知ることは
途方もない自由をもたらす
それは広大な広がりをもたらし
空全体があなたのものとなる
もはやちっぽけなくだらない自我などには
自己同化していない

私たちは広大であるにもかかわらず
狭い空間に閉じこめられてきた
これほどまでに惨めさが氾濫しているのはそのためだ
それはあたかも
大洋を露しずくの中へ無理矢理押し込むようなものだ
私たちは翼を持った鳥だ
その鳥は大空のすべてを必要としているのに
籠の鳥と化している
だれも私たちを籠に閉じ込めてはいない
だが皮肉なことに
自分で自分を閉じ込め続けている
私たちは監獄だ
そして囚人であり看守でもある——
他には誰もいない
これこそ神秘家がそれを夢と呼ぶゆえんだ——
それは夢だ

目覚めた瞬間、理解することだろう
「これは奇妙だ
私はライオンに追いかけられていた
だが実はライオンは私であり
自分で自分を追いかけていたのだ
しかも私は見物人でもあり
あまねく事の次第を見ている目撃者だったのだ！」と
これが生とはいかなるものかだ
それはちょうど夢のようだ

さて機は熟した……
子供ならたとえくだらないゲームで楽しもうが許される
子供は道に迷い、たくさんの間違いを犯す必要がある
だが成長を遂げているあなた方にはもはや許されない
それに、自我とはもっとも馬鹿げたゲームだ
なにしろそれは実体（リアリティ）に反し
存在に反するのだから
私たちは自分の想像や欲望から
記憶や野心、嫉妬から
自らの監獄を創りだし続けている
それらはよってたかって私たちの回りじゅうに
微妙な構造を張りめぐらしている
その構造全体が自我と呼ばれるものだ
マインドの働きのすべてが自我と呼ばれる
まさにこの瞬間からそれに気づいていなさい
そしてゆっくりゆっくりと、そこから抜け出しておいで

自我（エゴ）は私たちにとって地獄だ
しかしながら皮肉なことに
その創造者は私たち自身だ
自ら創り出し
そして苦しみもがいている
だが私たちには、地獄を創り出さないでおく力
そして苦しみから抜け出す力もある
自我がなくなり、苦しみも消え失せた瞬間
あなたは至福の中にある
至福は私たちの本性だ
苦しみは創り出された現象、恣意的なものだ
至福は創り出されるものではない
それはまさにこの瞬間、ここにある
苦しみの底に、まさに底流のように
それを創り出す必要はない
それはすでにある事実だ——
ただ苦しみを創り出さないでいなさい
苦しみを創り出すからくりは
自我の定式の中にある

サニヤシンであることは
自我を落とすことを意味する
まさにまずこの瞬間から
自分自身を優れているとか劣っているとか
そんな風に捉えることは止めなさい
それはどちらも自我のとる態度だ

自分が何者かであるとか何者でもないとか
そんな捉え方はやめることだ
どちらにせよそれは自我（エゴ）のとる態度だ
自我の抜け目なさを理解するように努めなさい
それは謙虚になることすらあるのだから

自我はこう言うことも可能だ
「私は謙虚だ
私以上に謙虚な人間など他にはいないだろう」
自我は裏口からしのび込む

私たちは存在から切り離された孤島のようなもの――
こうした見解、感覚から自我(エゴ)は成り立つ
それは絶対的な誤りだ
私たちは離ればなれに存在するものではない――
ほんの一瞬でさえも分離して存在することは不可能だ
入ってくる息は、外界と私たちとを繋ぎ続けている
そして呼吸しているのは鼻だけではない
肉体のありとあらゆる毛穴からも呼吸している

喉が渇けば水を飲む
そしてその水は渇きを癒してくれる
それは外側から内側へ
また内側から外側へと向かう絶え間ないやりとりだ
食物は途切れることなく循環し
呼吸もまた循環している
私たちは実在(リアリティ)と絶え間なく交流し合っている
私たちは離れ離れではない
千とひとつの方法で繋がり合っているのだ

17

month 2

自我（エゴ）は争いなくしては存命できないものであり
明け渡しは自我にとっては毒となる
だからこそ明け渡しが強調される
戦いは糧であり、明け渡しは毒だ
そして自我が死なない限り
あなたが生まれることはできない

一本の鞘に二本の剣は納まらない
自我が消滅し、自分自身の内に生きるか
あるいは地下に消え、自我が生きるかのどちらかだ
何百万もの人間が地下に潜行した生を送り
自我が王座にのさばっている —— これがその生き様だ
明け渡しにおいて自我は消え去り
潜行していた「あなた」自身が表面に現れ
その本来の地位と、自然な状態へと戻り始める

あなたの生は存在の奏でる楽器
存在の口元に当てられた竹笛にもなりうる
ただ中空になり
存在が歌いたがっていれば歌うにまかせなさい
しかし存在が歌いたがっていないとしても
沈黙は歌と同じくらい美しい

瞑想を何も知らぬ人は不毛な生を送る
その生はまるで砂漠のようだ
私はアメリカ人旅行者の話を聞いたことがある
彼は水着で
汗びっしょりになりながら海のほうへと走っていた
彼はある男に出会ったのでこう尋ねた
「海まではどのくらいあるのかい？」
その男はアメリカ人を見ると
非常に気の毒に思ったがこう言った
「海まで辿り着くのは難しいよ——ここはサハラだし
海は少なくともここから800マイルは離れているからね」
アメリカ人はこう答えた
「それじゃあ、この浜で休むことにしよう！」

あなたは自分の砂漠を砂浜と思い込むこともできる
それが人々の生き様だ
自分の砂漠を砂浜と思い込みながら生きている
それはただの砂漠だ
少なくともサハラなら
800マイル行けば海に到着するだろう
しかし生においては
瞑想がなければそのサハラに果てはない
800マイル先であろうとだ……

19

month 2

至福とは決して自分で成就するような何かではない
それはありえない
至福は私たちが消え去ったときにしか起こり得ないからだ
仮に「私」が依然としてそこにあり
至福に到達したと言うのであれば
それは偽りの至福であり真実ではない、ただの夢にすぎない
すぐにそれは消え去り
あなたは惨めさの中へ投げ返されるだろう

マインドはあなたをだましてきた
マインドはとてもずる賢く、非常に政治的でそつがない
あなたを至福の周辺に繋ぎ止める方法、手管を探し続けている
そしてマインドのなしうる究極の策略、最後の策略とは
至福の疑似感覚を創り出すことだ

本来の至福は常に存在から贈られるもの
自我が死滅したときにのみ起こりうるものだ、自我は障壁だ

あなたがいない瞬間(とき)、存在がある
完全なる沈黙と無の中に起こる存在の経験、それこそが至福だ
絶対的な沈黙のうちに起こる存在のダンス——
何ものもそれを妨害できない
それを歪めたり、妨げたり、邪魔をするような
どんなマインドも、どんな自我もない——それが至福だ
瞑想の働きとは否定的(ネガティヴ)なものだ
それは自我を破壊する
すると至福はひとりでに訪れる

瞑想とは誰でもない者になること
自己を全体に溶解させることだ――
分離したままにしておくのでもなく
抗うのでもなく
溶解していくこと……全体との恋愛
全体とのオーガズミックな合一だ
そしてむろん全体を前にしては
私たちは無にも等しい――
些細なもの、海を前にした露しずくのようなものだ
自分自身など、全体に比べれば何者でもないと悟った瞬間
それを喜びとともに受け容れる――
諦めではなく喜びのうちに
それは自我とともにあらゆる不安
あらゆる恐れが消え去った喜びだ

自我を落とした瞬間
死の恐怖でさえ消え去る
それは単なる自我の死にすぎない
あなたの実体(リアリティ)は永遠だ

すべての不安、憂いが消えたとき
あなたは完全に安らいでいる
無我は瞑想の始まりであり
安らぎはその成就だ
あなたをかき乱すものが何もないほど
充分に深く安らいでいるとき
あなたは我が家に辿り着いている……
東洋において

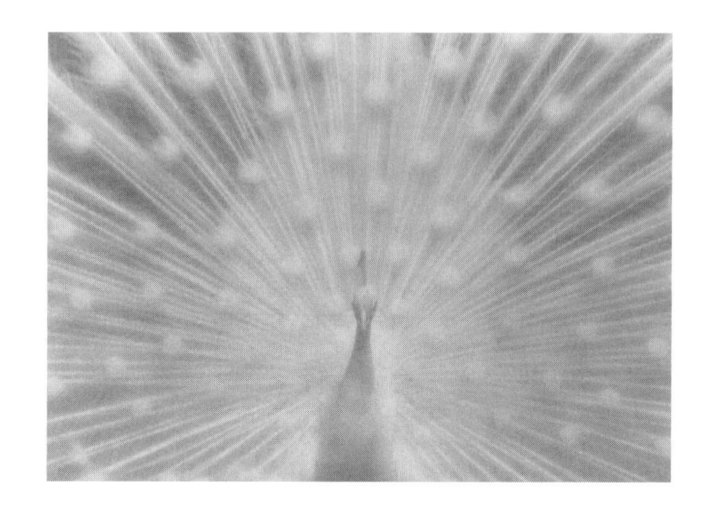

サット・チット・アナンドとして知られているものがある
それは真理、意識、至福── 神の三つの相
本物の三位一体だ

完全に平安に満ち、穏やかであるとき
この三つの相があなたのものとなる──
あなたは神聖なるものとなる
実を言えば、あなたはずっと神だった
あなたはやっとそれに気づいたのだ

祈りが生まれるように瞑想しなさい
祈りが生じた証しはひとつしかない
それはあなたが芳香を体験し
そのあなたの経験をほかの人々が味わうということ
つまりあなたが芳香を放っているということだ

あなたは芳香となり
あなたに触れられたものすべてが
喜びに踊り始める
祈りを知るものが触れると
塵でさえ黄金に変わる

祈りは実に魔法のようだ——だがそれは瞑想から生じる
決してそれ以外にはありえない
だからこそ、ここでは祈りではなく瞑想が強調されている
私は祈りが必然であることを知っている
瞑想が起これば祈りは必然だ
祈りがあれば、芳香は自然に漂い始める

だから私は祈りを教えない
人類愛について説くこともない
それは瞑想こそ必要なもののすべてだからだ
いったん瞑想が起これば
すべてがそれなりのふさわしい時期に自然と起きる
祈りは訪れる
そして祈りから人類愛が——その芳香が漂い始める

22

month 2

瞑想なき祈りは偽りだ
それが信仰に基づくものだからだ
自分が知りもしない神を信じなくてはならない
だが知りもしない神に
どうやって心から祈れるというのかね？
他人と自分自身を欺くことはできても
祈りが信仰から湧き起こることはない
それは根本的に真実味に欠けたものとなる
しかしながら祈りすらも真正でないとすれば
生において真正なものなどありえるのかね？

だがこの世には
瞑想について何ひとつ知らないにもかかわらず
祈り続けている何百万人もの人々がいる
彼らは造花を本物のバラだと信じ込み、持ち運び続ける
それゆえ彼らは祈り続けるが
生涯にわたって祈りの芳香を放つことはない
それどころか
その生はあらゆるたぐいの
悪臭を放つ
嫉妬、嫌悪、暴力、貪欲さ——
そこには何の芳香もないようだ

私が観るところ
真の宗教は瞑想の中から始まる

瞑想とは、思考なき沈黙の境地を意味する
あなたが完全なる沈黙にあるとき
その沈黙がどんな思考にもかき乱されたり
ふり回されたりしないのなら
その沈黙の喜びはあまりにも大きく
宇宙に感謝せずにはいられなくなる
そうせずにいることなど不可能だ
感謝の念を抱かずにいるのは、とうてい無理だ
それはもはや信仰うんぬんといった問題ではない
あなたは至福を知り
沈黙を経験し
その調べを聞いたのだ
その音楽にあなたのハートは祈りで満たされ
存在にひれ伏す

23

month 2

祈りとはまさしく沈黙にほかならない、純粋なる沈黙だ
あなたは誰かに向かって言葉をつぶやいたりはしない
相手は全く存在していない
あなたの意識にはどんな物も内在せず
意識の湖にはわずかな波紋さえない
すべてが静止し、沈黙している

何を語ることもなく、ただハートに満ちているとき——
ハートが脈打ち、血液が流れ
とほうもない優美さが沈黙を取り巻き
そして贈られたもののすべてに対し
全存在にひれ伏さずにはいられないほどの
感情に溢れているとき、それが祈りだ

ここで私が祈りを教えないのはそのためだ
教えているのはただ沈黙だけだ
というのも、祈りは必然的に沈黙から生まれるからだ
それは沈黙が花開くことだ
沈黙を創り出すためにいそしみ
そしてその働きかけが完全なものとなったとき、祈りが訪れる

それはあたかも春の訪れのようだ
そして木々は満開の花々に包まれる
沈黙を創り出しなさい、そうすれば春が生まれているだろう
さあ開花までそう遠くはない、きっと花は咲くだろう
沈黙を創り出しなさい
そうすれば祈りに祝福されているだろう

至福はすべての人が恋こがれているものだ
人は何をしていようとも、至福を探し求めている
どんな行為をしていようとも――正邪を問わず
道徳的であろうがなかろうが
物質的であろうが、精神的であろうが――
探求自体に変わりはない
究極の最愛の者を探し求めること――
それは至福にほかならない

あなたが完全に穏やかで沈黙している瞬間(とき)
至福があなたの実存の中に湧き起こる
その瞬間は、まさに人が真の誕生を遂げる瞬間だ
それ以前では
人は単に生理学的な生を受けたにすぎない
精神的な意味合いにおいてではない
それ以前では
人は一個の魂としては存在していない
それが起こって初めて人は魂となり
不死なるもの、神となる

25

month 2

覚醒した人間、瞑想的な人間は
全く心乱されることがない
その人はすべてを観つめているからだ
電話が鳴り、子供が泣き、近所の人の話声やラジオの音が
だんだんと高まっていくのを観つめている——
それに対してどうこうすることもなく
冷静で穏やかでありながらも、すべての方面に開いている

だから何が起ころうとも——
汽笛が鳴り、飛行機が通り過ぎようとも
あるいは遠くでカッコウが鳴いていようとも——
そのすべてが含まれている

それはコツだ
観照を続けていくならば、あなたはゆっくりとゆっくりと
そのコツを手にしていくだろう
そして瞑想のコツを掴んだ瞬間、あなたは新しい存在となる
それは新しい誕生、真の誕生だ
というのもまさにその瞬間
あなたは自分が肉体でもマインドでもなく
純粋な意識であることを知るからだ
まさにその瞬間
この純粋な意識が誕生以前から存在し
死の後にもあり続けることを知る
それは不死なるものだ
これこそ不死なるものの発見だ
そして不死を知ることは、永遠を知ることに他ならない

いかに消え去り、いかに蒸散していくかを
いかにして非−在であるかを学びなさい
それは生におけるもっとも偉大なアートだ
自我(エゴ)はそれほどずる賢い

自我というものは間違いなく
裏口からしのび込む手だてを見つけ出す
それは謙虚にもなれば、敬虔にもなり
信心深くもなれば、神聖にもなれる
それはありとあらゆるゲームをやってのける

しっかりと見張っていなさい
自我のやり口を知れば知るほど
自我から自由になっていく
どんな策略であろうと手の内を知ってしまえば
もはやそれにはまることはないからだ
ゆっくりゆっくりと、すべての入口が閉じられていく
ある日最後の策略が崩れ去り
あなたは自分自身から解放される

これこそが解放だ
そしてそれこそ、あらゆる宗教的な試みが目指す究極の地点だ
その解き放たれた境地でのみ
人は真実なるものを知ることができる
それは実際にはふたつの別々の事項ではなく
同じコインのふたつの側面だ
解放こそ真理にほかならない

27
month 2

今こそ、もっともっと内側に重点をおき
さらにさらに時間と空間を内側のためにとっていくことを
深く心に留めておきなさい
そう、覚えておくべきことはただその一点しかない

ゆっくりゆっくりと、あなたの意識は変わり始める
そして自分自身に直面し始めると
あなたは比類なき現象に
絶妙なる、このうえなく美しい生の体験に
直面していくことだろう
というのも、あなたは生を
その本質的な優美さと輝きの中で見つめているからだ

人はほんの小さな聖なる炎を内側に宿しつつ生まれてくる
だがそれは幾重にも重なった暗闇の後に
隠されてしまっている

だから人が自分の内側に入るときにはいつでも
まず暗闇のジャングルを通り抜けなくてはならない——
しかしながらそのことは多くの人々を怯えさせている
多くの人々が内側へ入ろうと試みはするものの
再び逃げ出してしまう
それはその暗闇が人々を心底震えあがらせるためだ
それはあたかも死のようだ

キリスト教の神秘家たちは
それにまさにぴったりの名前を付けている——魂の闇夜だ
だが人は、暗黒の夜を通過していかなくてはならない
そうしないかぎり、夜明けはやっては来ない
暗黒の夜は、夜明けを育む子宮だ
暗黒を通過している間は
あなたを助けてくれるマスターがどうしても必要だ
いったんあなたが自分自身の光を見つけてしまえば
いかなる助けも必要ではなくなる
あなたはマスターに感謝する
我が家に辿り着いたのだ
旅は終わったのだ

29

month 2

いつでも時間ができたときには
外側のことは忘れてしまいなさい
それは表面的なものだ

内側へと深く潜っていきなさい
すると光を見出すことだろう
まさにこの生命である光を
人を形づくっている要素である光を
また宇宙全体をも形づくっている光を

昔、その要素は神と呼ばれていた
今やその言葉は少しばかり危険なものとなってしまっている
人々はその言葉を好まない
少し時代遅れのように思える
聖職者や教会の臭いがし
しかもその臭いはいただけたものではない

だから私はあなたが内側で出会うものが
神ではなく光と言い換えたのだ
それに対して私が手を貸すことはできない
自分でやるしかない！
その光は神となるものだ
そして自分とは何者によっても破壊されることのない
永遠なる何かであると悟らぬかぎり
人は輪廻の中に、非本質的なままに留まり続けるしかない

宗教とは、自分自身を全体性の中に溶け込ませていく
純然たるアートにほかならない
その全体性は神と呼ばれる
それが神へと至った人間が聖者と呼ばれるゆえんだ
その人は全体とひとつになっている
もはや分かたれたものではない
その人からは切り離されているという馬鹿げた思いは
落ちてしまっている
彼はもはや角氷のようなものではない
溶けて海の中へと溶け込んでいる

その瞬間は大いなる至福の瞬間だ
そしてその後
人が至福の境地から堕ちることなど決してない——
堕ちるすべが全くない
いくら惨めな状態を望もうとも
そうなりようがない、不可能だ

自我（エゴ）として生きる普通の人間は
至福に満ちようと必死になって試みるが
そうなることはできない
惨めなままだ
しかしながら明け渡した人間は
たとえ惨めな状態を望んだとしても
そうなることができない
至福とは明け渡しの結果であり
そして惨めさは抵抗の結果なのだ

31

month 2

ひとたび内なる光が見出されたなら
あなたの生は純粋な至福以外の何物でもなくなる
その至福はあなたひとりのものに留まることはない
それは伝染していく
ほかの人々にも影響し始める

受容性のある人々はあなたに近づくと
何かを感じ始める
そのハートが反応し
その実存の中で鐘の音が響き始める……
それは一種の共時性だ

祝福された人になりつつある者は
何千もの人々の変化を誘発する
それゆえ私の興味は、社会にではなく個の中にある——
あなたの中に
もし私が二、三千の人々を変容させることができたら
それは起こるだろう——
彼らがさらに何千もの人々に火をつけることだろう
それは終わりのないプロセスだ
それはどこまでも続く

month 3

闇から光へのジャンプ

JUMP FROM DARKNESS TO LIGHT

1
month 3

人はその容姿ほどの小さな存在ではない
人はその内側に大空のすべてと
あらゆる大洋をはらんでいる
そう、彼は露しずくのように見える
だが見かけとは実に当てにならないものだ
そして科学は依然としてその外見に
その露しずくに対して働きかけている

人類の意識を少しでも深く見抜いた人々は
深く入っていくにつれ
人が広大なものとなることを発見し
驚いたものだった

人はまさにその核へと至った時、全宇宙となる
そしてそれこそが神性の味わいだ
瞑想し、より深く内側へと入っていきなさい
それはすでにそこにある
——ただ私たちに必要なのは
それを覆っているものを払うことだけだ

あなたに至福をもたらすもの
それは何であれ魂にとっての滋養となる
栄養を必要としているのは肉体ばかりではない
魂はそれにもまして飢えている

目覚めていなさい
できるかぎり至福の方を選択し
惨めさからは身をかわすように
時折あなたを取り囲むどんな惨めさにも
決して同調してはならない
それは人を取り巻くものなのだ
ちょうど曇りの日もあれば、晴れの日もあるように

その雲を観つめ、その太陽を観つめなさい
そして自分がそのいずれからも
かけ離れた存在であることを覚えておくように
暗黒の時もあれば、明るい時もある
――人は昼と夜、誕生そして死
夏と冬といった円環のなかを動いているのだから

だがもし自分が
そのどちらでもないことを覚えていられたら
その時、至福が湧き起こり
突如として人は自分自身に安らぎ
存在の中に安らぐことだろう
そのハーモニー、その響きある調べ、その調和――
それこそが至福だ

そしてひとたび
あなたがこの上なく
幸せであることを学んだなら
その魂は成長し始める
さもなければ
それは種子のまま
樹となることは決してない
種が樹となり花を咲かせ
たくさんの実を実らせぬかぎり
その人生は無駄なものとなる

至福に満ちた人は
自分に対しても他人に対しても
——誰に対しても間違った事ができない
そのような人には、絶対に間違った事ができない
だが惨めさに苦しむ人は
どうしても不適当な事をしてしまう
適切な行為をしたいと思ってもうまくはいかない
たとえ良い行ないをしようとどんなに心掛けていても
結果は不適切なものとなる
自分では人々を愛しているつもりでも
ただ愛の名のもとに、優位に立とうとしているにすぎない
自分こそは
人々に仕える偉大な人物だと思っているだろうが
ただの政治家にすぎない
奉仕することで人々を支配しようとしているだけだ
惨めさに苦しむ人が良い行ないをするのは
どだい無理な話なのだ
それゆえ、私にとって徳とは
ただ至福へと変わっていくことができ
悪行とは哀れさにしか変わることができないことだ
惨めさとは罪、そして至福とは徳のことだ
わたしがサニヤシンたちに伝えたい
たったひとつのこと——喜びに溢れていなさい
至福に満ち、踊りと歌の中に在りなさいということだ
そうすればあなたが何をしようと
それは適切なものとなる

至福とは
勇ましくかつ大胆で恐れを知らぬ人たちだけのものだ
なぜなら既知のものを超え
未知なるものの中へと入っていって初めて
至福は湧き起こってくるものだからだ
既知のものの中にとどまれば
決まってその人生は型にはまった
ただの繰り返しとなる
わだちにはまり、環の中をぐるぐると巡り
そして段々と
あなたの感受性や受容性はことごとく鈍らされていく

それは人々をかたくなにし
その目を見えぬもの、その耳を聴こえぬものにし
その口をつぐませる
なぜなら、そこには何も見るものもなければ
何も聴くものもない
何も味わうものもなければ
何も感じるものもないからだ
すべてがおなじみのものばかり——同じことの繰り返しだ
そのような人生の中で
どうやって至福に満ちていることができよう？
そのような人生にはたった一つの味わいしかない——
惨めさ、憂鬱、哀しみ……
それも癒着してしまった哀しみだ

だがもし、その人に既知のものから未知なるものへ
慣れ親しんだものから見知らぬものへと
ひたすら向かい続けていくだけの勇気があれば……
それは危険な事だ
何しろ慣れ親しんだものの方が
安定していて安心できるからだ
もし未知なるものや未踏の地に
足を踏み入れようものなら
あなたに何が起こるか
それは誰にもわからない
あなたは自分の小さな舟で
海図も持たず海へと漕ぎだしていく
またもとの浜辺に
再び戻ってこれるかどうかは誰にもわからない
いったい誰に保障ができるというのかね？
そこにはどんな保障もない
しかし
そうした危険な状態の中で生き抜く覚悟のないかぎり
至福に満たされることもありえないだろう
危険に満ちて生きること――それ以外に生に道はない

サニヤシンにとって、勇気は至上の徳だ
それがあって初めて、至福が満ち溢れる
危険に満ちて生きる準備ができたら
数しれぬほどの至福の花々が花開き始めることだろう

5

month 3

この世の至上の勇気とは、他人のまねをしないこと
どんな犠牲を払おうとも
可能なかぎり真正に自分の生を生きることだ
たとえ自己の生を生き抜くために命を失おうとも
それだけの価値はある
なぜならそれこそが、魂がいかにして生まれるかだからだ
ある目的のために命を賭ける覚悟ができたとき
まさにその死闘の中で——
その“死闘”という言葉はもがきを意味する——
そのまさにもがきの中で人は生まれる
それは生みの苦しみだ
それには勇気と気概がいる

あなたの生を生きなさい
道徳家や厳格主義者、司教といった
人に忠告をして止むことのない愚かな人々に
煩わされることなく
あなたの生を生きるがいい
たとえ過ちを犯しても
他者に従い善人であるよりは
あなた自身の生を
全うする方がはるかによい

他者に従い正しく生きたところで
それは偽善なのだ
結果として過ちを犯したとしても
自らの決断によるものであれば

遅かれ早かれ
自分の過ちから何かを学びとるだろう
そこから脱皮し
過ちを犯すことを怖れぬ人だけが
何かを学んでいく
ところで、過ちを犯すための最善の方法
それは他人に耳を貸さないことだ
——ただ自分の事をやり続けなさい！

生とは勇気ある者のためのものだ
臆病者はただ無気力な生を送る
臆病者は常にためらい
決断を下すまでに時期は失われている
臆病者は生きることを考えはしても
決して生きたことはなく
愛することを考えはしても、決して愛したこともない
この世界は臆病者たちに満ち満ちている
彼らには根本的な恐れがある——未知なるものへの恐れだ
彼らは自分を既知のもの
慣れ親しんだものの中に留めておこうとする

勇気とは人跡未踏の地に足を踏み入れるとき
初めて生まれるものだ
それは危険をはらんでいる——イチかバチかだ
だが危険にさらされるほど
より、あなたは在る
未知なるものへの挑戦に挑んでいけばいくほど
より、あなたは統合されていく
とてつもない危険の中でのみ魂は生まれる
さもなければ、人はただの肉体のままだ

何百万もの人々にとって唯一の可能性は魂にある
実体にではない
勇気あるほんのわずかな人にのみ、魂は宿る

勇ましさと至福に満ちていること
この二つの質こそ
神があなたへと降り立つための土壌を整えるものだ

あなたは勇ましく在らなくてはならない
神が未知なるがゆえに
神についてどんなことを聴き知っていようと
実際に神を知ったときには驚くだろう
神について聞いていた諸々のことが
全く馬鹿げた、とんちんかんな事だったと！
その経験はとても言葉では言い表せない
神は依然として名状し難く
表現することのできぬもののままだ
神とはそれほどまでに未知なるものだ
神を味わった人々でさえ
その経験を誰かに伝えることはできず
ただ押し黙るしかなかった

“Mystic——神秘家” という英語はとても美しい
その本来の意味は
経験したがために口をきけなくなった者
ただ神秘的、神秘に満ちているとしか
いうことのできないほどの真理
——つまり何も語れないほどの真理に出会った者のことだ

8

month 3

あなたが高みへ向かって進んでいる時
実は神に近づいているのだ
というのも、神こそが真の高みであり
他のすべては、遥か下の方にしかない
神へ至ろうとする時
あなたは上昇する者となる
そして奇跡とは
あなたが神へと上昇し始めれば
神もまた、あなたの方へと降りてくることだ

出会いは常に両者の間のどこかで起こる
一方通行ではない
探求者だけが神へと向かい始めているわけではない
探求者が向かい始めた瞬間、神も向かい始めているのだ
それは同時に起こる
実のところそれは一連の作用であり
二つの極性をもつ――
探求者と探求される者
それは一つの現象だ
だがあなたが上昇し始めぬかぎり
神が降りてくることはできない

人々はあたかも
現世の生がすべてであるかのように生き続ける
高みのことなどあずかり知らずに生き続ける
途方もない可能性が開かれているというのに

人は偉大なる可能性を秘めて生まれて来る
いかなる人もその実存の究極の高みは神だ

人間だけが神を探し求めているわけではない
神もまた、人間を探している
もしそれが一方向からだけの出来事だったら
それほどまで美しくはなかっただろう
もう片方は冷めていたことだろう
だがそうではない
それは熱い愛の出来事なのだ

9
month 3

生は神聖なる物語だ
それはあなたの伝記ではない
それは神の伝記だ
私たちはその本の中の
一項、一節、脚注にすぎない

存在は偉大なるオーケストラだ
私たちはその中のちょっとした音、小さな楽器
私たちは全体との調和のうちに
音楽を奏でていくこともできる
──それは至福をもたらす
また、全体に逆らうような音楽を奏でることもできる
── それは惨めさをもたらす
それはそれほど単純な事だ
だからあなたが惨めさを感じるときにはいつでも
自覚があるにせよないにせよ
自分が何か全体に反することを
やっているのだと覚えておきなさい
それを正しく直すことだ

あなた以外に責任をとれる者はいない
自分自身であらゆる責任をとっていきなさい
そしてこの上ない幸せを感じる時にはいつでも
その瞬間から学びとることだ
きっとあなたは全体と調和しているに違いない
だからそれがどうやって起こったのかを覚えていることだ

そしてそれがもっと起こるように
もっと深く調和するように
同じ状況を何度も何度も創り出してみることだ
惨めさと至福、それは偉大なる教師だ
その二人の教師から学び、ただ見つめていくことができれば
他のどんな経典も必要ではない

10

month 3

至福が湧き起こるには
その前にまず
一塊の岩のように統合される必要がある

人々はあたかも砂のようだ
ただの何千ものかけら、大衆、群衆だ
人々は一つではない
しかし至福はあなたが
一つである時にしか起こりえない
さもなければあなた方の内なる群衆が
雑音、葛藤、苦悩、緊張、苦闘を
作り出し続けることだろう

群衆はことごとくひとつに統合し
次第に溶け合わせる必要がある
その統合が起これば
至福はその副産物として自然と現れる
至福は内なる統合の副産物だ
そして、岩とは統合を象徴するものだ

存在全体は神聖なるエネルギーに包まれている
それは常にそこにあり、あなたを守り育んでいる
もしあなたがそれに気づかないでいるとしたら
それはすべてあなたの責任だ

もしあなたが扉を閉じ続けるのであれば
外に太陽が出ていようとも
暗闇の中で生きることになる
たとえ扉が開いていて太陽が出ていたとしても
目を閉じていれば
あなたは依然として暗闇の中で生きていることになる

神においても同じことが言える
神の愛はいつもそこにある
だが私たちのハートは開いていない
私たちのハートは閉じてしまっている
神に対してあなたのハートを開け放ちなさい
するとあなたは神を享受し
全体と調和し
全体とともに鼓動することができるようになる
そしてその時、大いなる恩寵があなたへと降り注ぐ

12

month 3

瞑想者は他の人たちよりも知性的でなくてはならない
さもなければその人の瞑想は偽物だ
その人は瞑想とは何かを知らず
瞑想という名のもとに他のことをやっている

瞑想的な人は
より繊細で、より知性的で、より創造的で
より愛に満ち、より慈悲深くあるべきだ
こういった特質はひとりでに育ってくる
そのための秘訣はすべて、ただひとつ
マインドを止めることにある

いかにしてマインドを止めるかを知る瞬間
あなたはマスターになる
そしてマインドはすばらしい機能となる
あなたは使いたい時に、必要な時にそれを使い
不要な時にはしまっておけるようになる

自分のあらゆる思考に対して
欲望し想像し、夢見ていることのすべてに対して
もっともっと醒めているようになりなさい
ただ、あらゆることに対して意識的であるよう
心にとめておきなさい
歩いているときそのことを意識し
食べているときそのことを意識し
考えているとき
どんな思考がマインドの中を通り過ぎているのかを
観つめ続けなさい
いつの日かあなたは驚くことだろう
ひとたびコツをつかむと
眠っている間でさえそれが続いていく
あなたは夢を観つめ続ける
あなたにはどんな夢が通り過ぎているのかがわかっている
そしてそれが夢であることも

自分の夢をも観照できるようになったその日
大いなる変容が訪れる
その瞬間から、あなたは新たなる存在となり
リアリティの世界へと足を踏み入れる

夢、思考、欲望を観つめていくことによって
少しずつ少しずつ人は観照者となる
観つめているものすべてと同化しなくなり
目撃者となる
そしてその目撃者こそが究極のリアリティなのだ

14

month 3

私のメッセージの本質は
恐怖から生きてはならないということだ
罰せられる事などありえないのだから
大胆に生きることだ
その時初めて、あなたの生がトータルになるのだから

恐怖は知らぬ間に忍び寄ってきては
あなたが開放的になっていくのを阻もうとする
たった一つの事をやるにも
千とひとつの事柄を思い巡らさなくてはならない
――それは正しいだろうか間違っているだろうか
道徳的だろうか非道徳的だろうか
教会に則しているだろうかいないだろうか
経典ではそれを許しているだろうか
それに反対しているだろうか……
そして熟考すればするほど
あなたは益々混乱していくだろう
いったん物事に罪を与える方向へと向かい始めたら
生きて行くことなどできず
ただ、だらだらと足を引きずって歩く

私のアプローチは全く違っている
間違いはあっても、そこにはどんな罪もない
ただひとつのことを覚えておきなさい
それは同じ間違いを何度も犯さないということだ
どうみてもそれは愚かしい
人は生を探求していくべきだ

そして探求していると
時には道を迷うこともある
が、道に迷うことをあまり恐れていては
探求など不可能だ
そうなると、生という冒険のすべてが打ち砕かれ
破壊され、葬られる
そしてそれこそ
いわゆる宗教的な人間が行なってきたことだ
彼らは宗教をとても深刻で陰湿なものにしてきた
宗教にあのような悲愴な表情を与えてきた

私の努力はあなたに生の喜びと味わいを与えることに
冒険する勇気、大胆に進み
生のもたらしてくれるあらゆる可能性を
切り開いていく勇気を与えることに
あなたが恐れることなく成長し、オープンに
そして感じやすくなるようにすることにかかっている

神が私たちの裁判長だろうと恐れることはない
いずれ最後の審判の日がやってきて
神に出会ったならこう言いなさい
“はい、私は飲んだくれていました……どうかお許し下さい
まだ2、3、他のこともやったのですが……”
神は理解してくれるだろう
心配御無用！

15
month 3

古いものを落としていくのは辛いことだ
だがそれは落とさなくてはならない
なぜなら、そうして初めて新しいことが可能となるからだ
新しいことを受け入れるのは容易なことではない
なぜなら、新しいものには慣れ親しみがないからだ
それは未知なるものだ
奥深い所で私たちは不安と恐れを抱く
だが、人は新しいものを愛することを学ばなくてはならない
さもなければ、そこに成長の可能性はいっさいない

成長、それは単に古いものを落とす勇気
そして新しいものを愛していく勇気を意味する
そしてこれは、一度で事足りるたぐいのものではない
あらゆる瞬間に行なわれなければならない
なぜなら一瞬ごとに何かが古くなっていき
そして新しい何かが戸口を叩いているからだ
それが起こっている時には
いつでも新しい方に耳を傾け
古いものには完全に耳をふさいでしまいなさい

古いものは束縛となり
新しいものは自由をもたらす
真理は常に新しい
神は常に新鮮だ
朝日に輝く露しずくのように新鮮だ

真理とはできあいのものではない
それは伝統の中にもなければ経典の中にもない
それは内側に探し求め探索すべきもの
すべての人が内側に探し求めるべきものだ

たとえ私がそれを見出しているとしても
それをあなたに与えることはできない
あなたに与えたくないからではなく
譲り渡すことのできないものだからだ
それは決して与えることができない
それを与える方法はない
与えた瞬間、まやかしになる
あなたは自分で見出さなくてはならない

覚者(ブッダ)たちは道を示すことはできる
けれどもその旅の全行程を歩むべきなのは、あなただ
それは長く厳しい旅だ
だが途方もなく美しい
一瞬一瞬が驚きに
一瞬一瞬が驚異に満ち溢れている

17
month 3

真理は無垢な意識だけに開かれている
――子供のように無垢な意識、何も知らぬ意識だけに
何かを知ると、あなたの鏡はほこりでいっぱいになってくる
――ちょうど鏡にほこりがたまるように
知識はごみをかき集める
何も知らなければあなたは驚異と畏敬に満ち溢れていて
その鏡にも汚れがない
真理を写し出すのはそのような汚れのない鏡だ

真理とは達成を強いられるような何かではない
それはすでに私たちの内側にある
私たちこそがそれだ——
探求者自身が探し求められるべきものなのだ
だが私たちは
真理を探し求めてあちらこちらへと猛進を続ける
それ以外のどこかでそれが見出されたことなど
決してないというのに
真理を見出す唯一の道は、外側での探求を止めることにある

真理を見出すたった一つの道とは
静かに座り内側を見つめることだ
何かをするということではなく
むしろ何もしないでいるということだ

あなたが何もせず
完全にリラックスした状態にある時
それは起こる
それは湧き起こってくる
真理は常にそこにあった
だが、あなたは一度もそこにいたことがなかった
あなたもまた自分自身の内側にいる時
その出会いが起こる

19

month 3

あなたの内側には灯火(ともしび)が燃えている
それはずっとそこにあった
私たちが今まで
全くそれに耳を向けることがなかったにすぎない
私たちはそれに背を向け続けてきた
だから私たちは暗闇の中で生きている

暗闇とは私たち自身で創り出しているものだ
内側を向けばあらゆるものが光輝いているが
外側を向くとすべてが暗闇と化す
暗闇とは単に私たちの意識が外側へと向かい
内なる世界を忘れてしまっている事実を意味している

光は私たちのまさに本質であり、存在全体の本質だ

存在は光からでき、光でつくられている
そのために世界中のあらゆる聖典に
神は光だと記されているのだ
そして今や現代科学もまた
万物が電気、電子からできていることを認めている
それらは科学的な用語だが
それをもっと詩的に言えば光となる
だからかたく心しなさい
今後、自分は内側へと向かうため
あらゆる努力を厭わぬことを

20
month 3

私たちは光から生まれ、光の中に生き、光の中で死ぬ
——私たちは光からできている
これはあらゆる時代における神秘家たちの得た
もっとも偉大な洞察のひとつだった
科学者もようやくここ20年でそれに同意するようになった
彼らは認めざるを得なかった
ほんの20年前は神秘家のことを
馬鹿なことを喋っている者だと笑っていた——
「人間が光からできているだって？
それは文字通りではなく、比喩的に違いない」と
だが神秘家たちは
本当に事実をありのままに語っていた

今や科学者たちは次のように言っている
人間のみならずあらゆる存在が
光から、電子、電気からできていると
科学はとてつもなく長い道のりを経て、この見解に達した
客観的な方法は非常に長い道のりだ
だが主観的な方法はとても簡単だ
最短距離だ
何しろただ内側を見つめれば良いだけなのだから
それ以外には何も求められていない
研究所も、器具も、精巧な装置も、何も要らない
——ただ目を閉じて
内側を見つめていく術が必要なだけだ

その内側を見る術、それが瞑想の何たるかだ

そして思考が消えマインドが完全に静まり
穏やかになった瞬間、内なる光が見えてくる
それはひとつの啓示だ
ひとたび自分の光を見てしまえば
あなたは驚くことだろう
今やあらゆる人々の中に、光を見てとれるのだから
その時、全存在は光の海そのものとなる
それは物質ではなく、純粋なエネルギーだ

何世紀にも渡って、神は光と見なされてきた
それは私たちの闇への恐れからきている
神は光であるだけでは片手落ちだ
神は闇であるのと同様に光でもある

神はその両方であるはずだ
さもなければ闇はいっさい存在しないだろう
神はもっとも低きもので、もっとも高きものでもあり
また物質と精神のいずれでもなければならない
神は全であり
そのすべては相反するものを包含しなければならない
光だけが神であるはずがない

私たちが神を闇だと捉えたことが一度もなかったのは
闇への恐れからだ
いいかね、恐れから神へと近づくのは正当ではない
神のもとへはいっさいの恐れもなく
深い愛のうちに向かうべきだ
恐れから何かを見つめれば
そこに自分の恐れを投影してしまう
そこにはない物を見
そこに在るものを見ることはない
恐れがなければ、人は完全なる明晰性をもって見る
恐れとはあなたを取り巻く煙、雲のようなものだ
そして神を見ることは
唯一明晰さを通して
完全な明晰さを通して

絶対的な明晰さを通して初めて可能となる
必要とされているのは明晰さであり
他の何ものでもない

だから神は両方だ――神はその暗さと同じほど明るくもある
神は夏でもあり冬でもあり
また生でもあり死でもある
そうして二元性が消え
途方もなくすばらしい単一性が
あなたの目の中に見えてくる

私たちは二元的なものに縛られているが
私たちが自由になれるのは一元性によってでしかない
プロティヌスも語っている――
「神への探求とは
一なるものへと向かう一なる者の飛翔である」と

闇を神聖なるものとして見始めなさい
あらゆるものを神聖なるものとして見始めなさい
私たちがそれを知っていようと知るまいと
認めようと認めまいと、すべては神聖なのだから
私たちの認識にかかわることなく――存在は神聖だ
もしそれがわかれば人々は歓喜する
さもなければいたずらに苦しむことになる

人間とはちょうど
非常に限定されたちっぽけな存在に見える
ちょうど露しずくのように
だが彼はその内側にあらゆる大洋を
大空のすべてを包含する
外目にはとても小さくちっぽけなものに見える
ただの塵——それ以外のものではない
塵から生まれて塵に還る
だがその内側
その中心（センター）から見てごらん
人間は宇宙全体なのだ

これが科学と宗教の違いだ
科学は人間を外側から見つめる
そして精神的なもの、神聖なものは何も見出せずにいる
ただ生理学、化学、生態学といったものを見出した……
他の動物についてもだ

だから科学者たちは
人間を理解するために動物を研究し続ける
動物はより単純だし、たやすく処理することもできる
だから科学者たちはネズミについて研究し続ける
そしてどんな結論が出ようとも
これは人間の場合と同じだと主張する
もちろんいささか複雑になるが基本的には同じことだと——

科学は人間をネズミに変えてしまった
そして現在では
ネズミや犬の研究を通じてのみ人間は解釈されている

人間は仏陀やキリスト
クリシュナを理解することによってのみ
初めて理解されうる
常に覚えておきなさい
これは基本的なことのひとつだ
低次のものを通して高次のものを理解することはできない
だが高次のものを理解すれば
低次のものを理解できるということを
高次のものは低次のものを包含しているが
低次のものが高次のものを包含することはない

人間を理解するたった一つの方法——
それは外見や観察からではない
それは瞑想からだ
人は自らの内側へ
自分自身の本質へと入っていかなくてはならない
その地点に立つとき、この上ない驚異と畏敬を知るだろう
——人間は神以外の何者でもないと

科学は人々にこう言い続ける
「あなた方は動物にすぎない
人類とは動物の一種族にすぎない」と
そしてその見解は三百年に渡って浸透し
今では私たちの血や骨、骨髄にまでひどく浸透してしまった

私たちは動物ではない
実のところ、動物自身も動物ではない
私たちは神聖であり、動物もまたそうだ
宗教とは人間は神聖であり
宇宙は神聖であるという洞察に基づくものだ
科学はすべてのものを
悪質な最低基準にまでおとしめてしまう
科学者は蓮の花を手にしたところで、こんな風に言う
「これは泥にすぎない
泥の中で育ち、泥から出てくるだろうからね」と
神秘家ならたとえ泥を手にしても、こう言うだろう
「憂うことはない——
そこには何千もの蓮の花が秘められている
蓮の花は泥の中から生じるのだから」と

宗教は最高の見地から物事を見つめ
もっとも高きところを物事を決めるための拠り所にする
科学はもっとも低いところを見つめ
物事を決めるための拠り所とする
今この瞬間から
このことをあなたの視点としなくてはならない——
全宇宙が神聖であるように

あなたもまた神聖なのだということを
この洞察があれば、上昇することは困難ではない
もはや上はなく、高次の存在の可能性もなければ
人は自分自身を変容することなど全く忘れてしまうだろう
そこに可能性があれば
人は手探りで捜し始めることだろう
仏陀たちがその充分な証、充分な証明だ

人は皆、神だ
それ以外のものである人など誰もいない
なぜなら神のみが存在しているからだ
神と存在とは同義語だ
在ることが、すなわち神であることだ
けれども私たちはそのことを覚えてはいない
完全に忘れてしまっている
要点はいかにして神聖へと至るかではなく
いかにしてそれを思い出すかにかかっている
それは忘れられた言葉だ

私のここでの努力は、既にそこにあるものを
あなたが思い出せるよう手助けすることだ
成就する必要のあるものなど何もない
あなたはただ自分自身を発見し
自分とは誰かを見出さなくてはならないだけだ
そうすれば自分自身が神であることを知るだろう

そして自分が神であると知る瞬間
全存在は神聖なものとなり
あらゆる人が神となる
それは途方もない喜びだ
全存在があなたにとって神聖なものとなる
あなたは神に包まれる
あなたのハートにおのずと喜びがこみ上げる

25

month 3

人間とは動物の世界と神々の世界とに架かる橋だ
人間はちょうどその狭間にある行程だ
だから人間は、まだ真の実存ではない
ライオンはある定められた実存であり
バラの繁みや岩もまた、ある定めを持つ実存だ
だが人間にはそれがない

人間はなりつつあるものだ
実存ではない
人間が実存となるのは人類を超越した時
仏陀やキリストになった時だけだ
その時、人間は実存へと達する
だがその時にはその人はもはや人間ではない
その人は橋を越えてしまっている

橋を越えなさい
覚えておきなさい
橋の上に家を建ててはならない
それは越えるべきもの、超越されるべきものだ
そして、それこそが人間の美しさだ
犬は犬でしかなく、岩は岩でしかない
それらは定められた存在だ
そこにはどんな成長の可能性もない

人間だけが成長する
人間だけが冒険し
未知なるものへと旅をする可能性を手にしている
人間の至高の美しさ、至高の威厳とは
自分自身を超越する可能性を持つことにある
それは不可能なように見える
頭で考えたらそれは不可能となる
もしあなたがジャンプすればそれは可能だ
考え込み続ける人々には
それはどんどん不可能なものとなっていく
考えれば考えるほど不可能な気がしてくる
ジャンプは勇気ある者のためにある

「ジャンプする前には２度考えろ」と言うが
私は言う
「まずジャンプだ、その後で好きなだけ考えろ！」と
２回でも３回でも……好きなだけ気楽に
心ゆくまで考えなさい——
だが、まずジャンプすることだ！

26

month 3

瞑想は人を大洋へと導く――
小さきものから広大なものへ
限定された心身から限りなき意識へ
限りあるものから限りなきものへ
時あるものから時なき永遠へ
生死あるものから永遠へと

たった一つ必要とされることは
自我（エゴ）という観念を落とすことだ
それは知性ある人にとって難しいことではない
その人がより知性的であればあるほど
よりたやすくその概念を落とせる
なぜならその人には
それが全く間違った概念だとわかるからだ

人をバラバラに切り離すことはできない――
分離されたら、ほんの一瞬でさえも存在できない
もし息が入ってこなかったら、死んでしまう
私たちは絶え間なく何かを取り交わし続けている
呼吸は私たちと全体とを結ぶ橋を意味する
呼吸はちょうど、全体の中に伸びている根のような何かだ
その樹は大地から引き抜かれれば枯れ始めてしまう
その樹に栄養を与えてきた根がなくなってしまうのだから
息の根を止めれば、人は死んでしまう

呼吸をすることは
私たちが全体に根づくための実存の巧みな方法だ
まさに“呼吸”という言葉は生を表している
何と言おうと、呼吸なしには生命はないからだ
それは人間の生死を確認する、ただひとつの目安だ
呼吸をしていればその人は生きているし
さもなければ死んでいる
だが呼吸というものが目に見えないがゆえに
私たちは気にもとめずにいる
けれどもそうでないとしたら
私たちはあらゆる瞬間に存在から何かを
受け取り続けることだろう

だから生を覗き込んだなら
自我(エゴ)が誤った概念であることに何の苦もなく
気づくことができるだろう
そしてあなたがエゴを落とした瞬間
ありとあらゆる障害は取り除かれ——
あなたは海へと流れ込み、そして海とひとつになる
その経験は、歓喜(エクスタシー)の自由の究極なる経験だ

27

month 3

瞑想とはあなたをまさに
自分の中心(センター)へと連れていくアートだ
人々はその周辺で生きている——
どうやって周辺からその中心へとジャンプするか？
それがアートのすべてだ
私はそれを科学というより、むしろアートと呼ぶ
なぜなら科学はより数学的だが
アートはより芸術的、より詩的なものだからだ

科学には例外などなく、それは宇宙の法則に則している
アートには例外がある
実際、自己の中心への至り方は
他の誰ともわずかながら違っている
それはどの個人にも
他人には見られないところがあるからだ
それは宇宙の神性、大いなる恩恵だ——
それはたぐいまれな個性だけを創り出す

瞑想とは、周辺部と中心(センター)をつなぐ橋だ
外側と内側、マインドとノー・マインド
物質と意識との間に架かる橋だ

瞑想とは、存在におけるもっとも偉大な奇跡だ
それは目覚めたる人たちから人類へと贈られた
もっとも偉大な贈り物だ
科学もまた多くの貢献をしているが
瞑想に匹敵するものはない
それに、科学が瞑想と並ぶほどのものを与えられるとは
誰にも思えないだろう

これまでも
瞑想は人類へのもっとも偉大な贈り物であったし
これからもずっとそうだろう
何の支障もなくこう予言できる
理由は簡単だ
科学の研究対象は物質の世界にすぎないが
瞑想はあなたの本質的な存在、内なる世界を
あなたに掌握させてしまうからだ——
それに、内側のものは外側のものより常に高次元だからだ
科学は科学者より偉大にはなり得ない、それは明らかだ
対象物が、観察者よりも高く
より価値を有することはあり得ないからだ

29
month 3

私たちをありとあらゆる苦しみから
離れられぬようにしているのは
未知なるものへの恐れだ
苦しみはあなたにしがみついてはいない
あなたがそれにしがみついているのだ
人々は何もないことより苦しむ方を好む
何もないということは苦しみより遥かに良いばかりでなく
どのようなもの、あらゆるものにもまして
良いものであるのに
空っぽであること
誰でもない者であること
全く取るに足らない者であるためには、確かに気力が必要だ
それは所在の知れぬ、遥か彼方の岸辺に向かうようなものだ
それは慣れ親しんだこの岸辺を捨て
あるともないとも知れぬものに向かって
量子的飛躍をすることだ――どんな保証もないままに

だからこそ導師(マスター)が必要だ
マスターというものは
未知なるものへの保証書でもなければ保証人でもない
マスターは立ち会ってくれるだけだ
マスターは、あなたのために真理を保証することはできない
マスターはただ分かち合うだけだ
「それこそがそれだ――私が知ったものだ
私はそれを見てきた者だ」と
マスターの目を覗き込めば、信頼が感じられるだろう
もしあなたに、マスターの愛と

マスターへのあなたの愛が感じられたなら
その時、何かが起こり始める
その時、神秘的な何かが起こり始める
その神秘的な関係性とは弟子であること
それはサニヤスだ
それこそ、生におけるもっとも神秘的な経験だ
それに比べれば、愛の経験ですら無となる

30

month 3

人間の生き方には二通りある
四方八方取り囲まれ
大切に保護された生を送ることもできる
何百万もの人々がこうした生を選ぶには理由がある——
それは安全で安定し、居心地が良いからだ
だが人々は、遥かに価値のあるものを見逃してしまっている
それは人々が
冒険を、真理への探求を、そして神性を、愛を、
光を逃してしまうからだ
事実、人々はすべてを逃し
得るものはただの安楽死だけだ
その生は墓場の生だ
もちろん、墓の中ではどんな危険もない
二度死ぬようなことはあり得ない
そこはもっとも安全な場所だ
だが安全ではあっても
あなたの生は失われてしまっている

神性は
人が二つめの生を生きることを学んで初めて可能となる
一つめのものは大切に保護された生
それは何百万もの人々の選択したものだ
だから彼らはただ墓場へと歩み寄っているだけだ——
動物的な意味だけで言えば生きてはいるものの
実のところ無気力に暮らしているだけだ
彼らには魂がない

危険に満ちて生き始めて、初めて人は生きることになる
そして危険に満ちて生きることは
神聖なる生を生きること
イエスは危険に満ちて生きた
仏陀は危険に満ちて生きた
ソクラテスは危険に満ちて生きた
アル・ヒラジ・マンスールは危険に満ちて生きた
だがこれらの人々は
個で在ることの至高の頂へと至った人々だ
彼らは意識のエベレストを知るに至った

31

month 3

神にはどんな形もなく
どんな呼び名もなく
どんな定義もない
神とは定義不可能なもの、言語に絶するもの
名状しがたいものだ
それゆえ神について語られてきた事は何であれ
すべて間違いになる
それは語られた瞬間、間違ったものとなる

沈黙のうちにあって初めて、人は神に関して真正となる
たった一言でも発したならば、あなたは要点を逃してしまう
神について言える事など何もない
神はただ経験することができるだけだ
そこにはどんな証も、どんな論理的な確証もない
だがそこには実在的なものがある

サニヤスとは物事の新しい見方だ
それは、だんだんと神があらゆる所から顕現し始めるように
物事を見つめていく方法だ
神にはどんな形もないが
神は可能な限りのあらゆる形をとって
自らを表現し始める
あなたはあらゆる形の中に神を感じ始める

ある意味では、波ひとつをとって海だと言うこともできるし
また別の意味では、どの波もすべて海だと言うこともできる
ある意味では、形なきものが神だし
また別の意味では、形あるあらゆるものが神性なのだ

マインドでこれを知ることはできない
マインドには形を捕らえることしかできないからだ
形なきものを知るためには
マインドを越えて行かなくてはならない
少なくとも毎日数瞬は、マインドを脇にのけなさい
そうすれば神に浸れるだろう
そしてその数瞬は、真の瞬間だ
あなたが生きるのはその瞬間だけ、その瞬間だけだ
その他の瞬間はすべて、価値なきものだ
それらは救いようがない――
あなたが神とともに生き
神の臨在とともに生きた瞬間だけが救われる

month 4

瞑想は火

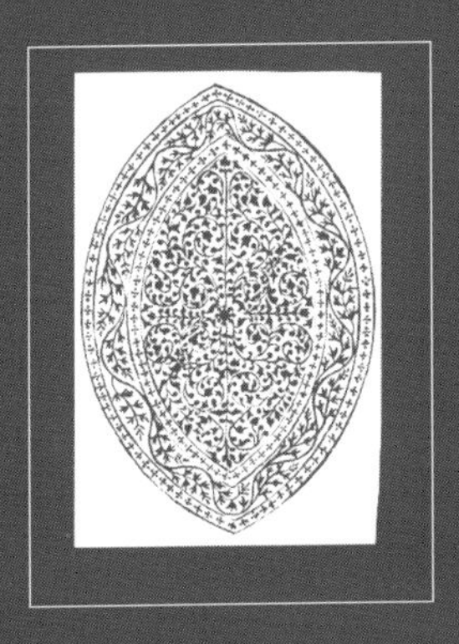

MEDITATION IS FIRE

1

month 4

川とともに流れ、川とともに進むがいい
完全に身をゆだねて
それはすでに海へと向かっている
あなたを海へとともに運んでくれることだろう
泳ぐ必要すらない、海は存在の象徴だ
だから海を発見しないかぎり、人に満足はない
人には限定、限界があるのだから
あらゆる限界は束縛となる
川が海へと流れ込む瞬間、それは無限、永遠となる
そう、それはサニヤスの目的地(ゴール)だ
無限で永遠、広大で限りのない、定義不能な
言語に絶したものへの到達を助けてくれるものだ

2

month 4

生とは常に流れ
動き続けていることだ
遥か彼方の星へと向かい、進み続けなさい
旅そのものを楽しむことだ
ゴールのことなどあまり気にせずに
実のところゴールとは
旅をひたすら進み続けていくための名目にすぎない
実際人生に目的はない、生は巡礼だ
無への巡礼、ゴールのない巡礼――純粋なる巡礼の旅だ
これを理解することは途方もない自由をもたらし
重荷はすっかり降ろされる
ありとあらゆる憂いや苦悩が落ち
あらゆる心配ごとは消え去り、消散していく
というのもゴールがなければ失敗はありえないからだ
失敗とは私たちの抱く観念にすぎない
ゴールというものの存在を信じ込んでいる
たとえば、私には失敗はない
私にはいかなるゴールもない
挫折感を感じることもいっさいない
私は何も期待しないからだ
何かが起これば、それで素晴らしい
何も起こらなくとも、それはそれで結構なことだ！
どちらにせよ、それは常に素晴らしい

そう、それは私の教えの基本だ
つまりそれは、一瞬一瞬を完全に生き抜くという事だ
それは何かを完結するための手段ではない

だが最初のうちはそれはとても難しい
だから私は偽りのゴールや標的を与え続ける
いわば、それはただのおもちゃであり
それなしでも進んでいけないことはない
ひとたび旅そのものを楽しみだしたら
「ゴール」の必要性などいっさいない
そうなれば、生の意義について問うこともなくなる
生はそれ自体に意味があり、それ自体が目的なのだ
そしてこれこそが完全なる自由の境地だ

自由、それはもっとも意義深い資質のひとつだ
事実、偉大なる開花のすべては自由から生まれる
自由であって初めて愛することができ
自由であって初めて真理の探求が可能となり
自由であって初めて喜びに溢れることができる
それゆえ、自由をまさにサニヤスの土台としなくてはならない

私はあなた方に、教会や信条
国家や人種に属してもらいたくはない
そういったものはすべて醜悪だ
人間はそうしたあらゆるナンセンス
たわごとから自由であるべきだ
人はただ、人としてあるべきだ
キリスト教やヒンズー教徒、イスラム教徒である必要はない
また、インド人やアメリカ人、ドイツ人である必要もない
人はそういったあらゆる枠づけから自由であるべきだ
それはあなたの魂を閉じ込める監獄だ
そんなものは打ち破るがいい！

そう、それはすべてあなた次第だ
あなたがこうした物事と手を結ぶのなら
自らの隷属に手を貸すことになる
手を結ぶのはやめなさい
誰もあなたを束縛するものはいない
それはあなた自身の無意識のなせる技だ
だから、どのように自分が自らの奴隷化に
手を貸しているかに覚めているように
あらゆる隷属を取り除くには

ただ意識的であるだけで充分事足りる

自由、それはあなたの本性だ
成し遂げるべき何かではない
すべての隷属が消え去ったとき、人は自由になる
隷属がもはや存在しなくなったとき
自由があなたの実存のなかに湧き起こり始める

そして自由の中から
生は途方もない美しさを呈し始める
そうしてすべてが可能となる——
愛が、真実が、神性が

私たちは種だが
種子のまま死に絶えるとしたらあまりにも残念だ
私たちは花を咲かせ
その香りを放たねばならない
そうして初めて満たされる
樹木は開花を迎えるとき——春が訪れ、木が芽ぶき
そのハートが様々な色や香りとなり
喜びとなって満ち溢れるとき、満足を覚える
木々は風の中で太陽と戯れ、踊り出すときに満足を覚える

私のここでの仕事（ワーク）は
あなたに自己の計りしれない潜在能力
無限の可能性に気づかせ
あなたが到達し得る高み
貫き得る深みに気づかせることにある
その高みはヒマラヤ山脈より高く
その深みは太平洋をしのぐほどだ
そしてひとたびその高みと深みを知ってしまえば
生はただただ感謝以外のなにものでもなくなる
存在はあなたに、ありあまるほどのものを与えてくれた
あなたという実存に
創造性のすべてを注ぎ込んでくれた
あなたをとても豊かに
尽きることのないほど豊かにしてくれた……
にもかかわらず、私たちは物乞いのように生きている
私の語るサニヤスとは、あなた方は物乞いではなく
一人の皇帝、一人の女帝だと宣言することに他ならない

生きていくにつれ、だんだんと経験や記憶が蓄積されていく
そしてそれは山のように——実に重たいものとなる
人間はそれに押し潰されている
無益であることを見抜いたとたん、それは落とせる
それがあなたにくっついているのではなく
あなたの方がしがみついているのだ
あれこれ気に病まないことだ

その次に、観照を通して次の事に気づくようになる
未来は、まだ到来していないという現実だ
ならば、なぜそのことに悩まされるのかね？
やってくればその事に直面し対応する
それについて心配する必要など何もない——
そんな事は全く起こらないかもしれないし
現時点では想像もつかないような形で起こるかもしれない
それは予測不可能だ
どんな事であれ、あなたが思っている事の
99％は決して起こりはしないだろう
なのに残りの1％のためにエネルギーを浪費しているのは
全く馬鹿げている

ひとたびそれを見抜いたならあなたは未来から手をひく——
それに過去や未来というのは
100％あなたのマインドによるものだ
すべてが、だ
50％は過去に属し、50％は未来に属している
現在においては何も存在していない

人がただ、今ここに存在すれば
その意識は空となる
もうわかるだろう、マインドというものをのぞいてみると
過去と未来が、去来している
この瞬間に関するかぎり、意識は澄み渡っている
だから瞑想者はゆっくりゆっくりと
過去と未来を落とし始め、現在に落ち着き始める

今ここに生きることは宗教的な生を送ることだ
それは純粋な意識だ
そして純粋な意識から出てくるものは何であれ
美徳となる
あなたの行ないは何であれ、正しいものとなる
あなたの応答がどういったものであれ、決して後悔せず
罪悪感を抱くこともない

6

month 4

境界のあるものは何であれ、あなたを収監する
すべての境界は超えられ突破されるべきだ
あなたの実存の中にいっさいの境界がなくなり
ただ純粋にあなたであり、何の定義付けもなく
肉体とマインドのすべての境界を超えるとき
あなたは大洋のような広大な世界に入る

だから、しがみついたり、何かに所属する必要など何もない
無所属でありなさい
そうすれば、あなたの流れが妨げられることはない
川のようでありなさい
流れは数々の領土や様々な美しい谷や山や森を
通過しながらも、流れ続ける
たくさんの美しい光景が通り過ぎようとも
それにしがみつくことなく
海に辿り着くまで流れ続ける

川のようになりなさい
流れに執着することなく
さもなければあなたは池になってしまう
池は決して海には辿り着けない
辿り着けるのは川だけだ
だから何も制限することなく流れ続けなさい
そうすれば海は遠くはない
たとえどんなに遠かろうと
もう、そんなに遠いことはない

私の努力は、あるがままの自分を受け入れ
自分のまがいなき魂を捜し求め続けられるよう
あなたを助けることに注がれている
あなたの魂は、愚かしい概念をあまりに背負いすぎている
自分を重荷から解き放ち
空っぽにしなければならない
他者より与えられたあらゆるナンセンス
たわごとを捨て去り
空っぽになって初めて
自己の実存との最初の接触を得、初めてそれと繋がれる
それは途方もない自由だ
それは時間からの自由、マインドからの自由
死からの自由だ
突如として永遠の次元に入り
突如としてあなたは神々と等しくなる
これ以外に価値のあるものなど何もない

8

month 4

心の底から理解しておかなくてはならない
生は途方もなく高価な贈り物であり
一瞬一瞬が貴重であり、浪費されるべきではないと
生とは成長のための大いなる機会だ
浜辺で色とりどりの石ころや貝殻を
集め続けている場合ではない
もっと大切な何かが為されねばならない、もっと重要な何かが

人は内側を観なくてはならない
外側の事柄のみに、関わっているべきではない
というのも、そんな風にして人は生を浪費しているからだ
内側を捜し始めることだ
自己の中心(センター)を感じとるまで、深く、さらに深く
意識の中へと入っていくべきだ
中心を感じとった瞬間
すべての問いはその答えを得、すべての謎は消え去る
そこには、もはや何の混乱もない
すべてが明晰で、一点の曇りもなく隅々まで見通せる
その瞬間、あなたは思い知るだろう
私たちは宇宙から計りしれない恩恵を受けている
にもかかわらず、いかに宇宙に対して恩知らずであったかを
感謝の念は、宗教的な生において基本的な必要条件だ
感謝の念から祈りは起こる、感謝の念から愛は起こる
感謝の念から優美さは起こる
だが人は、生の計りしれない価値を感じとって初めて
存在のこの上ない価値を感じとって初めて
感謝の念を抱くことができる

ひとたび目覚めると、人は生を
全く違った風に生き始める
その生は依然として同じままであっても
もはや以前のあなたではない
あなたの取り組み方が違っている
あなたの流儀そのものが違っている

あなたは意識的に生きる
もはや手探りで暗闇を進むことはない
あなたは頭からではなくハートから生きる
その生そのものが愛、慈愛となり
歌、ダンス、祝祭となる
そしてむろんあなたと触れ合った人は
誰であろうと影響を受ける
それは伝染性のものだ
それはまるで炎
野火のようにどこまでも広がっていく

10

month 4

神にはいっさいの束縛がない
無限で広大なるものだ
神は大洋のようであり、私たちはまるで露しずくのようだ
人は海の中へと消え去る術（アート）を学ばなくてはならない
それには勇気がいる
何しろ海の中へ消え去ることは
しずくとしての死を意味するからだ
しずくとして死を迎えないかぎり
海としての誕生は不可能だ
種が種として死ぬとき、偉大な樹は生まれる
種が消え去る——
唯一その消滅を通してのみ、樹は現れる

神にはいかなる暗闇も存在しないし
光のあるところに闇はない
暗闇は、光が不在であるとき初めて現れる
それゆえ、光と闇は決して出会うことがない
光は暗闇の存在を全く知らない
どうやって光に知ることができるというのかね？
—— 光がそこにあるとき、闇はあとかたもない
暗闇とは、単なる不在なのだ
神は、暗闇のことなど何も知らない
そして私たちはただ、暗闇しか知らない
神と私たちとの間に橋が架からずにいるのはそのためだ

暗闇が消え失せ、光だけがあるという地点にまで
私たちも辿り着かなければならない
あなたから暗闇が消え去るとき
その日こそはこの上ない祝祭の日
この上ない至福の日だ
だがそれは、自分自身が光であることを悟って
初めて可能となる

至福に満ちて輝きを放つようになることだ
炎はすでにそこにある、あなたは何をする必要もない
ただ、それを発見しなくてはならないだけだ
それはあなたの内側にある
だから他のどこに行く必要もない
ただ沈黙の中にありなさい、静かに……
内側を見つめ、探し求めながら

あなたは思考と欲望という
大群衆のなかを通り抜けていくことになる
だが、それは傍目に見るほど大きなものではない
そうだ、少しばかり押し合いへしあいしながら
少しでも自分自身を内側へと押しやる必要がある
だが、それは美しいゲームだ
楽しいものだ！

瞑想するのは楽しいものだ
そしてひとたび雑踏を通り抜け
内なる実存の開け放たれた空間に辿り着けたなら
あなたは炎を目にするだろう
それはあなたの内なる実存だ
その炎は偉大なる存在の炎
大宇宙の火の一部だ

人間は開かれざる聖典だ
私たちはヴェーダや聖書、コーランを読み続ける
だが決して
自己の内なる実存を読み取ることはない
しかしながらヴェーダや聖書
コーランに含まれていることはすべてあなたの中にある
あなたの中に
絶対的な純粋さを保ちながら存在している
ヴェーダは堕落した
聖書、コーランは汚れてしまっている
口にした途端に偽りとなる
それは物事の本性だ
それを口にした時には、すでに偽物になっている

真実は、あなたの中に深い沈黙として息づいているとき
初めて真実として留まる
静けさや
神のささやく声を聞くことができるのは
唯一あなた自身の実存の中でしかない
満たされなくてはならない条件はひとつしかない
——それはあなたが沈黙し
騒音のない状態になることだ
そうすればそれを聞き取れ
また読み取ることができる

14

month 4

真の実体(リアリティ)において、あなた方は神だ
ぐっすり眠りこけ、あれこれと夢を見ているかもしれない
自分が物乞いであったり
男であったり女であったり、また白人であったり
黒人であったり貧乏であったり金持ちであったり……
だがそういったことはすべて、ただの夢なのだ
マインドが夢を観なくなったとき
ただひとつだけそこに残るものがある
それは「私は神である」ことだ
これを知らずして死ぬことは
取るに足りぬ生を生きていたことに他ならない
人は「私が神である」ことを知るとき、初めて満たされる
それは信念の問題ではない
聖職者たちは幾世紀にも渡り
神の王国はあなたの内側にあると語り続けてきた――
だがそれは、助けとはならない
あなたは自分自身で、それを経験する必要がある

信じることはたやすい
自分が神であると信じ始めることもできる
それは単なる誇大妄想だ、狂気の沙汰だ
肝心なのは経験することにある

あなたは自分が神であることを信じるとき
「私は神である」ことを信じるとき
その“私”が実に重要となり、神は単なる影となる
だが「私は神である」ことを経験で知ると

その“私”はただの言葉、実用的な言葉となり
唯一、神のみが真実となる
それが狂人と神秘家の違いだ
狂人もまた、「私は神である」と宣言する
だが、彼は単に「私は……だ」と言っているにすぎない
そして「私は神である」と宣言することこそ
究極の自我（エゴ）に他ならない
神秘家もまた「私は神である」と宣言する
だが彼は言っている
「私は存在していない、だからこそ私は神なのだ」と

そのため、私はそれを信じるようには言わない
そのことを体験すべきだと言う
それを体験することなく、この生を終わらせてはならない
生はあなたの真の実体（リアリティ）を体験する、ひとつの機会なのだ

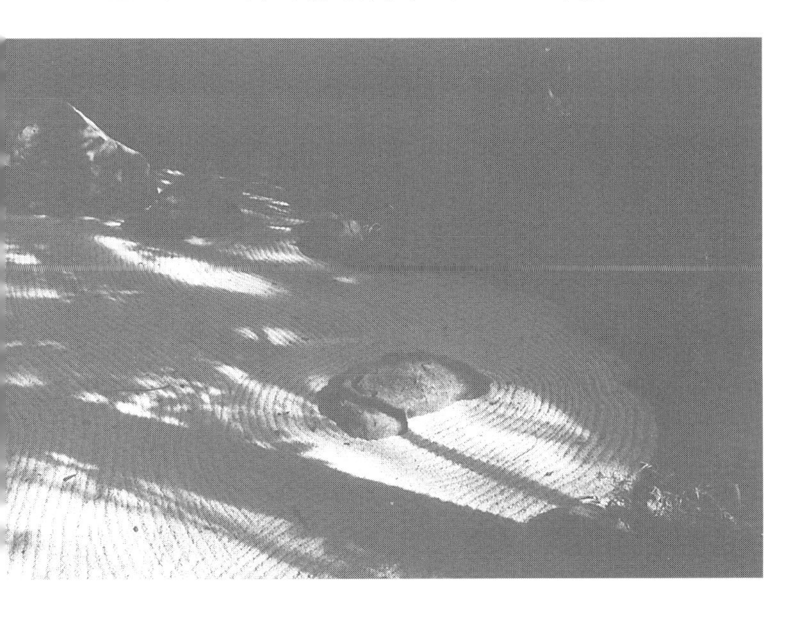

15

month 4

人は自らの神性を悟らぬかぎり、何ひとつ達成できない
その生はずっと失敗の連続となる
しかし、人は神性を成就できる
それはあらゆる人間の生得権だ
だがそれを求め、それに対し働きかけ
そのワークにおいて、限りなく創造的でありなさい
成長のために、あらゆる可能性を試みなさい
人の属性を超え、またさらなる成長を遂げ
神となるように——
というのもそれこそは私たちの真の実体（リアリティ）なのだから

人間は見た目ほどちっぽけな存在ではない
人は広大だ、途方もなく広大だ
人は大洋のようだ、大洋にさえ限界はあるが
人間にはどのような限界もない
大洋でさえ、それほど広大ではない
人間の広大さは、神の存在を示す唯一の証明だ
神とは人間の広大さを表すもうひとつの呼び名だ
私たちは肉体に押し込められたものでも
またマインドに押し込められたものでもない
私たちは両者を超えている

サニヤスの全過程(プロセス)とは、玉ねぎの皮をむくようなものだ
そこには幾重にもなる自己証明が層をなしている
それでも私たちは、ゆっくりゆっくりと
すべての層を落としていかねばならない
そして、最後に残るものは無だ――その無こそがあなただ

唯一無のみが、広大になり得る
何かには限りがある、“無”だけが無限だ
それゆえ神とは究極の無だ
神とは存在ではない、神とは究極の非在だ
神とは何者でもない、完全に誰でもない者だ
ただただ臨在であり、無限なる境界なきものだ
そしてまた私たちも
私たちは、神と異なるものではない
私たちはその無限性の一部だ

17

month 4

価値あるもののすべては
そのまさに核からして調和に満ちている
調和のないところに、神は存在しえない
存在の中に見る調和は、存在を何か
目に見えぬ何かがうまくまとめていることを証している
調和なくしてはいかなる愛もなく
だがそれは目には見えぬ連なりであり
だれもそれを見ることはできない

だれにでもそれは感じられる
愛は人に、ある事実を気づかせる——
目に見えるものすべてが、実はすべてではないかもしれない
あなたが目にする以上のものがあるかもしれないと
リアリティは見ることで、おしまいなわけではない
そこには感覚という、違った次元もある
それは遥かに深く、さらに根本的なものだ
調和なきところには何の喜びもない
調和のうちにあれば、自然にそして自発的に
快活さが放たれるだろう
それがあなたの波動となる

調和のとれた人間は必ず快活に、また美しくなるものだ
それは必然だ
快活さ以上に美しいものはなく
調和以上に優美なものはないのだから

愛とは、露しずくが大海に消滅すること
それ以外の何物でもない
それは自我(エゴ)の終焉——存在への全面的な明け渡しだ
それは全体との出会いであり
自分という境界と、自己証明を落とすこと
自分自身を放棄することだ
あなた自身を手放した瞬間、即座にあなたは
大洋のように広大になる

私たちは、自己証明にしがみついている
それを大事にし、そのために戦い
そのために死ぬ用意すらある
だが、これは全く愚かしいことだ
自我とは存在における最大の虚構なのだから
それはただの熱気にすぎず、実体をもたない
それはあたかも闇のようだ

あなたは暗闇を見る、毎日それを目にしている
だが、それにはこれといった実在性は何もない
それは単純に光の不在だ——それ自体には何もなく
ただの光の不在だ
光を内側に招き入れなさい
すると、いかなる闇も見当たらなくなる
扉から出ていくところすら目にできない
光を消すと、その途端に闇はそこにある
外側からやってきたわけではない
あなたは扉と窓を閉めておくこともできる

それは他の場所から入ってはこれない
実体がないためだ
それは、ただの不在なのだ
移動は不可能だ
光は訪れては去る、光は存在するのだから

同じことがあなたの自我(エゴ)についても間違いなくあてはまる
自我は、愛の不在だ
愛の光を内側に招き入れた瞬間、自我は消え去る
自我に関しては、他に何ひとつする必要はない
ただ、もっと愛に満ちていなさい
無条件に愛することだ

愛とは特定の誰かに向けられるようなものではない
ただ愛に満ちていなさい——それをあなたの質とすべきだ
それは関係性とは何の関わりもない
愛とは、芳香のようなものだ
人がそのことに気づこうが気づくまいが
花にとってはどうでもよいことだ
人の往来の全くないヒマラヤの奥地にすら
何千という花々は咲き乱れ、その芳香を漂わせている

ヒマラヤには、全く見たこともないような花々が
一面に咲きほこる谷間がある
人々は山頂からしかその谷間を眺めることができず
だれもそこまで行けた人はいない
何しろ、谷間まで降りていくのは危険なのだから
その花々について知っている人はいても
その芳香を知る者はない
その花々はまさに極彩色、とても遠く離れた所にあるが
花はそんな事など、気にとめる様子もない
それでも花々は、全くもって幸せだ

愛をあなたの質とするべきだ
愛情深くなりなさい
するとある日、あなたは愛そのものとなる
愛することですらなく、愛そのものになる
それは偉大なる啓示の日だ
まさにその瞬間、そのしずくは大海へと溶けさり
大海となる

20
month 4

これは、愛の道における秘密の全容だ
動機のない愛は
あなたの存在全体を愛のエネルギーに変容させる
愛のエネルギーと化すことは、神聖なるものになることだ
必要なのはただそれだけだ
それは人が求め、夢見るものを遥か超えるほどのものだ
それは完全なる成就と開花をもたらす
あなたは花開く
意識の花々が、あなたの中で花開き出す

瞑想は、ただあなたを戸口まで連れ出すにすぎない
だが、それはもっとも素晴らしい旅だ――
頭からハートへ、論理から愛へ
知ることから感じることへ
詩人が科学者よりも瞑想に近く
ダンサーが政治家よりも近く
恋人たちが実業家よりも近いのはそのためだ

だが、詩人が瞑想の第一歩に気づくようになるのは
唯一、瞑想を通してだ
さもなければ人は中に入らぬまま
寺院の戸口に佇んでいるだけだろう
それが詩人のおかれている状況だ
寺院の戸口に立ってはいるが、外側を見ている
神秘家もまた同じ戸口に立っているが、内側を見ている
彼らは同じ地点に立っている
違いを創り出しているのは瞑想だ
瞑想はあなたを180度方向転換させる
つまり目を向ける方向が、外側ではなく内側になる

詩人と神秘家の方向性は異なっている
同じ場所、同じ段階にはいる
詩人と神秘家は間違いなく同じ段階、同じ戸口に立っている
だが詩人は外側を見、神秘家は内側を見ている――
そしてそのことが違いを
決定的な違いをもたらす

神秘家が内側を覗き込む瞬間、即座に内側に入っていく
そうなると彼にはそれを止めることができない
何物にも止められないだろう
内側へと向かう衝動は、否応のないものだ

瞑想は、あなたを究極の段階へと至るのを可能にする
あなたの努力のすべて
あなたの全存在をただ一点に合わせなさい
「瞑想」——この言葉をいつも心にとめておきなさい
あなたとエネルギーのすべてを、その中に注ぎ込むことだ
そうすれば、瞑想があなたに起こり始めるだろう

瞑想に入っていくための
もっとも欠くことのできない質は
辛抱強さだ
あせらないことだ
あせればあせるほど、それは遠回りになる
もしあなたに、愛と信頼に満ちて永遠に待つ用意があれば
それはこの瞬間にも起こりうる
即座にそれは起こる、すぐにもそれは起こる
それは、どれほど人が辛抱強いかにかかっている

だが覚えておきなさい
瞑想中は、決してその結果について
思い悩んだりしてはならない
結果はそれ相応の時に訪れる
信頼することだ！
瞑想自体を楽しみなさい
瞑想に対して欲深くなったり、野心を投影したりしないことだ
瞑想を手段としてではなく
それ自体を目的として行なうことができたら
奇跡はすぐにでも起こり始める
それはあなたの実存全体を変える

変容することはたやすいことだ
辛抱強くあるコツを学ばなければならない—
それは人類が完璧に忘れ去っているものだ
誰もが皆、そのような焦燥感のうちにある
誰もが皆、事が急速に起こることを望んでいる

宗教の世界が山師で溢れ返っているのは、そのためだ
あなた方はインスタント・コーヒーを求める
だからインスタント・コーヒーを売り歩く者たちが
存在するのだ
そして、あなたを食いものにする
私のアプローチは辛抱強くあること
限りなく辛抱強くあることだ
すると奇跡的なことに
それがインスタント・コーヒーのように
起こってしまう
だが、必要条件は満たされねばならない
それは逆説（パラドックス）だ
だが真理にかかわることは
何であれ決まって逆説的だ
それは逆説的であるはずだ
というのも真理は常に
その対極を包括するからだ

瞑想においては、遊びに満ちていなければならない
それを戯れとして楽しむことを学ばなければならない
瞑想に対して深刻にならないことだ——
深刻になると、とり逃がしてしまう
瞑想へはただ、喜びに満ちて入っていかねばならない

そしてさらに、さらに深く安らいでいくことに
覚醒を保ち続けている必要がある
それは集中ではない、全くその逆だ
それはくつろぎだ
すっかりリラックスしきっていると
まず始めに、自己の真の実体(リアリティ)を感じ始める
自分の実存と直面するようになる
活動の中にうずもれ、忙殺されていると
自分自身を見つめることができない
活動は、あなたの回りを分厚い煙で覆う
周辺にもうもうとした土ぼこりを立てる
それゆえ、あらゆる活動を落とす必要がある
少なくとも、一日に数時間ぐらいはだ

そういったことは、最初だけだ
ひとたび、安らぎのアートを学んでしまえば
あなたは活動的でありながら、しかも安らげるようになる
というのも、そのときにはあなたは確信しているからだ
「やすらぎ」が内側の奥深くにあり
もはや外側からはいっさいの妨害を受けないことを
活動が周辺を取り巻き続けようとも

中心(センター)では依然として安らいでいる
あなたの活動が
あなたの安らぎをかき乱すことはいっさいなくなる
だから、活動を数時間落とす必要があるのは初心者だけだ
人がその術(アート)を学んでしまえば
そこには何の問いもなくなる
終日、24時間瞑想的であることも
日常生活を、あらゆる活動を続けることも可能となる

瞑想は、あなたに二つの事を及ぼす
ひとつはあたり一面をとりまいている美しさに気づかせ
美に対して敏感にする
二つめに、それはあなたに美しさをもたらす
ある種の優美さをもたらす
あなたの目は、美しさに満ちてくる
何しろ、存在するもののすべてが美しいのだから
私たちに必要なのは、ただそれを堪能し
美しさが私たちの中に入るにまかせるだけだ

通常、人は周りをとり囲む美しさに気づいていない
むしろ、醜悪なもののすべてにより気づいている
それはマインドが
常に否定的なものを捜し続けているせいだ
マインドはとげを数え上げ、バラを見逃す
苦痛を数え上げ至福を逃す
それがマインドのやり口だ

瞑想へと移行する瞬間
もう少しばかり沈黙し
もう少しばかり穏やかで、静かで、くつろぎ
あなたの実存の中に安らぐようになれば
その瞬間に突如として
木々の美しさに、雲の美しさに、人々の美しさに
そこに存在するものすべての美しさに気づくようになる
すべては美しい、すべてが神性に満ちている
岩ですら、神性に満ち溢れている

神聖さにかけるものなど、ひとつもない
そしてひとたび、そうした美の次元を経験し始めると
あなたの経験した美しさ
——音楽、詩、踊り、祝祭、
愛によって育まれていき
その最終的な結果として
あなたは美しくなる
自然の成り行きとして
優美さがあなたの実存の中に湧き起こり
四方八方へと広がっていく
それはだれの目にも
明らかなことだ
見ないことを
決意しないかぎりは
だがそれはまた、
別の問題だ
見たいと思えば、
それはそこにある
だが、もしあなたが目を閉じて
心をかたくなにしていたなら
言うまでもなく、見ることはかなわない

25

month 4

バラは美しい、蓮は美しい
だが、それは花の美しさではない
それらは言うまでもなく、美しい花々には違いない
だが、花が美しい訳ではない
花の美しさは、あなたの最奥の核において起こるものだ
それは、内側の成熟によって起こる
あなたの潜在能力を現実のものへ変容させたときに
あなたが神の実存となり、生を十全に生き抜き
生をあますことなく経験したとき
そのときに、あなたの中で何かが花開く
その開花はあなたに
生まれて初めての存在からの贈り物をもたらす

存在からの贈り物は計りしれない——
誕生は贈り物、生も贈り物、愛も贈り物——
だが究極の贈り物は
あなたの意識が蓮の花に昇華されるとき、もたらされる
あなたの中で一本の美しい花が開花したときだ
日本ではそれを悟りと呼び
インドではサマーディと呼ぶ
それは究極の法悦（エクスタシー）とも訳せる

26

month 4

蓮は意識の究極の開花を象徴している
今のあなたはちょうど花開く前の蕾のようだ
そのゆえ、芳香はまだ放たれていない
サニヤスとは、蓮の花びらが開きゆく一連の過程だ
サニヤスは、まるで日の出のようなものだ
マスターとともにあることは
陽光の降り注ぐ世界へ入っていくことを意味する
日の出とともに蓮の花びらは開き始める
ごく自然に――
何も強いられることなく
そうして、途方もない芳香は放たれる
その芳香はまさに祝福、平安、祝祭だ
その人はついに成就をとげ
完全に満足したのだ
もはや自分の宿命のすべてを
存在の手にあずけ
捧げてしまっているからだ
自分が貢献し、創造できることの
すべてを果たしている
それは、創造性における究極の行為だ
そしてその究極の行為を果たすと
自然と人は完全なる満足、充実感を覚える

あなた自身を、愛しなさい
調和のとれた状態、あなたが人となれるのは
唯一愛を通してのみなのだから
自分を非難してはならない
あなたには、美しい肉体が与えられて
マインドという素晴らしい仕組みが与えられている
正しく使うのなら、それは途方もなく重要なものとなる
だが、マインドが主人となってしまうと、
危険なものになる
あなたが主人でいられるのなら、何の問題もない
それは申し分のない召し使いとなる
そしてあなたには魂が与えられている――存在のひとかけらを
それは人が望みうる最高のものだ

28

month 4

光は可能だ
だが唯一、愛を通してのみだ
愛がなければ、可能なのはただ闇だけだ
内側の世界では、愛と光は同義だ
それらは違った事柄を意味している訳ではない
それゆえに、光で満たされたいと望む人は
光明を得たいと欲する人は、無条件に愛情深くある必要がある

何を要求することもなく愛しなさい
要求は愛を醜悪なものにし、愛を破壊する
もしその愛に何らかの条件が付いているとしたら
それはもはや愛ではない
それは劣情となる
そしてそれは政治的なかけひき、力の誤用となる
あなたの愛を、純粋なままに
枠付けのないままにしておきなさい
愛に、いかなる境界も設けてはならない
宛先のないままにしておくことだ
するとゆっくりゆっくりと、誰にあてての愛だとか
何かに向けての愛というような事は
要点ではなくなってくる
肝要なのはただひとつ、いかに愛するか、それだけだ
愛の対象など的はずれだ
ちょうど肉体が呼吸を必要とするように——
呼吸は肉体の命であるがゆえに——
魂は愛を必要とする
愛が魂にとっての滋養だからだ

愛すれば愛するほど、より魂を得る
あなたの愛が無限であれば
その魂もまた無限なものとなる
あなたの愛に何の境界もなければ
あなたの実存にもまた、何の境界もない
それこそ「神の成就」の真の意味だ
それは愛の成就であり、それ以外の何物でもない

29

month 4

愛は、真の勝利へのもっとも確実な道だ
だが、それは実に奇妙な道でもある
ひどく逆説的なのだ
というのも、愛は明け渡しに始まり勝利に終わるからだ
それが、愛の逆説たるゆえんだ
愛は、勝利を得ようなどと思ってもいない
だが勝利を得ることになる
愛は、明け渡しを求める
だが、その明け渡しが勝利を招く

そして勝利を得ようと試みる人々は、失敗に終わる
世間の目からは勝利者と見なされるかもしれないが
それは真の勝利ではない
なぜなら、その勝利は死によって持ち去られてしまうからだ
真の勝利とは、たとえ死であろうと破壊できぬほどのものだ
決して滅びることのない何かを手にしたとき
初めて自分を勝利者と見做しなさい
愛はあなたに、最初に不滅の一瞥を与える
愛は、死をも超える最初の窓口を開く
愛を知る者は、遅かれ早かれ必ず存在を知る
人に必要なのは、自分の愛をただ深めていくことだけだ
愛そのものを愛すること
そうすれば勝利は、あなたのものとなる

内側では至福に満ち、外側では愛に溢れていなさい
人は至福に満ちることもできれば、
惨めでいることもできる――
だが、惨めでいると至福は死に絶えていく
至福は分かち合うべきものだ
それを生き生きと流れさせ
新鮮で若々しいままに保つためにも

古来の、いわゆる宗教的な人々はずっと惨めなままだった
その中には愛のためのスペースは全くない
むろん彼らは皆、至福を探し求めていたし
そこかしこに、至福のかけらを見つけ出しはした
だが、彼らはあまりにも強欲で惨めだ
そしてその強欲さと惨めさの中に
見つけ出したもののすべては
息の根を止められ
破壊され、毒されてしまった
それゆえ、彼らはあいも変わらず哀しみに打ちひしがれている

あらゆる聖者は哀しげに見える
悲しげな面持ちをしている
どんな笑いも、どんな愛も、どんな分かち合いもなく
これは実に根本的な問題だ
至福は分かち合うことによって成長していく
さもなければ、それは死滅する
たとえ偶然にもその源泉を発見できたとしても
すぐにそれは底をついてしまう

それを無尽蔵にあふれ来るものにしたければ
分かち合うことだ
可能なかぎり分かち合いなさい
そして決して
相手がそれにふさわしいかどうかなどと
気をもまないことだ
欲張りな人々、惨めな人々に限って
そうしたことを考慮するものだ

分かち合いを望む人々は
相手がそれに値するかどうかなど全く気にかけない
だれがかまうものかね？
要点のすべては分かち合うことにある
分かち合う心があるだけで充分だ
あなたの喜びを分かち合うことを
受け入れてくれたことに感謝しなさい
至福の分かち合いが愛であり
そしてまた至福が育つのは、愛を通じてだ

愛するほどに、あなたは至福の存在となり
至福に溢れれば溢れるほど、もっと愛するようになる
それらは互いに培い合っている
そしてその両者の中で
あなたは統合された存在となっていく

31
month 4

マインドは障壁であり、瞑想は橋だ
マインドはつながりを断ち
瞑想は、再びつなぎ合わせる
そしてひとたび、全体とひとつになれば
それはあなたが木々や山々
川、星や太陽や月とひとつになったことを意味している
そうして、この無限性があなたのものとなる
すべてのその喜びがあなたのものとなる
生が初めて自由を持ち始める！
何しろ、あらゆる限界が消え去るからだ
そしてそれは人が心に抱く究極の欲望だ

私たちは統合（ユニオン）を絶え間なく探し求め続けている
知ってか知らずか
私たちは全体と溶け合うことを望んでいる
なぜなら、全体とひとつになって初めて生は絶頂に達し
歓喜がそのエベレストにまで達するからだ

month 5

生との戯れ

PLAY WITH LIFE

1

month 5

存在があなたのなかで踊っていないかぎり
そこにはいかなるダンスもあり得ない
あなたの中で存在が歓喜していないかぎり
歓喜の可能性はない

自己を脱ぎ捨てることだ……
そうすればあなたと存在の間にあなたが介入することはない
自我(エゴ)をまさに
“私” という概念そのものを脇へのけて
完全なる空に、受容的になることだ
そしてその空が完全なものとなる瞬間
全存在が無数の喜び、無数の花々を
あなたへとふり注ぎ始める
その輝きは無限だ

神へと身を捧げることはまさにサニヤスの定義そのものだ
人が自我（エゴ）のためにではなく全体のために生き
神の乗り物として生を歩み始める
あたかも中空の竹のようになる――
そうなれば神は人を笛へと変容させる
自分の中の自己が空になるのだ

それこそ、なされなくてはならないことのすべてだ
人は自分の中にある自己を空っぽにしなくてはならない
神秘的で説明できないものは
空っぽであるときに降り立ち始める
彼方からの何かがあなたのなかに降り立ち始める
未知なる力があなたを通して歌い
踊り始める

その未知なる力こそ神に他ならない
神はある人格をもった人間ではない
それはあらゆる神秘
理解力を超え
知力の及ばぬすべてのものへの名称にすぎない
そして奇跡的なもの、神秘的なものに敬意を抱くことは
素晴らしく優美な生を送る唯一の道だ
さもなければ人々は自分自身を引きずったまま歩むだけだ
その生が踊ることはない
それは不可能だ

3

month 5

偉大なものはすべて、常に存在からの贈りものだ
それは決して、私たちの業績によるものではない
実際それは
私たちが全くの空っぽであるとき初めて起こる
愛はあなたがいないときに起こり
真実はあなたがいないときに顕れ
至福はあなたがいないときに湧き起こる
あなたがあまりにも自己でいっぱいになっているときには
何も起こりはしない
そういう時には
贈りものは絶え間なく送られて来ていようとも
受け取る用意があなたにはない
自我（エゴ）には受容性のかけらもない
私たちが存在の贈りものを受け取れるのは
自分が全くの空っぽであるときだ
空っぽであればあるほど
あなたはますます受け取ることができる

存在は惨めなものではない
それは与えてくれるものだ――ありあまるほどに
すべてを与えることすらいとわない
だが私たちには受け取る用意がない
その贈りものを受け取る余裕がないのだ
だから自分自身を空っぽにすることから始めなさい
そうすればあなたは正しい道を進んでいることだろう

唯一、瞑想の神だけが真実の神だ
その他のすべての神は捏造されたものだ――
ずる賢い聖職者や欲深いマインド
そして恐れから作り出されたものだ

唯一の作りものではない真実の神は
瞑想を通して体験される
なぜなら瞑想においては
最初にすべての思考を落とすことが求められるからだ
神に関する思考も含めてすべてだ

すべての思考と欲望が落ちたときに知ることは何であろうと
あなたのマインドの片鱗ではない
まさにことの始めから
マインドは脇に置かれているのだから
いまや何かを捏造する者など誰もいない
その時あなたは神そのものの実体を知るに至る

5

month 5

人は至福を得ようとあらゆる可能性を試みる
お金を蓄える事によって
力を手にすることによって
また、尊敬を集めたり知識を得ることによって
だがこのような手段ではどれも失敗をまぬがれない
それらは至福をもたらすことはできない
至福が訪れるのはあるひとつの方法においてしかない
それはより意識的になることだ

意識的になればなるほど人はさらに至福に満ち
意識的でなくなればなくなるほどいっそう惨めになる
意識が広がるにつれ無意識な部分はせばまり……
至福に満たされる
よりいっそう至福に満たされる
あなたはあたかも花のようにほころび始める
人々はまるで蕾のように閉じているが
至福の訪れとともにその花を咲かせる
東洋ではそれを
人は蓮の花に、千の花弁をもつ蓮の花になると言う

だれもが種を、蕾を持ち運んでいる
だが意識的になるためには、とてつもない努力が必要だ
無意識的な状態は幾生にも渡って
人々の習性であり続けてきたため
それがほとんど本質と化してしまっている
だからまさにこの瞬間から
行為、思考、感覚のすべてにおいて

より意識的になるように試みることだ
それは三次元だ
これらの三つの次元のすべてに渡って
ひときわ用心深く油断なく目覚めていなければならない
この三次元から第四の次元の観照者が浮かびあがってくる
それはあなたの真の本質だ
いったん観照者になることを学んでしまえば
あなたは秘密のアートを知るだろう
あなたの実在の内側にある暗黒大陸を
光に照らされたものへと変容する錬金術を知ることだろう

創造的なことを成し遂げたとき
大きな満足が湧き起こる
絵を描き終えると静寂があなたを包み込む
あなたは満たされ
意味深い、とても大切な何かを感じとる
何かをやり遂げたという感覚を味わう
神の仕事に関わったのだ
神は創造者だ
そしてまたあなたも——あなた自身の方法で
むろんささやかなものではあるが
あなたは神に関わり
神とともに歩んだ——
おそらくそれはほんの2、3歩かもしれない
それでも神とともに歩んだのだ

だが創造性の究極の行為は
意識を開花させることにある
そうなってしまえば
一瞬たりとも神から離れることはない
その後は巡礼のすべてが神とともにあり、神の内にある
当然ながらそれは途方もなく満ち足りたものとなる
それを上回る以上に大きな満足感などあり得ない
それは絶頂となる

人々は我が家へ帰ることなく、無数のことをやり続けている
惨めな状態であれば他人に責任を転嫁し続ける
妻がもめごとを作っている
だから自分が惨めなのだと夫は思う……
あるいは社会や情勢の責任であると
そこには千とひとつの言い訳がある
言い訳は必ず見つかるものであり、必ずあるものだ
もしなかったとしても、でっちあげることができる
だがどんな言い訳も助けにはならない
単に惨めさをさらに長びかせるだけだ
惨めさに対する弁明は真実以外にない
——そしてその真実とは
あなたが存在からあまりにかけ離れているということだ

惨めなときにはいつでも瞑想へと入っていきなさい
沈黙し自分の惨めさを見つめなさい
それへの観照者となりなさい
自己同一化しないことだ
するとあなたは驚くことだろう
見つめれば見つめるほどそれは減少していく
そして完全に観照に満ちたとき、それはただ消え去っていく
あたかも惨めさなどこれまで一度も存在しなかったかのように
痕跡すら残っていない
そして突然あなたは、惨めさとなっていた同じエネルギーが
至福の雨へと変わったことを知るだろう
あなたは我が家に辿り着いたのだ

生とは何とも途方もなく美しい
だが私たちはそれに気づかず
それを見てとることができずにいる
それは光輝いている
だが私たちはそれを感じとれるほど敏感ではない

生は完全なるものだ
だが私たちの感受性は皆無に等しい
だからこそ問題のすべては
いかにより感受性を豊かにするか
いかにより生き生きと開いているか
いかに感じやすくあるかにかかっている
そうすれば人は
まわりをとりまいている生を感じることができる
生と調和した瞬間、生は神となり
またそれ以外にはどんな神も存在しなくなる

そして生はどんな死もどんな誕生も知らない
それは永遠だ
そして私たちはその永遠の一部だ
だが私たちは自らの鏡のような実存を
サビだらけにしてしまったがために
それは何も写し出さない
私たちのマインドは意識の上に積もるゴミのようなものだ
マインドが何かを写し出すことはなく
人々が物事の実相を見ることもありえないのはそのためだ
ただゴミを見ているだけだ

ただ自分の思考を欲望を、記憶を夢を見ているだけだ
――しかしながらそれらは実相ではない
あらゆるゴミを一掃してしまわないかぎり
本来の姿を写し出すことはできない

人がだんだんと静かに安らかに
油断なく敏感になっていくにつれて
生もまたひときわ美しく至福に満ち
その輝きを増していく
それは途方もない贈りものだ
だが人々は時間と好機を無駄にし続けている
私たちは自分に与えられているものの真価を理解していない
私たちはそれを受けるにまだ値していない

9

month 5

この地球上においては、私たちは皆異邦人だ
私たちの本当の我が家は対岸にある
私たちはただ成長し経験し、成熟するためにここにいる
いつの日か対岸の世界に受け入れてもらえるように
私たちはあたかも子供たちが
学校に送り出されるようにこの生に入ってきた
ここは学びの場だ、ここは我が家ではない
学べるだけ学び、可能なかぎり深く体験していくことだ
あなたの生を多次元なものとしなさい
だがひとつ覚えておくように、ここは我が家ではない
だから執着したり所有欲を持ったり
しがみついたりしないことだ
さもなければ誰が対岸へ辿り着けるというのかね？
日が暮れれば子供たちは家に帰る
日中は学校にいても家に帰るものだ
学校は必要だ、それがなければ成長できない
生におけるあらゆる喜びと痛み、あらゆる愚かさと智恵
すべての楽しみと惨めさとともに
私たちはゆっくりゆっくり調和を保ち
中心を定めることを学んでいく
教えきれないほどの苦悩とエクスタシーを通じて
内なる何かが成熟し統合されていく
そして準備ができた時に
私たちを我が家へと連れていくために船が対岸から到着する
だがそれは用意のできたときだけだ
でなければそのレッスンで学んでしまうまで
何度も何度も送り返されてしまう

私はある偉大な音楽家の話を聞いたことがある
彼は歌を歌っていた
そしてその聴衆は音楽の大の愛好家たちだった
彼が一曲歌い終えると聴衆は全員がこう求めた
「もう一度、もう一回、歌って下さい」と

彼は再び歌った
あまりにも良く受け入れられたことに
大いなる喜びを感じつつ
歌い終えるなり聴衆全員がさらに熱く叫んだ
「もう一度歌って下さい！」

彼は再び歌った
三度目を終えてもさらに懇願は大きくなるばかりだった
そこで彼は言った
「しかし他の歌も歌えるのですが」
すると聴衆の一人が言った
「正しく歌ってくれるまで言い続けるだろう
もう一回、もう一回、もう一回とね」

それこそ生で起こっていることだ
私たちは繰り返し何度も何度も送り込まれる
死ぬことはあっても
課題を終えるまで送り返されることだろう
そうすることでレッスンは学ばれるのだ

11

month 5

世の中にはただ二種類の人間しか存在していない
不平ばかりこぼす者と賞賛を惜しまない者だ
不平をこぼす者はずっと惨めなままだ
なぜなら彼らの心（ハート）が一度も開いたことがないからだ
そこにはあなたが花となる可能性がいっさいない
彼らの取り組み方自体が否定的だ
物事の暗い側面だけを見て決して明るい側面を見ようとしない

棘を数えていてバラを賞賛することなど決してしない
花の美しさや闇の静寂
海へと流れゆく川の喜びを賞賛し始めると
何かがあなたのなかで開き始める
あなたもまた成長し始め
もはや閉じられたままではなくなる
賛美はあなたと存在とを繋ぐ橋となる
あなたはひときわ繊細で、詩的な審美眼のある人となる
その繊細さは
私たちをとりまいている計りしれない美しさと
底知れぬ大いなる神秘に
始まりもなければ終わりもない神秘に気づかせてくれる

自分がこの偉大なる神秘の一部であるという感覚は
大いなる喜びをもたらす
賛美とは祈り
そして至福は祈りの芳香だ

生に貢献することなく至福を感じられた者は誰もいない
多くの人々が至福を探し求めながらも
創造的でないという単純な理由で見逃している
彼らは何物をも創造しない
この世に存在する喜び、それはひとつしかない
それは何かを創造することだ
それが何であろうと、詩、歌、ちょっとした音楽……
それがどんなものであろうとだ
だが何も創造しなければ、満足感を得ることはない
ただ何かを創り出すことでのみ、人は神なる存在へと関わる
神とは万物の創造者だ
だから小さなものであれ、何かを創り出せば
ささやかながらあなたは神の一部となる
それは、あなたと神との隔たりに橋をかける唯一の方法だ
他のいかなる祈りも、助けにはならない
いかなる宗教儀式も、意味をなさない
それらは、ずる賢く抜け目ない聖職者によって
創案された何の当てにもならない戦略にすぎない
真実の祈りとは、創造的であることだ
だが自分の可能性がどんなものなのかもわからず
どの方向に向かっていけば創造的になり
満ち足りることができるのかがわからなければ
どうやって創造することができるのかね？
瞑想の働きとは、単に自分自身の可能性に気づかせることだ
それは、ただあなたの内側に光を投げかけ
あなたの内なる実存に光の焦点をあてる
あなたがそのメッセージを読みとれるように

13

month 5

人間は、内側に途方もない音楽の才能を秘めている
私の言う「人間」とはあらゆる人間のことであり
またその「音楽」とは
いわゆる通常の音楽を指してはない
一般的にはだれもが音楽家になれるわけではなく
限られた人のみが、その才能を持っている
それは、何か先天的な天賦のものだ

私の意味する音楽とは、それとは全面的に違ったものだ
それは、ハーモニーの内なる体験のことだ
それは、創造可能などんな音楽よりも遥かに音楽的なものだ
それは創り出された音楽ではない
どんな楽器も要らず、どんな専門的な訓練も必要ではない
ただ、その深い沈黙に耳を傾けるだけで充分だ
それはすでにそこにある
それはあなたの生そのものだ

禅の人々はそれを隻手の音声と呼ぶ
通常の音楽においては、常に二つのことが必要とされ
そうして初めて音が創造される
ギターを奏でるのであればその手を弦に当てなければならない
指が創り出す緊張を通してのみ、弦は音楽を創り出す
だが内なる音楽とはまさに初めからすでにそこにあったものだ
それはあたかも心臓の鼓動のようだ
だが少しばかりそれより深く
もう少しばかり神秘に包まれている
それはあなたのハートの鼓動だ

意識には二つの川の流れがある
ひとつは哲学者のものであり——
西洋のアリストテレスはその父、その始祖だ
もうひとつは神秘家のものだ
それは完全に種の異なる川だ
哲学的な思索とは何の関係もない
それは実存的な経験に根ざしている
偉大な神秘家がいた時には
ほとんど決まってその追従者たちが
いずれかの流れに二分していったものだ

マスターを理解し
心底マスターを愛した真の人々は神秘家となる
そしてマスターの言葉だけを理解したものは
実に物知りとなり
そういう人が哲学者となる
ソクラテスは神秘家だった
プラトンは彼の弟子だったが
道を踏みはずし哲学者となった
アリストテレスはプラトンの弟子だった

だからこの瞬間から心しておきなさい
私の道は神秘家の道だ
哲学者の道ではない
私は至福を信じている
至福についての学理ではなくね

そして私は、あなたにそれを味わってもらいたい
それについて単に考えるだけではなく
食べ物について考え続けても無意味なことだ——
それは滋養にはならない
水について考え続けていても馬鹿げている
なぜか？——
流れている川があるのなら
水を飲み、喉を潤せるはずだ
土手に立ったり座ったりしながら
水について考え
水について
学説を立て
水がどんな
要素で
成り立っているのか
模索しているうちに
喉が渇いて死んでゆく
愚かな人々がいるのだ！

だから思索者にはならないこと
哲学者にはならないことだ
神秘家となりなさい
私のサニヤシンたちは神秘家
実存の経験者でなくてはならない
それは悟りの一部だ

生は散文ではなく詩のように捉えられるべきだ
それは宗教的な捉え方だ
神秘家の捉え方だ
神秘家は見る、だがその目には何の疑いもない
彼は驚きに満ちて、畏敬の念に満ちて見る
存在について考えることはせず、それを感じるだけだ
彼はハートを開いている
マインドを使うよりは、ハートの扉と窓を開け放ち
太陽や風や雨が入ってくるがままにする
それこそ「詩的」という言葉で私が意味することだ
神秘家は究極の意味で詩人なのだ
詩は書かないかもしれない——それは重要ではない
彼は詩的に生きる——詩そのものだ
頭のことはすべて忘れてしまいなさい
頭でっかちにならず、心豊かでありなさい
生には何一つとして問題はない

あらゆる問題はマインドの捏造だ
生とは生きるべき神秘だ
解決されるべき問題ではない
それを生き、楽しみ、生とともに歌い、踊り、遊びなさい！
哲学的にはなろうとしないことだ
詩的でありなさい
するとすべての喜びがあなたのものとなるだろう
そうすればあなたは究極の秘宝を
神の王国を手にすることだろう
それは詩人だけに許されるものだ

16

month 5

神の解釈について人類が為してきたすべては
破壊に終始している
世界を宗教的にするどころか
むしろ宗教性から遠ざけている
というのも、そういった概念のすべては
不充分極まりないからだ
それで満足できるのは愚か者だけだろう
もし知性のかけらでも持ち合わせていれば
いかなる宗教もあなたを満足させることはない
わずかな知性で事足りる——
たいした知性でなくてもいい！
そうすればどんな宗教も
あなたを満足させることはできなくなる
どんな宗教にも欠点があり
あまりの愚行が連綿と続けられている
たとえばイエス・キリストの処女降誕だ……
キリスト教徒であろうとするなら
それを信じることは欠かせない条件だ
もし信じなければ真のキリスト教徒ではない……

まぎれもない神秘家たちは
神について完全に沈黙を保ち続ける
なぜなら沈黙の内にあって初めて
真の神を知ることができるからだ

だから神に関するあらゆる観念を落とすことだ
そしてもっと静かになりなさい

するといつの日か、それは起こる
完全な沈黙があるとき
神はとても密やかに、目に見えることもなく
あなたのもとに訪れる
あなたは驚くだろう
神の足音を聞くこともない
それまで神はそこにいなかったのに
次の瞬間にはそこにいて
あなたは神に満たされ、溢れんばかりだ
あなたはもはや同じ人間ではない
世界もまた同じではない

17

month 5

存在とひとつになると、人は力に満ちるものだ
そうでなければ、全く無力だ
存在とつながると、あなたは無限の力を得る
さもなければ全く空っぽだ
不幸なことに何百万もの人々が
存在とつながることなく、その生を生きている
だからそれほどまでに惨めで、
無力感、空虚感があり、むなしさを感じるのだ
だれもが一度は、生が不合理極まりないことに気づく
生には何の意味もないように思える
人は自殺を恐れるがゆえ、死を恐れるがゆえに生き続け――
どうにか人はこの空虚な生になじんでいく
死に臨むとき
そして死後に何が起こるのかまったく知るよしもない
だから差し当たり生き続け
最善の時を期待している方がましなのだ
だが人々がつながれることはない
それが問題の全容だ
宗教とは、単に再び存在とつながるアートを意味している
そうなればあなたは、力に満ち溢れる
とめどもなく溢れ出す
あなたはそれを分かち合うことができ
しかもそれが枯渇することもない
実のところ他者に与えれば与えるほど
あなたはさらにもっと力を得ることになる

私たちは欲望の中に生きる
欲望とはすなわち欲求不満のことだ
欲望とはあらゆるものが不適切で、
不充分だということ
より多くが必要だという意味だ
欲望が満たされることは決してない
その本質からしてありえない

あなたは望めば望むだけ手にすることができる
だがそれを手にした瞬間
欲望はあなたの先手をとって、さらに多くを要求し始める
その欲深さはとどまるところを知らない
底なしの欲望だ
それはまるで地平線のようだ
地平線は間近に見える――
走れば一時間もかからぬうちに到達できそうな気さえする
だが決して辿り着くことはない
あなたと地平線との距離は同じまま
常に一定だ
そもそも地平線など存在しないのだから
それは幻影だ
大地と空が接触することはありえない――
どの地点においても……
そう見えるだけのことだ

欲望とはそういうものだ

あの地点まで到達できたら、これやあれを達成できたら
満足できるような気がするだけのこと
そうすれば幸せになれるだろう、満たされるだろうと
だがそんなことは起こらない

人は欲望の正体を、その無益さを
理解しなければならない
まさにその理解によって欲望は消え去り
人は深い安らぎのうちに我が家に在る
欲望が存在しなければ、障害も存在しない
欲望こそ唯一の障害だ

欲望とは夢
思考のすべては夢だ
そして私たちは眠っているがために
夢の中に生き続けている
夢見が存在するのは、私たちが眠っているときだけだ
目を覚ました瞬間、それは消え去る
夢見を越えていくことは覚醒に他ならない

時は熟した
あなたは幾生にも幾生にも渡って
充分に眠り続けてきた
この覚醒の機会を逃してはならない
というのも、こうした機会はめったになく
しかも逃しやすいからだ
だからエネルギーのありったけを
覚醒に向けて注ぎ込みなさい

はじめのうちは
ほとんど不可能としか思えないだろう
――「どうしたものか？」
だが、もし試み続けたら……
睡眠中、人は寝返りをうつ――
寝返りをうち続けることで、眠りは中断できる
覚醒している状態をほんの一瞬、一瞥するだけでも
あなたの実存に新しいプロセスをもたらす
充分なきっかけとなる
そうなれば目覚めの瞬間はより頻繁に起こるだろう

ひとたび完全に覚醒したら
24時間に渡って
たとえ就寝中でも醒めて気づいていたら
——肉体は眠っても、魂は眠らなければ——
24時間に渡って
肉体が休息している間でさえ
目覚めていることができたら
あなたは生まれて初めて
心の底から深い満足を覚えるだろう
あなたは辿り着いた

それまでは、できるかぎりの
努力を試みることだ
あらゆる手段を講ずることだ

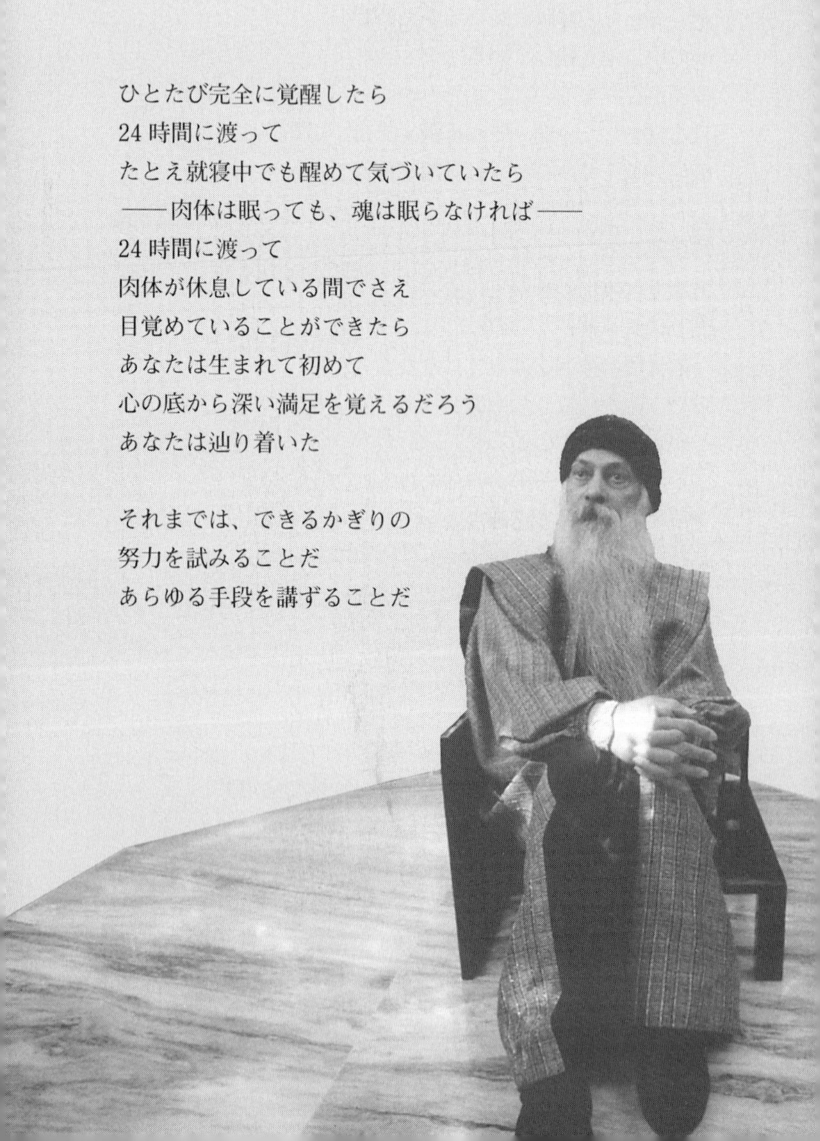

私たちは眠りこけている
通常の意味ではなく、抽象的な意味で眠りこけている
私たちは自分がいったい誰なのかを知らない
そんな私たちをどうして目覚めていると言えよう？
私たちは本質的なことについて何ひとつ知らないのに
ガラクタには精通している——
月や太陽や地球のこと、また歴史や地理のことなら
どんなことでも知っている
だが自分自身のことは何ひとつ知らない
自分自身を知ることこそ
真の教育の根幹となるべきだ……

まず自分自身に、自分とは誰かに気づくことだ
それができるのは、あなたをおいて他にはいない

私はあなたを外へと呼び出す
だが、あなたが出ようとしなければならない
暗闇から
何百年も続けられた古い習慣から
長い長い眠りから
そこから抜け出すために勇気を奮い起こすことだ

ひとたびあなたが目覚めたなら
生はダンス、歌、至福、祝福となる

21
month 5

人間であること
それは途方もない贈り物だ
だがそれを実感するのは、ごく一握りの人々に限られる
あなたはこの広大な宇宙の万物だったのだろう――
岩、キャベツ、ジャガイモ……そう、なんなりとだ！
だが、その不服を申し立てる裁判所はどこにもない！
何であれ、そうであるならそうなのだ
それについては為すすべもない
哀れなジャガイモに何ができるというのかね？
自分が人間であり
途方もない成長の可能性を秘めていることに気づく人は
ごくわずかだ

人間であることの美しさ、雄大さは
神に至る可能性のある人間だけに許されている
それが第一の基本的な必要条件だ
どうあがこうと動物は神に近づけない
人間だけに可能だ――だがすべての人ではない
真に目覚めた意識的な人間に限られる――
そのごくわずかな人々だけが
自分と神との間に橋を渡すことができる
その橋がなければ、生にはいかほどの意味もない
またとない機会が、いともたやすく失われていく……

神へと向かう道には多くの誤った道がある
だが正しい道はただひとつだ
人は往々にして恐れを通して神に近づく
それが誤った道だ
神に近づいているつもりでいても
実は一歩も踏み出してはいない

それこそが誤りである理由だ
恐れにつき動かされて、どうして神へと近づけよう？
恐れの中にあるとき
人は自然に逃げ出してしまうものだ
神から遠く離れ去ることはできる
だが、近づけはしない
あらゆる宗教は神を恐れるよう、人々を調教し続けてきた
宗教的な人々は神恐怖症だ
さあ、全く馬鹿げたことだ——
宗教的な人が決して神を恐れるはずがない
彼は神を愛しているのだから

また貪欲さを通して神に近づく人々もいる
それもまた誤った道だ
なぜなら貪欲さとは、搾取の欲望だからだ
貪欲さとは
神を通して満たそうとしている何らかの欲望が
あなたの中にあり、目的は神ではないという意味だ

あなたはお金を欲しがっている
権力を欲しがっている
天国のあらゆる快楽を欲しがっている
手に入れるには神を通す他ないという理由で
抑えがたい激しい欲望から
あなたは神に明け渡す
だがそれでは神はただの手段であり、目的ではない
神を手段におとしめることは醜悪極まりなく
胸の悪くなるような行為だ
神は究極の目的であり
それをしのぐものは何もない

いろいろあるが……それらは誤った道であり
道のように見えるが
実のところ道ではなく、障壁だ
唯一正しい道は愛だ

もっと愛することだ
深く愛しなさい
ただ愛のために愛しなさい
するとゆっくりゆっくり
新しい何かがあなたの周りで起こり始めることに
気づき、驚くだろう
そして神の臨在が感じられる

あなたが愛の空間にあるときには
常にそこに神が満ちている
ひとたび神に満たされる喜びを味わったら
1日24時間愛の中に留まっていたいと願う
そうして愛はあなた本来の在り方となり
神はあなたの内なる経験となる
人々が神に辿り着けるのは、唯一愛を通してだけだ
他の道を歩んだ者はさ迷い続ける
愛は私のメッセージだ
だが「愛」という言葉にしがみついてはならない
そこから教義を創り出してはならない
愛は経験されるべきものだ

24

month 5

愛、誠実さ、信頼に満ちたハートは
まさに宗教的な意識の定義だ
こうした質は必要不可欠なものだ
それなしでは
人は決して神に、愛に、美しさに
そして途方もない存在の輝きに目覚めることはない

存在はハートを通して知られる
頭を通してではない
そしてハートは深い愛と信頼のもとで
存在に近づいていく
他に全体と交わる道はない

こうした質は、徐々にあなたを変容させていく
こうした質は、あなたを懐疑的な混乱から
「知る」という、絶対的な確信へと変容させる
それはあなたを頭の混乱（カオス）から
ハートの調和（ハーモニー）へと導く
このことを心にとめておきなさい

祈りとは神へ何かを唱えたり懇願したりすることではない
祈りとは神に耳を傾けることだ
あなたの口をついて出るものはただただ感謝の言葉となる
簡潔な「イエス」で充分だ
だが世界中の組織化された宗教は
人々に不必要な祈りを教えてきた
そして人々はそれらの祈りをおうむのように繰り返している
そこにはどんな意味もない
それらは単なる儀式となり形骸化している

真の祈りを学ぶ必要がある
それは沈黙から、深く傾聴することから成り立っている
神はあなたに何かを伝えたがっている
神はあなたを探しているが、あなたを見つけ出せずにいる
それはあなたが絶えず忙しいからだ
静かになりなさい
もっと忙しさに呑まれず
もっと事に応じられるよう開いていなさい
するとすぐにでも
あなたはかすかな静かな内なる声を耳にすることだろう
神は外側から話しかけることはしない
神はあなたの最奥の核から語りかける
神はすでにそこにいる
そして再奥の核と繋がることこそ真の祈りに他ならない
神があなたと繋がる瞬間……
それはあまりの至福に、途方もない歓喜(エクスタシー)に溢れており
あなたはただただ深い感謝の中でひれ伏すだろう

26

month 5

礼拝を捧げる者は数しれぬほどおり
世界はそういう人たちで溢れている
教会やモスクや寺院、ユダヤ教会などは
礼拝者でいっぱいだ
だが私は彼らを礼拝者とは見なさない
その礼拝は単なる儀式にすぎない
ただ伝統に従い
偶像を礼拝しているだけだ
そのハートは愛に満ちてはいない
本当のところ彼らには神への渇望などありはしないのだ
彼らは単に社会的義務を遂行しているだけだ
そしてほとんど病みつきとなっている……
それなしでは何かが欠けているように感じる……

私は儀式には興味がない
私は決まりきった祈りの言葉など
教えるつもりはない
アラビア語だのヘブライ語だの
サンスクリット語による決まりきった文句を
おうむのように繰り返しても仕方がない——
それも死んだ言語、長い間忘れられていた言語で……
私は意義を持たぬものは一切教えるつもりはない
私はただあなたを取りまく存在の美しさを
愛するよう教える
それこそが真の礼拝だ
もはや神は顕現しており
何千もの形となって顕れているのだから
樹々や花々の中に、鳥や山の中に

そして太陽や月、人々や動物たちの中に神は在る
神を感じなさい
信じ込むのではなく、存在の美しさを感じとることだ
満天の星々に満たされた夜の輝きを感じなさい
夕暮れの美しさをもってしても
あなたをひざまずかせるに事足りぬなら
どんな寺院も教会もあなたの助けとはならない
遠くで鳴くカッコウの声に何の魅力も感じとれないとすれば
あなたは生ける屍だ
それでは礼拝が起こりうるはずがない
ハートが生とともに脈打つとき
初めて礼拝は起こる

27

month 5

決して自分についての他人の意見などに
気をもんではならない
気にもとめずにいることだ
そしてただひとつのことに留意していなさい
「神こそが私の審判者だ」
はたして私は神に顔向けできるだろうか？
これをあなたの全生涯を貫く判断の基準としなさい
そうすれば軌道を外れることはないだろう……
人は自分の両足で立ち、熟慮すべきだ
あなたのすることは何であれ
あなたの明智に基づくものであるべきだ
自己の意識が物事を決定するための要因となるべきだ
そうして神はあなたの審判者となる

私たちは皆平等に寵愛を受けている
存在に偏愛はない
それは絶対にありえない
別段存在が温情に欠けているわけではない
存在は実に暖かく愛情に満ち
あなたを保護し気遣っている
なのに私たちはその暖かさに対して自分を開いていない
私たちは閉じている

問題は私たちの側にある
存在の側には何の問題もない
そのため時代を通じて、ただこの一点に総力が注がれてきた
それは人々が心を開くことができるよう助けること
そうして初めて、星や雲や太陽や月と語り合えることだろう
——というのも、この全体性こそが神の本質なのだから
この存在以外に神などいない
あなたが開くまでは
恐れることなくオープンになるまでは
自分が見逃し続けてきたものに
決して気づくことはないだろう
あなたは生を見逃し
愛を見逃し真実を見逃している

勇気を奮い立たせ
美と天恵と祝福のために自分を開き始めなさい
すべてはあなたのものだ
ただ招待するだけであなたのものとなる

29

month 5

幾世紀にも渡って
聖職者たちは人間を激しく非難し続けてきた
そのため誰もが拒絶感を抱き
誰もが皆こんな風に感じる
「私はただのガラクタにすぎない……」
じわりじわりと聖職者たちは
人々の自尊心をことごとく粉砕してきた
彼らは一人一人の中に分裂を引き起こす
非難されている自分と非難している自分とに分割する

非難している自分は良心と呼ばれ
非難されている部分は本性と呼ばれる
この分裂は内部に絶え間ない葛藤と
不調和をかもし出す
あなたは自分に短剣を突き付けている
そこには存在を知るための道は全くない

最初のレッスンは在るがままの自分を愛することにある
なぜなら存在はそんなあなたを愛しているのだから
だが存在はあなたがその状態にあり続けることを
是認しているわけではない
実のところ、これが変容における最初の一歩となる
自分自身を愛することができたら
人はより迅速にすみやかに成長を遂げられるだろう

神は常に私たちとともにある
問題は私たちの側にある
それは私たちが神とともにいないということだ
もしともにいなければ
私たちはたとえほんの一瞬でさえ存在できないだろう
神は私たちの生そのものであり
私たちの中に息づいている
神は私たちのハートの鼓動
私たちの意識そのものだ
神は常に私たちとともにある
だが私たちはいつも神から遠ざかっている

私たちもまた神とともに在る瞬間
革命的な変化が起こる
そうして初めて
生の歌の重要性と意義に目覚めることだろう
またあなたは自分がこれまで
どれほど多くのものを授けられてきたか
与えられてきたかに気づくようになるだろう
存在は惜しみなく与え続ける
そしてさらに途方もない感謝の念が湧き起こる
そしてその感謝の念こそ宗教の真髄
宗教の魂に他ならない
その他のすべてはただの儀式的なものだ
感謝の念を抱くことはまさに宗教的になることだ

31

month 5

真実は獲得するものではなく招待するものだ
これは存在の法則となる
人はまさに究極のゲストを招く主(あるじ)であるべきだ
そしてそれこそ私が瞑想と呼ぶものだ
それは単にあなたからガラクタを一掃する
完全にあなたを空っぽにするため
あなたは雄大で受容性に富み
繊細で傷つきやすい
開いた存在となる
こうした性質はすべてあなたを情熱的に誘惑する
——それは未知への招待
名前なきものへの招待
生を成就させることへの招待だ
それなくしては生は全くの徒労に終わる
また私たちにはそれ以上のことは何もできはしない

招待してそして待つことだ
それこそが祈りとなる
招待し、深い信頼の内に待つことだ
するとそれは起こる
それは起こる
常に起こってきたのだ！
これは存在における究極の法則だ

month 6
あなたは空

YOU ARE THE SKY

1
month 6

本質的なことは唯一気づき(アウェアネス)だけだ
人々は非本質的な物事に我を失っている
本質を忘れてしまい
非本質的なもののために
本質的なものを売り渡すことも
いとわない
こうやってだれもが皆
非本質的なものにその魂を
売り渡してきた
誰もが魂を売り渡し
魂のない人間と化してしまった

人は自分自身の灯となるべきだ
聖典に道案内を期待し
知識は借りてくることができるという考えは
すべて落としなさい
それは聖なる探求における最大の障害のひとつだ

外側からの物など何一つ必要ではない
神はあなたが旅で必要になるものは
すべて用立ててくれている
あなたに必要なのは内側を探求することだけだ

光はそこにある
そして善悪を見分け、道に迷うことなく
常に存在に向かっていけるよう助けてくれるのは
あなた自身の内なる光だけだ
他人に依存する人々は
ただ機会を浪費しているにすぎない
私のここでの努力はあなたの道案内にかかっている
方向を与えることでもなく
特定の型や構造や様式を与えることでもなく
ただあなたがあなた自身であるよう
助けることに向けられている

3
month 6

夢は具現できるものだ
すべての夢が実現可能だ
究極の夢と究極の至福は酷似している
実に奇妙なことに人々が見逃し続けているという点において
それはまさに内なる達成であり
個人個人で達成するものだ
ただほんの少しばかり模索しなければならない
そうすれば達成はすぐそこだ

だが人々は探すことがない
さもなければ誤った方向を探している
そのために
生は満たされぬままなのだ
満たされぬ生を生きることは
苦悩、地獄でしかない
これこそが地獄の正体だ
地獄とはどこか地理学上の
ある場所ではない
地獄とは満たされぬ心理状態のことだ
心が満たされるとき
そこに天国がある

私たちは皆、頭に妨げられている
それが私たちの唯一の問題だ
だがひとつ解決策がある
頭からハートへ降りて来ることだ

すると問題のすべては消滅する
それらはすべて頭から生じる
突然すべてが明らかに
あまりにも透明になり
人はいかに自分が
間断なく問題を
引き寄せていたかに驚く
謎は依然としてあるが
問題は消え去る
神秘には包まれているが
問題は跡形もない
そして神秘は美しい
それは解明されるべき
何かではない
生きるべき何かだ

私たちは惨めであり続けるために並々ならぬ奮闘をしている
人々はそれを直視しようとしない
直視してしまえば
自分が自分に対してやり続けてきた馬鹿馬鹿しさを
ことごとく笑うことだろう
人々は実にありとあらゆる方法で
惨めさをつくり出すことに惜気もなく勤しむ
ちょっとした好機も見逃さない
惨めになれるものならば、どんなことにでも飛びつく

このような姿勢(アプローチ)は変える必要がある
そう、生はあなたに両方の機会を与えている
昼と夜、刺とバラ——
生はあなたに両方の機会を与えている
またそれらは常に均整がとれている、五分五分だ
何を選択するかはあなた次第だ

また不思議なことに刺ばかり選んでいると
そこには花一輪見つからなくなる
マインドがただ刺にだけ慣れていくためだ
あなたは刺しか見なくなり花を見逃す
花には全く気づかなくなる
そして同じようなことが花を選択した人々にも起こる
その人は刺については忘れ始め
気にもとめなくなる
その姿勢(アプローチ)は実に肯定的に前向きになり
物事の計り方が全く違ってくる

どの扉にも達するよう試みることだ
平安から試みることもできる
すると至福が、愛が、慈悲の心が
途方もない他者への理解が生まれる
寛大さ、謙虚さ、つつましさ、無心さ、
真正さ、誠実さ、正直さといったすべてが花開く
どの方向からでも到達しようと、ただ試みなさい
愛、もしくは慈悲から試みなさい
神殿への扉は無数にある
それは大した問題ではない
だがいずれの扉にせよ
鍵を開けるためには
マスター・キーが必要となる——
それは瞑想であり気づき（アウェアネス）なのだ

イエス、仏陀、クリシュナ、モハメッド、老子、
ツァラトゥストラ……
彼らは皆、まさに中心の核で出合っている
各々の扉にはかなりの違いがあった
だが内側へ入っていくとすぐに
すべての扉が正しいものだとわかるようになる
そして奇跡中の奇跡は
すべての扉が同じ鍵で開くことだ
入り口は異なり鍵の型も異なり
その方向性も異なっていた
だが使う鍵は同じものだった

イエスは弟子に繰り返し語ったものだった
「気づいていなさい!」
ブッダは弟子たちに語り続けた
明けても暮れても年々歳々……
42年もの間
彼は「正念(right mindfulness)」
この一言を教え続けていた
言い換えてみれば
それは気づき(アウェアネス)のことだ
クリシュナムルティは簡潔に
「気づき(awareness)」と呼んだ
グルジェフは
「自己想起(self-remembering)」と
呼んだものだ
それはスーフィの言葉だ
カビールは簡潔にそれを
「想起(smrati)」と呼んだ
それを「自己想起」という必要はない
想起の状態にあれば自然と
自己の中心からのものとなるからだ
名称は異なっても
同じ鍵のために用いられているのだ

自分に気づいていない人間は
物乞いだ
自分に気づいている人間は
もっとも偉大な
皇帝である可能性がある
それは自分自身に気づく瞬間
神の王国のすべてが
あなたのものになるからだ
それはすでに
あなたに与えられている
ただあなたが
眠りこけているだけだ

それはそこにある
だがあなたは
それを見ていない
あなたの眼の焦点が
外側に合っているからだ

社会はあなたが生き生きとしているより
むしろ死んでいることを切に望んでいる
努力のすべてはいかにしてあなたを押し殺しながらも
なお効率の良い機械として働かせるかに向けられている
実際、社会はうまくやっている
生気を破壊し、機械的な効率に置き換えている
その興味は保護にある、たとえ生命を犠牲にしてもだ
関心は人間的成長よりも商品にある
それゆえ社会は人々に、平穏で従順であり
心安らかであるよう説教を続けてきた
そして社会はそうした平和を
あたかも神聖で最高に価値あるもののように賞賛する

だがこの方法で平和になれるのは、愚か者に限られる
その価値がわからなければ
そんな全く何の価値もない死んだ平和のためであろうと
身を尽くせるものだ
その人は自己の自由と知性
喜びと愛、そして冒険心を失っていく
実存全体が損なわれる
使い勝手のよい車輪の歯車、交換可能な部品と化す
A が死ねば B に置き換えられ
また B が死ねば D やら C に置き換えられる
それは彼らが個人ではなくただの機能にすぎないからだ
すべての宗教はこうしたことを試みてきた
聖職者と政治家の間では、人間性を破壊するための
陰謀がはりめぐらされてきた

ほんのわずかな人々がそれに反逆してきた
それはそれで良かったのだが
彼らは対極にまで落ち入ってしまった
彼らは平和についての全概念を葬ってしまったのだ
平和を役に立たない無益なもの――
支配のための政治的戦略と見なして
そして彼らは誰をも自分の上に君臨させるつもりはなかった
彼らのとった道は、ただ至福と喜びに溢れていることだった
だが平和のない至福はただの熱狂的なものにすぎない
興奮はするが人を疲れさせる
そして究極的には何も成就していない
それは単なる二者択一というものではなく対極のものだ

私のここでの努力はより高い次元での統合を
つまり平和と至福が同じコインの裏表となるような
統合を生み出すことに向けられている
すると途方もなく美しい現象が起こる
至福の状態にあっても熱狂しておらず
また平和な状態にはあっても冷めてはいない
それは全くの中庸にある、暖かくも涼しくもある——
冷たいというより涼しく、熱いというより暖かいものだ
それはいずれでもある
平和的な至福あるいは至福に満ちた平和だ
そうすればあなたの実存は全体となる
あなたは全体性に根ざしている
それを知ることは存在を知ることであり
それを知ることは全体を知ることだ

私たちは自分自身の尊さに目覚めていない
私たちの内側に眠る無尽蔵の宝に気づいていない
そしてその自覚がないためにつまらぬものを欲しがり
世俗的なことで仲違いをして闘い
ささいなことで競争している
内側の美しさに目覚めた瞬間
外側で起こるこうした闘争はすべて消え去る
生は穏やかさと静寂さを得る
生は優美なものとなる
そして人はもはや
肝要でないことには興味を示さなくなる

10

month 6

気づきは錬金術師たちが探し求めてきたものであり
人を不死なるものにする錬金薬、神酒、
魔術的な処方に他ならない
実のところ、だれもが不死なる存在だ
だが私たちは有限の肉体に生き
あまりに肉体に密接しているために
同一化が生じてしまっている
肉体を別のものとして見なすためのわずかな距離もない
肉体にどっぷりと漬かり、肉体に根ざしているため
自分が肉体であると感じ始める――
するとそこから問題が生じる
それは私たちが、死を恐れ始めるということだ
そうしてありとあらゆる恐れが、悪夢が持ち上がってくる

気づきは、あなたと肉体の間に距離をつくる
あなたは気づきによって
自分の肉体とマインドの相方に用心深くなる
というのも、肉体とマインドは分離してはいないからだ
心身（ボディマインド）は同一のものだ
マインドは内側の肉体だ
心身（ボディマインド）に目覚めるや否や
あなたは自分がそのいずれからも分離していることを知り
そして距離が生じ始める
あなたは自分が不死であり
時間の一部ではないことを
そして永遠の一部であることを知る

あなたは決して生まれたこともなければ
決して死ぬこともなくずっとここに在り続け
これからもずっとここに在り続けることを知る
あなたはいろいろな肉体の中に存在してきた
何しろあまりにも多くの欲望を抱いていたからだ

それぞれの欲望があなたを肉体へと呼び戻す
というのも、肉体なしにはどんな欲望も満たされないためだ
食物にひどく執着があればその人は肉体が必要となるだろう
肉体なしでは食物を楽しめない——
魂が食物を味わうことはない
だから食物に取り憑かれた人間は肉体に帰ることになっている

生は神性の輝きに満ちている
だが私たちは無意識だ
あまりにも深く眠りこけているため
その素晴らしさを見逃し続けている
存在はありうる中でもっとも完璧であり
この上なく美しく壮大なものだ
それに改良を加えることなどできない
だが私たちは眠りこけている
だから存在といかなる接触も持てずにいる

それはちょうどこんなことだ
春、樹に花は咲き誇り、鳥は歌い、風は樹と踊り出す……
美しい絵模様があなたの周りに描きだされている……
だがあなたは花々を、その色彩を見ようともしない
樹々と風のダンスが全く目に入らない
庭にいることすら気づかずにいる！
春が訪れているというのに春と交わろうともしない
あなたは自分の殻の中に閉じこもり続ける
おそらくは悪夢を見て、それに苛まれているのかもしれない
悲鳴をあげ、嘆き悲しんでいるのかもしれない
だがそれは、あなたを取りまく現実（リアリティ）とは何の関わりもない
それこそまさしく人間の置かれている状況だ
存在は常に春たけなわだ
だがそのことを知り、感じ、生きるには目覚める必要がある
そしてひとたびあなたを取りまく喜びを味わったなら
あなたは宗教的になる
というのも感謝と恩義と祈りが内側から湧き起こるからだ

12

month 6

いかにしてより意識的になるか
この一点に全エネルギーを注ぎ込みなさい
全エネルギーをあますことなく覚醒のために使えたら
それは必ず起こる——それは私たちの生得権だ
だが生半可な試みであってはならない
中途半端では何も起こらない
自分を100%その中に注ぎ込むとき
出し惜しみせず、持ち札すべて最後の切り札まで出しきり
何ひとつ隠すものがないとき、初めてそれは起こる
自分自身を十全（トータル）に注ぎ込むとき、それはたちまち起こる

しかもその出来事は比類なき革命となる
それはあなたを最下層から最上層へ
粗大なものから微細なものへ
目に見えるものから見えざるものへと変容させる
それはマインドから無心（ノー・マインド）へと誘う

無心の状態で生きることは、賢者たることだ
無心から生じることは知恵から生じる
そうなればあなたの生は
美しさと優雅さと神聖さを帯びる
そうなれば、あなたのすることは何であれすべて申し分ない
誤りであるはずがない
過ちを犯すこと自体、不可能となる
何しろあなたはありあまるほどの光と洞察力に満ち溢れ
しかもその洞察は実に明晰で曇りがないため
過ちを犯すことなど不可能になるからだ

正しいことが自ずと起こるようになる
人格を養う必要など全くない
ただ意識的でありなさい
それだけで事足りる
人格は影のようにその後に続く

自分自身を知ることは全体を知ることだ
それこそ私が強調するすべてだ
いかなる信念も教義も信条も教会も宗教も
何ひとついらない
ただ内側を見つめるだけで
あなたは自分自身をはっきり理解するだろう
そしてあなたが自分とは誰かを理解する瞬間
時を移さずして存在全体の
そして生そのものの核心を知るに至るだろう
なぜならあなたもまた
その一部に他ならないのだから

生はただの花の寄せ集めに終わることもあれば
花冠へと変容を遂げることもある
あなたの生は単なるばらばらな花の寄せ集めのようなものだ
どんな有機的な統一もない
それは大勢の自分、大勢の「私」の寄せ集めにすぎない
その「私」ひとりひとりが主権争いをしている
人はそうした絶え間ない内なる闘争の中に生きている
どの自分も別々の方向にあなたを引っぱろうとしている
あなたは常にばらばらにされてしまう

だが全面的に違った方法で生を生きることもできる
ばらばらの花々は紐で結ぶこともできる
すべてを貫く何かによって、方向感覚や気づき
より意識的になることによって
そうなれば、生はもはや偶発的なものではなくなる
あなたはもはや、ただの寄せ集めではない
統合された実存となり始める
より結晶化され、統一されるにつれ喜びはさらに増してくる
どれほど多くの至福を受け取れるかは統合の度合い次第だ
断片的な人間は惨めなままであり
統合された人間は至福へと到達する

生命の糸となることだ
そうすればあなたの生のあらゆる花々を
ある種の調和のうちに編みあげることができる
生はただの騒音からオーケストラへと変容する
そこには壮大なる美と至福がある

15

month 6

謙虚な心は真理の探求者にとって最大の美徳のひとつだ
謙虚な人々のみが真実を知るに至る
利己主義者（エゴイスト）にはその門は閉ざされている
自我（エゴ）そのものが障壁となるからだ
それはあなたを存在から切り離す
自我とは自己を全体から分離したものとして捉えることだ
だがそんなことはない！
私たちは孤島ではない
そんな人間はひとりも存在しない
私たちは果てしなく続く広大な大陸の一部だ

自我のせいで、分離という誤った感覚が生じる
その誤った感覚のために
人々はゆっくりゆっくり自分自身の中に閉じこもっていく
私たちはあまりにも自意識過剰に、自己本位になり
太陽や月、風や雨
そして世界全体から自己を完全に閉ざしてしまう

私たちは殻の中に閉じこもる
それはある種、生ける屍のようだ
あなたは自分の周りに墓を持ち運び始める
それは全く目に見えないが
墓であることに変わりはない

私たちは自我（エゴ）にしがみつくがゆえに矮小になる
矮小さは自我への執着によって引き起こされる
自我は実に矮小な現象だ
だが馬鹿げたことに
自我を非常に貴重なものであるかのように捉え
私たちはこだわり続ける
実のところ、それこそまさに障害であり
私たちの生を大切なもの、壮大なもの
輝きに満ちたものから閉ざす原因だ
それはあなたを取りまく微妙な壁となり
あなたが全体と繋がり合うことを許さない

ひとたび自我が落とされたなら
木々や月や太陽、星や人々との一体感を感じ始めるだろう
突然あらゆる障壁は消え去り
あなたはもはや、ただの露の雫ではない
境界は消え去っている
あなたは自由の身となったのだ
そしてそれこそ神の経験に他ならない

17
month 6

生はその実体(リアリティ)において
果てしなく無限なるものだ
それは肉体にもマインドにも限定されない
何ものにも限定されることのない大洋のようなもの
大洋にすら、どこか限界がある
だが生にはいかなる限界もない
始まりもなければ終わりもない

だが私たちは
あまりにも肉体とマインドに同化しているため
それが自分の実体ではないことを完璧に忘れている
肉体は単なる旅の宿にすぎない
私たちは数々の肉体に生きてきた
あなたは旅人であり、巡礼者であり
生そのものであり、意識でもある
そして肉体から肉体へ、マインドからマインドへ
あるものからまた別なものへと移行し続ける
私たちが自らを形なきものとはっきり理解するとき
その日はまさに特別な日となる
それは天啓の日だ
その日から私たちは二度と再び同じではなくなる
その日から私たちは神の一部となり
神は私たちの一部となる

人間はあたかも一滴の雫のようなものだ
そして存在はあたかも大洋のようだ
なのに私たちは存在から離れようとしている
それこそ私たちの惨めさの根本的な原因だ
必要なのはただひとつ、海に飛び込むことだ
そうすれば雫は消え去る
いや、本当のところ消え去りはしない
ただその小さな制約を失うだけだ
それは大洋のようになる
いや、大洋そのものとなる
だがある意味では雫は消え去る
もはや雫を見つけ出すことはできない
それはそれまでの性質を失い
それまでの名札、それまでの所在を失っている
あまりにも広大な大洋の中に溶け去ってしまったため
見つけ出す手だては全くない
跡形もなく消え去っている
それは恐ろしいことだ
私たちが決して大洋に近づこうとしない理由はそこにある

あなたが究極なるものの中へと死にゆくとき
それは人生最大の日となるだろう
本当のところそれは死ではない、復活だ
時間は消滅し、永遠が生まれる
限りあるものは死滅し、限りなきものが生まれる
矮小なものは死滅し、大いなるものが生まれる
それは試みる価値がある！

19

month 6

大洋に流れ込む川のように
神聖なるものの中へ溶けてゆくがいい
自分を存在と分離したものと見なしてはならない
もっともっと存在と交わり、溶け合うことだ

人々は自分たちが、別個のかけ離れた存在だと主張し続ける
だが分離を力説することほど、宗教性に反した行為はない
統合を力説することこそ宗教に他ならない
それは意識的に努力すべきものだ

夕陽を見つめ、その中に溶けていきなさい
ただの観察者にとどまらず
観察する者とされる対象を
ひとつに溶け合わせることだ
ゆっくりゆっくり、あなたはそのコツを呑み込んでいく
あなたは木の傍らに座るだけで
木との深い一体感を感じとれるようになる
そうしたちょっとした試みの積み重ねが
最終的にあなたを全体との一体感へと導く
そしてその体験こそ神に他ならない

「私は神である」と覚えておくことは
「私は大空である」と心にとめておくことだ
生の中で起こるあらゆる経験は
小さな雲のようなものだ
それらは来ては去っていき
それほど注意を払うに価しないものだ
いっさい気にとめずにいることだ
それをあなたの瞑想としなさい
あなたが空であること
限りない空であることを常に覚えておきなさい
雲があなたを歪めることはできない
次第に雲はあなたの方へやって来なくなる
招かれもしないのに押しかけては来なくなる
あなたは痛みは招かなくとも、喜びは招くだろう
だが痛みとは、同じ現象の一方の側面にすぎない
一方を招いてごらん
残りも必ず一緒にやって来る
それは離すことができない
いつも一緒だ

招待するのをやめるとき
そうした客人たちは姿を消し始める
まもなくあなたに雲ひとつなくなる時が訪れる
そしてその境地こそ
仏陀がニルヴァーナと
イエスが神の王国と呼ぶものだ

21

month 6

瞑想は生に本当の始まりをもたらす
最初の誕生は、生の始まりとは言えない
最初の誕生は、ただ生きる機会を与えるだけだ
最初の誕生は、実際の生ではなく
潜在的な生を与えるにすぎない
その潜在性を現実のものへと変容させることだ
そうして初めてあなたは真正に生きるようになる
瞑想は潜在するものを顕現させるアート
種子を花々へと変容させるアートだ
瞑想を経て、人は第二の誕生を迎える

最初の誕生で肉体が生まれ、第二の誕生で魂が生まれる
自分自身が魂であると知って初めて私たちの生は満たされる
さもなければ、生はいたずらに浪費されるだけだ
種子は種子のまま
芽生えることも、樹木に成長することも
枝いっぱいに花開くこともない
木陰で休む人もなく、鳥たちが訪れることもない
その周りで風が舞い踊ることもない
雲や太陽や月や星々との語らいもない
種子は存在と通じ合うことができない
それは閉ざされ、自分の殻の中に閉じ込もる
瞑想はあなたを開いていく
瞑想とは多次元的に開いていくことに他ならない
存在の美しさに、風の調べに、愛の自由さに
あなたを取りまくあらゆる神秘に
そして内側と外側のすべてに開いていくことだ

人々は怒りや嫉妬、所有欲、自我（エゴ）を抱えながら
実に粗野に生きている
こうした粗野な要素を
ひとつ残らずその実存から取り去ってしまうことだ
なぜならそれらは多大なエネルギーを破壊し
数々の機会を無駄にするからだ
そうしたエネルギーはすべて
歌や喜びや愛や平和へと変容させるべきだ
すると生は詩的なものとなり
ただ在ることが真の喜びとなる

ただ存在することは
それ以上望むべくもないものであり
ただ呼吸することは
充分に神の実在の証となる
呼吸のひとつひとつが
あり余るほどの歓喜をもたらすのだから
生はハーモニーやメロディー
そしてダンスとなる――
そんなことが可能だとは信じがたいだろう
それが本当に起こって初めて人は確信するに至る

23
month 6

唯一の問題は自我(エゴ)にある
そこから千とひとつの問題が派生する
強欲、怒り、劣情、嫉妬……などが引き起こされる
そして人々は、欲や怒りや劣情と格闘し続ける
それは全く問題の解決策にはならない
根を断ち切らないかぎり
新しい枝葉は後から後から生えてくる
枝葉を刈り取り続けることもできようが
あまり助けにはならない
それどころか枝葉を払うことで
樹はどんどん太さを増していく
葉はさらに生い茂り、樹木はいっそう頑丈になる

いいかね
物事の外面的な現れと闘うのではなく
物事の根源へと向かいなさい
そこにあるのはただひとつ——自我だ

ひとたびあなたが、自我なしでただ在ることを学べたら
あなたがいなくなり、誰でもなくなり
ただの無として在ることができたら
究極なるものが達成される
それ以上に行き着くべき所はない
それはいともたやすく成し遂げられる
そもそも自我自体が虚構なのだから
それゆえそれは落ち得る
それは実体のあるものではない

架空のものであり、影なのだ
あなたが信じ続けるかぎり、それは存在する
だが深くそれを覗き込んだら、全く見つからないだろう
瞑想とは、ただ自我を探して内側を深く見据えること
それがいったいどこにあるのか
自らの実存の隅から隅まで探し回ることだ
それはどこにも見当たらないだろう
どこにも見当たらないと理解した瞬間
それは消え去る、そしてあなたは新しく生まれ変わる

24
month 6

在らざることは真に在るための唯一の道だ
だからシェークスピアの
「在るべきか、在らざるべきか、それが問題だ」には
同意できない
それは全く問題などというものではない
在らざることは在るための唯一の道なのだから！
自我（エゴ）としてのあなたが消え去る瞬間
あなたは広大になり
大洋のような限りない歓喜（エクスタシー）を味わい始めるだろう

だが私たちはあまりにもマインドに執着しすぎている
それはごくちっぽけなもの
小さな生体コンピュータだ
また私たちは肉体にも執着している
あまりにも同化しすぎている
それは単なる小さな庵にすぎない

肉体に住み、それを清潔に保ち、きれいにしておきなさい
生体コンピュータも使いこなし
ちょうど機械の手入れをするように大切に扱うことだ
それは実に微妙で繊細なメカニズムだ――
だがそうしたものと同化してはならない
それでは運転手が愛車に同化するようなものだ
むろん彼は車に乗っており、車の中にいるが
彼は車ではない

これこそまさに私たちの実状だ
私たちは自らが住まうメカニズムに同化している
自我の概念をつくりだしているのは、まさにこの同化だ
「私は肉体だ、私はマインドだ
私はキリスト教徒だ、私はヒンズー教徒だ
私は白人だ、私は黒人だ
私はこれだ、私はあれだ……」
こうしたすべては自己同化に他ならない

瞑想とは自己同化をやめることだ
ただこのことを覚えておきなさい
「私はただの意識であり、観照者、気づき、目撃者だ」
その観照の中で
自我は次第に薄れ、消え去っていく
自我の消滅は最大の革命だ
あなたは矮小で醜悪な世界から広大な美の世界へ
有限なるものから永遠なるものへ
死から不死へと、突然送り込まれる

私たちはこの上ない至福のもとに生まれてきた
にもかかわらず物乞いであり続ける——
これは生における最大の謎のひとつだ
それは私たちが
決して自己の内側を見据えようとしないからだ
私たちはそれを当たり前のように受け取る
すでに内側にあるすべてを承知しているかのように
それはこの上なく愚かしい考えだが
地球全体にあまねく蔓延(はびこ)っている
人々には至福を探し求めて月にまで行く用意はあっても
自己の内側に向かう覚悟はできていない
理由はごく単純だ
それは私たちが一度も内側に向かったことがないのに
「内側に何があろうというのか？」と考えているからだ

私たちはこの愚かな考えを持ち続けようとする
私たちは自分のことなど何ひとつ知りはしない

ソクラテスは「汝、己自身を知れ」と言った
それは完璧に的を得ている
この7文字にあらゆる賢人の知恵のすべてが凝縮されている
というのも、自分自身を知ることにより
すべてが明らかにされ、すべてが満たされ
すべてが成就されるからだ

ジャン・ポール・サルトルの声明に、実に有名なものがある
「他者は地獄だ」
それはごく少数の覚者(ブッダ)たちを除く
世界中のほとんどすべての人々の見解だ
「他者は地獄だ」
それが何百万人もの人々の経験であるとしても
私は同意できない
絶対に正しく見えるが、実はそうではない
完全に的外れだ
真実のかけらもない
それは常にあなただ
あなたは地獄にもなれるし、天国にもなれる――
常にあなただ
あなたの決定次第だ

天国はどこか他にあるわけではない
地獄を生み出したように
あなたが天国をつくりださなくてはならない
それは心理的な状態に他ならない
ひとたび自分こそ創造者であると理解したら
あなたは途方もない自由を得る
仮に他者に責任があるとすれば、あなたに自由はない
あなたは常に束縛の中にある
なぜならあなたを惨めにできるのは常に他者であり
幸福にできるのも常に他者だからだ
いずれにせよあなたは屈従している
だが誰ひとりとして屈従を好む者はいない……

27

month 6

人間は無意識に生きる
単に回りの人々がそうしているという理由で
数多くの物事をし続けている
人はただ習い、真似し続ける
なぜそうするのか、自分でもはっきりとは気づいていない
自分が誰なのかすらもわかっていない
自分が誰であり、どこから来て
どこへなぜ行こうとしているのか理解していないとしたら
いったいそのような人に他の何を期待できるかね？

それらは瞑想を通してのみ解決し得る、根本的な問いだ
いかなる哲学も解決の手助けとはならない
哲学は実に多くの回答を差し出してくるだろうが
答えはすべて仮説にすぎない
熟考してみれば必ず多くの欠点や誤りを発見するだろう
瞑想は実存的なものだ
哲学的なものではない
瞑想は実に多くのことに気づかせてくれるので
自然にあなたは自己と出会うことになる

真実とは啓示だ
思考による結論ではない――
瞑想による啓示であり
瞑想を経た結論ではない

純粋なハートは至福が起こるための基本的な条件だ
だが私が「純粋」と言うとき
何か道徳的なものを示しているのではない
「純粋」という言葉で、私は無垢を示している
道徳家は決して無垢ではありえない
彼は実に計算高い

彼の道徳とはまさにその計算高さに他ならない
彼は天国に行き、天国での喜びと楽しみを手に入れるために
神と取り引きをし、ひたすら徳行を積み続ける
実に狡猾だ
彼の道徳は胸算用に根ざしている
彼は無垢な人間ではない
無垢な道徳家など、かつて存在したためしがない

時として不道徳な人々が
いわゆる道徳的な人々より遥かに無垢なことがある

不道徳な人々は
ただ単にその人生において計算高くないために
不道徳なのかもしれない
彼は成り行きなど気にすることなく単純に生きている
不道徳な人は単純だが、道徳家は決して単純ではない
実に複雑だ
いわゆる聖職者たちは
この世でもっとも複雑で、ずる賢く、計算高い人々だ

彼らの実存の中に幼子のような無垢を見出すことなど
まずないだろう——
だがその無垢こそが純粋さなのだ
子供は、良いも悪いもわかっていない
だがそこが子供の無垢なところだ
再び善悪を越えていくことが純粋になること
純粋なハートになることだ
二元性の超越は純粋になることを意味する
道徳家は選択する
純粋なハートの持ち主は
選択することなく、そのハートの命ずるままに生きる
彼は無選択に生きる
完全に醒めて意識的だが、絶対に無選択のままだ
状況に従う用意があり、責任を持って対応するが
それは計算によるものではない
そしてそれこそが至福が降り注ぎ始める基本的な空間となる

純粋さとは、無選択の気づきの中で初めて生まれるものだ
あなたが善悪のいずれにも関係を持たず
どんな分け隔てもなく、すべてを神聖として受け入れ
あらゆる分類が落ち、「一なるもの」を見るとき
初めてそれは存在する
悪魔にも神を見、闇にすら光を見
そして死にすら永遠の生を見るときだ
通常の二元的な物の見方が落ちるとき、あなたは純粋になる
なぜならあなたを堕落させるものは
もはや全く存在しないからだ、それは意識の究極の境地だ

私たちはあらゆる二元性を越えていく必要がある
道徳と不道徳、善と悪、生と死、夏と冬といった
あらゆる二元性をだ
あらゆるものが超越されねばならない
そうすれば人は一なるものを見ることができる
人は一なるものを何百万もの異なる形で見るだろう
どこであろうと、どんな形でそれが顕れていようと
それが「一なるもの」であるとわかるだろう
それは可能だ
必要なのは、もっと目覚めるように少しばかり努力すること
意識的かつ無選択であるよう、少しばかり努力することだ
ただ内側に座りマインドを見つめ、何も選択せずにいなさい
多くの物事が過ぎ去っていく
あなたは何にも関わることなく、冷静に脇に座っている
するとゆっくりゆっくり、純粋さがあなたの上に降りてくる
そしてその純粋さはあなたを解放する

30

month 6

覚醒（アウェアネス）について学びなさい
自分が行なっていることのすべて
自分のマインドや
ハートにうつろい続けるすべてに対して
もっともっと油断なく醒めていることだ
肉体・マインド・ハート——行動・思考・感情
その三つの層全体にわたって意識的でありなさい
それらすべての次元に気づいていなさい
するとゆっくりゆっくり覚醒が定まり始め
第四の層があなたの中に誕生する
第四の層が誕生するとき
神はあなたに浸透している
第四の層はあなたの魂、あなたの最奥の核だ
そしてその啓示は
あなたが決して生まれることなく決して死ぬこと
もない永遠の一部であることを明らかにする

永遠性を実感することこそ法悦（エクスタシー）に他ならない
あなたのものの見方は一変してしまう
同じ世界でありながら、もはや同じではない
なぜならあなたはもう同じ人間ではないからだ
イエスは繰り返し繰り返し語った
「幼子のようにならぬかぎり、
神の王国へは入れない」と
だがそれは子供たちがすでに
神の王国にいるという意味ではない
さもなければ神の王国を失うことなどないはずだ
世俗的な物事と引き換えに、誰が神の世界を、
神の王国を手放したりするだろう？

子供はそこにはいない
まだ気づいてはいないのだ
だからこそ強調される点は
「幼子のように」にある
この「ように」という言葉を
心にとめておきなさい
イエスは幼子になれと
言っているわけではない
幼子のようになりなさいと
言っているのだ
ひとつ確実なのは
神の王国に入れるのは幼子ではなく
幼子のような人々だということだ

それが聖者の定義だ
彼は第二の幼年期を生きる
そしてそれこそがサニヤスの定義だ
──第二の幼年期の誕生
だが今回は気づきを伴っている
最初の幼年期は無意識ゆえに
神の王国は失われたが
意識的であれば決して
それが失われることはない

31

month 6

真の神秘家に苦行者はいない
真の神秘家は自分を拷問にかけたりしない
彼は生を愛し、生を楽しむ
というのも、生は神の顕れに他ならないからだ
真の神秘家は歌に満ち溢れている
彼の言葉の一語一句が歌だ
正しく理解されるなら、その一挙一動がダンスであり
正しく理解されるなら、あらゆる仕草が祝祭そのものだ

これは究極の意識の産物として起こることだ
頂点に達し、すべてを極めたとき
それ以上越えるべきものがないとき——
すべてが後方に残され、肉体は深い深い谷底にかすみ
マインドも道の途上に置き去りにされたとき
あなたは全くの純粋な意識となり
客体がなくなり、ただ純粋な主観性だけがあるとき——
それこそがサマーディの境地だ
そのとき幾千もの歌があなたの実存から湧き起こり
幾千もの花々が咲き誇る
それが起こるまでは誰ひとりとして満たされることはない
かつてこれが起こる以前に満ち足りた人はいなかったし
これからもいないだろう
人は心に聖なるものへの渇望を抱き続けるべきだ……
人はサマーディに至り、超意識へ昇華するために
それを熱烈に思慕しなければならない
それは誰にでも起こりうる、全人類の生得権だ
私たちに必要なのは、ただそれを請い求めていくことだ

month 7

ハートはエデンの園

HEART IS THE GARDEN OF EDEN

1

month 7

究極の真実に到達した人間にどうして
また何のために嘘がつけよう？
その必要性はいっさいない
真実を知り得た人は
もはやありふれた世俗的な物事には何の興味もない
彼はお金や、権力や
名声がもたらす以上の何かを知ってしまったのだ
彼の全生涯は奇跡的な変化を遂げる

奇跡の世界を開く秘密の鍵は至福だ
思いきり陽気でありなさい
ハートが歌い、肉体が踊るにまかせ
あなたの生をもっともっと祝祭で満ちるようにしていくことだ

人間——いわゆる常識的な人間、一般的な人間
大衆、群衆——は幾世紀にも渡ってそういう風に
存在し続けてきたわけだが……機械的だ
この機械的なものを越えられるのは
唯一意識的であることだけだ
それは真の誕生となる
だからあなたは二度誕生を迎えることになる
両親からは生物学的な誕生を与えられたにすぎない
精神的なものの誕生ではない
精神的な誕生は、マスターを通してのみ可能だ……
マスターとともにあると、全面的に新しい旅が始まる
あなたは誕生を与えられる
新たな生、新たな次元、精神的な次元を与えられる
しかもそれは極めて意識的に、実に慎重に授けられる

マスターの弟子に対する仕事(ワーク)はすべて
弟子に固有の意識、その実存そのものの意識を
もたらすことに向けられる
精神的な自己に到達するのは極めて少数の人々しかいない
——そしてそこに到達するのは真の人間だけだ
誰もが可能性を秘めているが、人々は決して試みない
そしてそれはただの潜在性に留まり、その可能性は失われる

だがそれを実際のものにすることは可能だ
だから、たった今から全生涯に渡り
より意識的になれるよう
たゆまぬ努力をしていくよう重点を置きなさい

そして意識の一瞥が起こり始めるにつれ驚くことだろう
一瞥のどの瞬間においても、意識には至福が伴うのだから
意識が深まるにつれ至福も深まっていく
至福とは意識的であることの副産物、結果に他ならない

3
month 7

私たちは絶対的に純粋無垢な
完全に何の混じりけもなく澄み切った状態で
この世界に生まれる
だが、それから世界は私たちの意識に書き込みを加え始め
私たちを条件付けし始める
誰もが堕落し、汚染され、毒されていく
子供が自分自身で色々な物事について
充分考えられるほどに成熟する頃までには
すでに世間によって破壊されている
すでに不具で役立たずになっている
世間によってすでに、松葉杖の使い方を教え込まれ
自分自身の洞察力を使うことなど忘れてしまっている
自分の足では立てなくなり、それが彼に従属を強いる

人類を皆不具にしてしまう——
肉体的にではなく精神的に——
これは人類に対する最大の陰謀だ
それにこの策略はあなたのマインドに働きかけるため
その意識は思考や欲望や、野心で被いつくされてしまう
自我（エゴ）、観念、宗教、政治といった
千と一つの物事が何層にも折り重なってそこにある
あなたの鏡のような意識は消え去り
人は屈辱的な生を送ることになる
優美さの欠片もない、盲目的で完全に依存した生を送る
為すべきことはただひとつしかない
社会がどんな事をあなたに為そうとも
それをすべて白紙に戻すことだ

だから私は純粋さを教えたり、道徳を説いたりはしない
——それらはすべてたわごとにすぎない
私はただ瞑想だけを教える
そうすれば瞑想によってあなたはマインドから自由になれる
マインドは社会に属し、瞑想はあなたに属す
瞑想とともにあれば、あなたは絶対的に自由だ
突然、自分の固有の宝を発見し始める
そしてそこから大いなる巡礼の旅が始まる
それは喜びと、美と、歌と、祝祭に溢れている
それは果てしない過程だ
それはあなたに永遠についての洞察を与え
あなたが不死であることの確信を与える

社会はすべての子供たちが学校、専門学校
大学へと通うことを要請する
―― それでほぼ人生の三分の一が浪費される ――
エネルギーを不自然な中枢である頭へと強制的に向かわせ
障壁を作り、エネルギーがハートに流れることを妨げるためだ

自然な過程においては、エネルギーは実存からハートへ
そしてハートから頭へと流れる
これが自然の流れだ
エネルギーがハートを通って流れていくなら
ハートはマスターであり続け、頭は召使いとなる
いわゆる教育の策略の全容は、完全にハートを迂回し
実存と頭とを直結し、ハートをないがしろにするものだ

それはこれまで為されてきたことだ
ハートは脇にのけられ
エネルギーは実存から頭へと向かい始める
そうして頭がマスターとなる
召使いとしてなら頭は申し分ない
だがマスターとしては醜悪極まりない
社会があなた方にいったい何をしてきたかが理解できれば
その瞬間に直ちにあなたのハートは開き
エネルギーがハートに流れ始める
そもそもそれが本来のあり方であり、そうあるべきなのだから
社会の妨げがなければそうなっていたはずだ
社会は心底愛を恐れている
非常にハートを恐れている

というのも頭で生きる人間は
効率の良い素晴らしい召使いであり、従順な奴隷だからだ——
それこそ社会が必要としているものだ
奴隷、効率の良い労働者、良い召使いだ
社会はマスターのような人は必要としていない
ひとたびハートが開け放たれると
たとえ収監されてもあなたはマスターとしてあり続ける
あなたのマスターとしての質は深く浸透しており
それを取り去ることは何物にもできない

だからこの奇跡を起こさなくてはならない
エネルギーを頭からハートへ移行させることだ

あなたは完璧だ
にもかかわらず、ありとあらゆる愚か者たちに従い続ける
あなた自身のハートに耳を傾けることはなかった
無知な人々の意見を鵜呑みにしてきたのだ
そうした借り物の知識はすべて落としなさい
原罪にまつわる馬鹿げた話はすべて忘れなさい
存在自体が罪であるとかないとか
そういった戯言はすべて忘れることだ
誰もが皆、神の一部だ
それが本来の姿だ
誰もが皆、神だ
にもかかわらず、幾人かの神聖な人々は熟睡している
——それは彼らの選択だ
そして、幾人かの人々は目覚めている
——それも彼らの選択だ
熟睡にすら何の問題もない
ただ幾つかの悪夢に悩まされるぐらいのものだ
心配には及ばない
そうした悪夢は単なる想像物だ
遅かれ早かれあなたは目覚める
もしそれを楽しめるなら楽しむがいい
誰もあなたを邪魔する者はいない
私は何としてもあなたを起こしてあげたい
あなたが眠りこけていようと決めた場合
有罪宣告をされたも同然だ
言いすぎであれば、次のように言い換えてもかまわない

あなたはすでに地獄に投げ込まれている
眠りこけているため、あなたはもう充分に悩まされている
これ以上、地獄の責め苦を受ける必要もない
だからこれが、仏陀と普通の人々との唯一の違いだ
その他の点では両者はよく似ている……
皆、覚醒に向けて同じ可能性を持つという点で似ている
存在の質の点では似ていない――
覚者はユニークだ

人間はふつう自己の実存の回りにゴミを掻き集めては
生まれながらにして持っているはずの輝きを失っていく
誰もが皆、輝きに満ちて生まれ、誰もが皆凡庸になる
死を向かえる頃には、ほとんど間抜けと化している
これは奇妙な現象だ
にもかかわらず、人々はそれを発展と見なす——
だが、それは混乱なのだ

子供たちはより輝きに満ち、生き生きとし
すべてに対して明晰であり、そこには何の混乱もない
ところが成長につれ、ありとあらゆる混乱を掻き集め始める
社会は人が21歳になるまで参政権を与えるのを待っている
それは、その頃までには誰もが輝きを失い
凡庸な愚か者になっているからだ
そこで初めて、あなたは大人と見なされる
全く混ぜ物だらけで徹底的に純度を落とされている
だが人々は語る
「さあ、あなたは大人だ、その年齢に達したのだ」
確かに政治家は、子供に参政権を与えることを恐れている
子供は何でもお見通しだ
参政権はあなたが物を見る力を完全に失い
完全に目が見えなくなったときに与えられる

私のここでの努力は、あなたの錆を、埃を落とし
あなたの鏡を清め
再びあなたが自分の本来の顔に出会えるよう
手助けすることに注がれている

7

month 7

社会の全構造はハートに対立している
それは頭を鍛え、頭を訓練し、頭を調教する
ハートを軽視し、顧みない
というのも、ハートとは危険な現象だからだ
頭は一種の機械だ
機械は決して謀反を起こすことはない
それはあり得ない
それはただ命令に従う

機械はそうした意味ではいいものだ――
従順だからだ
それゆえ国や教会、両親などの誰もが皆、頭に関心がある
それは誰にとっても都合がよい
ハートは地位のある者や確立された組織や秩序
既得権益にとっては不都合なものをもたらす
頭は論理から動く
だから頭を納得させることは可能だ
それをキリスト教徒、ヒンズー教徒、回教徒にすることも
共産主義者、全体主義者、社会主義者に仕立てることも可能だ
頭にならどんなことでもできる
必要なのはただ、巧妙な教育体制と狡猾な手口だけだ
コンピュータへ入力しているものと
全く同様のものを頭に入れていく
頭はどんなものであれ、入力されたものを繰り返し続ける
そこには、新しさはいっさいない
独自のものなど決してない

ハートは愛に生きる
また、愛を飼い慣らすことはできない
ハートは本質的に反逆的だ
愛があなたをどこへ導くか知るよしもない
愛は予測不可能な自発的なもの
以前と同じことを決して繰り返しはしない

愛は、常に今現在、この一瞬一瞬に応答する
ハートは現在に生き、頭は過去に生きる
頭が常に因習に囚われ型にはまり
ハートが常に革命的、反逆的なのはそのためだ
だが勝利を得られるのはハートを通して、愛を通してのみだ
論理を通してではない
そしてあなたが群衆心理に反逆するときに、奇跡は起こる
あなたはいっそう自己に立脚していき
突然全体と、宇宙と一体となりつつある自分を
感じ始めるだろう

人類の全歴史はエデンの園に始まる
人間はその園から追われて以来
ずっと砂漠をさまよい歩き続けている
人はどうしても追放前のエデンの園の栄華を
その日々、時なき日々を想い出してしまう

聖書の物語はただの物語ではない
それは深遠な真実を包含している
すべての人々が何かが欠けていると感じ
自分は自分のあるべき所にいないと感じている
何が欠けているのか、それは判然としないかもしれないが
「私は間違った場所、誤った状況にある」
「これは私のあるべき姿ではない
何かが間違ってしまっている」
こうした、何かが違うという漠然とした感覚は
誰もが感じていることだ
人間は神の園から追放された
追放された理由は、物知りになろうと
知識の木から果実をもいで食べたためだ

物知りとなるやいなや、人は自分のハートとのつながりを失う
——ハートこそが本当の園であるというのに
人はそれを自分自身の内側に宿し続けている
実際には追放されてなどいない
ただ忘れ、ないがしろにしてきただけだ
私たちは頭にしがみつき、知識にあまりに執着してきた
その実存のうちに成長し花を咲かせるかわりに

私たちはただただ情報を
それも役立たずの情報を掻き集めているにすぎない

ハートはエデンの園、天国だ
だから私のここでの努力は
あなたが何とかして再び園へ戻れるよう
助けることに注がれている
ひとたび園にたどり着き、再びその味わいを得たなら
あなたに変容が訪れるだろう

9

month 7

知識は容易に手に入る、だが智恵を得ることはできない
知識を得ることはたやすい
ちょっとしたマインドの努力、尽力を要すだけだ
あなたは自分の記憶装置にエサを与え続ける
それはコンピュータだ
全図書をも蓄積できるほどのものだ
だが智恵とは蓄積できるような何かではない
何しろ、マインドによって生じるものでは全くないのだから
それはハートから、愛から生まれるものであり
論理からではない

ハートが愛とともに、信頼とともに開いており
ハートが全体へと明け渡されているとき
新しい次元の洞察があなたの中に生じる
生そのものについて、私は誰なのか
そもそもなぜこの全存在が現存するのか
明晰で、途方もなく深い理解が湧き起こる
あらゆる秘密が明らかにされる
だがそれは愛を通してであり、論理を通してではない
ハートを通してであり、頭を通してではない
神はハートと直接繋がっており
頭とはいっさい何の関係もない
だから神に近づきたければ
その道はハートを通って伸びている

ひとたびハートを通じて智恵を知ると
マインドも良き召使いとして使えるようになる

マインドによって蓄積された知識でさえ
智恵のために役立てることができる
——だがハートを通して知り得る以前には
それは起こらない

あなたのエネルギーをハートへと移行させ
より愛に満ちていなさい
するとあなたは途方もない驚きに満ちていることだろう
愛が育ちその愛の花びらが開くにつれ
あなたのハートは蓮の花のようになり
比類なき美しさがあなたへと降り注ぎ始める
——それが智恵だ
そしてその智恵が自由をもたらす
知識は情報をもたらし、智恵は変容をもたらす

人類は今や、前代未聞の量の物事を知っている
つまり知識は蓄積され続けている
実のところ、あなたはイエス以上に物知りだ
イエスと会合したら、彼に多くのことを教えられるに違いない
イエスは、千とひとつのことを知らないだろう
私はイエスが大学入試で合格するとは思えない
——不可能だ！

だが、それはイエスが無知であるという意味ではない
イエスは知っている
だが、全面的に違った方法でだ
イエスの経験は彼自身の実存を変容させた
イエスはあなたのように情報を得てはいない
だが彼は変容をとげた
リアリティとは、そうしたものだ
情報には何の意味もない
コンピュータがあなたより遥かに多くの情報を得ても
キリストや仏陀には決してなれない
それともあなたは
いつの日かコンピュータも光明を得ると思うのかね？
それは不可能だ

コンピュータにすべてを知ることはできても
それはあくまでもコンピュータであり
ただ入力されたものを操り返すだけだ
至福の境地とも無縁のものだ——
機械にどんな至福が可能というのかね？

愛することもできない――
どうやって機械に愛することができようか？
機械はこんなことをつぶやくかもしれない
「愛している、愛している、こんなにも深く
あなたのために死んでもいいくらいだ」
そう、こんな美しい言葉を口にするかもしれない
だがそれは単なる言葉にすぎない

機械にそんなことを教え込めば
この位のことは実に能率的にやってのける
しかしながら何百万もの人々が
それと全く同じことをやっており
機械やコンピュータのように機能している
彼らは決まり文句を繰り返す――
キリスト教徒、ヒンズー教徒、回教徒といった人々だ
美しい言葉ではあるが
すべて形式だけのもの、死んでいるものだ

あなたがあなた自身を理解し始めるやいなや
生は新しい次元へと量子的飛躍を遂げる
永遠なる次元、神性なる次元
至福、真実、自由の次元へと

11

month 7

知識は死んでいるものだ
だが知ることは生き生きと流れている
実のところ、将来のいつの日か
私たちは全面的に新しい言葉に切り換える必要がある
すべての言語が使い古されてしまっているせいだ
言語は異なった人種により
異なった目的のために、異なった状況下で展開されてきた
現在そうして背景はすべて消滅したが
言語のみは置き去りにされている

目下のところ、静止しているものは何もないということが
宗教的にも科学的にも、判明されている
あらゆるものが常に動いている

だから「知識」という代わりに
私は「知っている」と言いたいと思う
「愛」というより「愛している」と表現したい
だが私たちはあまりにも名詞に慣らされているため
川でさえも、川と呼ぶ
それはただ「川になっていくもの」だ
ほんの一秒たりとも、同じではありえない
私たちは木を木と呼ぶ
木はすべて木になっていくものであり、一瞬一瞬成長している
古い葉は落ち、新芽は吹いてくる
移り変わりがなかったら
存在において永続するものはひとつもない

生を見つめ始めなさい
ただ見つめるだけではなく生き抜くことだ
すると知ることは後から、ついてくる
それは決して、終わることのない巡礼の旅だ
そして美しいのは、驚異は驚異のままであり続け
神秘は神秘としてあり続けることだ
私たちはさらに知り続ける
知ることはまだまだ山のようにあるのだから
存在は尽きる所を知らない
だから人は常に子どものようにあり続けることができる
驚異と畏敬に満ちて
神は神秘だ
そして神は、そのハートが驚きで踊り出し
その実存が畏敬の念に震える人にのみ現れる

12

month 7

真の知識、智恵は覚醒意識を通して起こる——
情報の蓄積からではなく変容を通して
覚醒意識は、革命的な変容だ
あなたは新たに生まれ変わる

通常、人間はあまりにも眠りこけた状態にある
気づきはほとんどなきに等しい
わずか1%か、それにすら満たないかもしれない
それでも日々の仕事をこなし、生活の糧を得て
住まいを手に入れ、子どもや家族を得るには充分だ
その位には事足りても、それ以上のことには対応できない
あなたの内側の99%はただの暗闇だ
だが、あなたはその暗闇を光へと変えることができる
人は光に溢れることも可能だ
そのとき、人は生きることの強烈さを
生きることの計りしれぬ歓喜を知る

今この瞬間から
生死にかかわる問題として覚醒意識を捉えなさい
実のところ、それは生と死の問題だ
覚醒意識がなければ、あなたは毎日ただ死んでいくだけだ
覚醒意識があって初めて、生を生き始める
それから生は、より大いなるものへと成長し始め
さらに広大なものになっていく
そして、ある日生は溢れるほど豊かなものとなる
それはあなた一人を生き生きとさせるわけではない

あなたのそばに近づくあらゆる人をも
生き生きとさせるほどのものになる
あなたの魔法は、他者にまでも及び始める
あなたは生や愛や光に溢れ始める
そしてそれは仏陀の、キリストの
賢明な男性そして女性の境地だ

13

month 7

マインドには真実を知ることはできない
真実に関するありとあらゆる情報収集は可能だが
真実について知ることは、真実を知ることではない
愛について知ることは、愛を知ることにはならない
愛を知るためには、人は愛する人になる必要がある
どんな情報も何の助けにもならない
体験そのものの中へ入っていくことが必要だ
真実についても、同じことが言える
あなたは世界中の名だたる哲学者について知り
偉大な言葉を、理論を仮説を蓄積し
あなた自身の独断的結論を導き出すこともできよう
だが覚えておきなさい
そうしたものはあくまでも独断にすぎない
何と言ってもそれは
あなたの体験に根ざしていないのだから
そのため何であろうとあなたが知ることは
すべてあなたの探求を妨げる

それは知識が及ぼす最大の危険性だ
それはあなたに、自分は知っているという誤った見解を与える
いったん自分は知っているという
誤った考えを抱いてしまうと、探求はそこで終わる
人は、自分が何も知らないということを自覚する必要がある
そして、すべての情報——
有神論、キリスト教、ヒンズー教、回教
信心深くあること、哲学的であること
そういったものを支援する
あるいは、それに反対するすべての情報を
脇に退けなくてはならない
あらゆるたぐいの知識を、知識それ自体を、脇にのけなさい
そうなって初めて、探求は始まる
そして人は、真実の探求者となる
そうなればその人は開かれるからだ
何も知らないでいる境地から
ある日、人は真実を体験しそれを生き始める
この上ない至福が湧き起こる
ついに真実の人となったのだ

それこそ光明、ニルヴァーナと呼ばれる境地だ
西洋ではキリストの意識の境地と呼ばれ
東洋では仏陀の意識の境地と呼ばれる
だが、それは全く同じ境地だ

14

month 7

子供のように無垢でありなさい
唯一、そうなった時にのみ扉は開く
神聖なる扉は、知識階級の人々にはずっと閉ざされたままだ
権威者や学者や聖職者には、扉は完全に閉ざされている
彼らは知っているつもりになっていて
それ以上のものなど何も必要としていない
彼らは借り物の知識を蓄積することで、無知を被い隠す
彼らからは驚きの質が失われている
それは神のもっとも本質なるものだが……

子供は途方もなく驚きに満ちている
そのハートは絶え間なく
神秘や奇跡を感じている
その目は畏敬の念に満ちている——
それがごく小さなものであっても
海辺の小石や貝殻など……
あたかもダイヤモンドでも見つけたかのように
それらを集め始める
子供はそうした小さなものに興味をそそられる——
蝶や何でもない花、ごくありふれた花に
そう、子供は心を奪われ
ほとんど魔法をかけられているかのようだ

それらの質は、神へ、至福へ、真実へ
存在の神秘へとあなたが開くための手助けとなる
私のサニヤシンは
まるで幼い子供のようでなくてはならない

人は賢明になるにつれ
自分はほとんど何も知らない真実を自覚する
そして愚かになるにつれ、自分の知識に確信を持つ
だからその確信によって愚かさ加減が判る
愚かな人々は実に狂信的な人々だ
何と言っても最終的な結末に辿り着いたのだから
加えてその結論は自分たちのためだけに留まらず
また全人類のためでもある
彼らは自分たちの結論を全人類に負わせようとしている
それを極めて慈悲深い行為と信じて疑わない
ソクラテスは最後の日にこう語った
「私はただひとつのことしか知らない
それは、私は何も知らないということだ」
それはソクラテスが
かつて西洋には存在しなかったほどの
もっとも偉大なる賢者になった日だ
その日、ソクラテスは偉大なる覚者たちの仲間入りをした
その後、彼は哲学者ではなくなっていた
その日彼は覚醒し、光明を得た

頭は推論でいっぱいだが
ハートはいついかなる時にも無垢であり
いつでも知る用意がある
ハートは常に子供のようであり、頭は常に老人のようだ
頭は決して若くはなりえない
覚えておきなさい
そしてハートは決して老いることはない

16

month 7

借りものの知識は真実とはなりえない
外側から掻き集めた知識は真実とはなりえない
あなたの無知を被い隠せたとしても
あなたを賢者にすることはできない
あなたの傷を包み隠すことはあっても、癒すことはない
ある意味では、それは実に危険だ
というのも、人が自分の傷を忘れると
その傷は内側で悪化し、癌のようになってしまうからだ
それよりはむしろ、直視していた方がよい
雨風や、太陽にさらされていた方がよい
隠したら、その傷を保護することになる
それはあなたにとって毒となる
それは晒しておいた方がいい——
自然に癒されるだろう
それゆえ、真の知識の第一歩は
「私は何も知らない」ということを知ることにある
それはあなたの無知をさらけ出すことだ
するとその瞬間から転換が
大いなる変容が起こり、人は内側を見始める

真の知識があなたの内側で起こらなくてはならない
それは思考を通しては訪れない
それは内側の無思考の空間を通して訪れる
それは学習を通して起こるものではなく
瞑想を通して起こるものだ

それはマインドに
いっさい何も含まれていない時に
起こる
完璧に空っぽであまりに純粋であり
混じりけがいっさいなく
一点の汚れもないために
あなた自身の内なる源泉が溢れ始める
すべての障害が取り除かれたためだ
泉が湧き起こる源泉はそこにある
だがその水流を
多くの岩が塞いでいる
その岩こそ
知識に他ならない
実際には知識ではなく
真の知識の敵だ
内なるものがあなたに
語りかけられるように
外側から学んだことを
すべて落としなさい
すると真の知識の
知ることの芳香を知ることだろう
真の知が解き明かされるのだ

17

month 7

この肉体は矮小であり、
マインドもまた矮小だ
だが自己の実存は広大だ
——海のように広大だ
実のところ、
いかなる海にもまして広大だ
何と言っても
最大の海にさえ限界はあるからだ……
だが私たちの実存には何の限界もない
それは無限だ

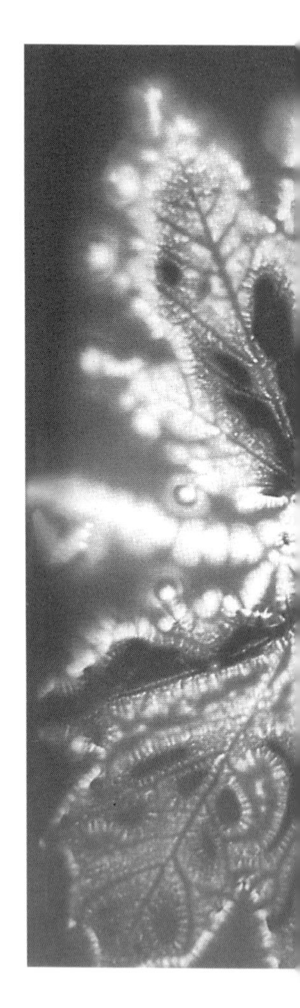

存在は三つの質を持つ
最初の質は真実だ
初めて自分自身の実存を経験するとき
いくらかの真実を味わう
それ以前は真実についての理論を
知っていたにすぎない
それはあたかも
食物については熟知しているが
食べるという経験を
一度もしたことがない人間のようだ

私たちは真理を知らない
真理に関する多くの理論を
聞いたことがあるだけだ
それらはすべて仮説にすぎない

あなたが肉体を越え
マインドを越えて
自分の実存へと入っていくとき
最初に味わうものは真実だ
次に味わうのは意識だ
それ以前は意識はただの言葉にすぎない

人々はぐっすり眠りこけている
意識とは何なのか、人々は知らない
彼らは全く気づいていない
まるでロボットのようであり
機械のように機能している
そして三つめのもの
究極は至福、アナンドだ——
それは絶頂となる
自分自身の内側に
深く入っていくにつれ
あなたはまず真理と出会い
次に意識に出会い
最奥の核において至福と出会う

18

month 7

科学者は語っている
一個の記憶装置である一人の人間のマインドに
世界中のあらゆる蔵書を収めることは可能だと
マインドにはそれだけの収容力がある
だが仮にある人に世界中の蔵書が収められたとしても
覚者にはなり得ない
人は相も変わらず同じ愚か者のままだ
依然として、あらゆる聖典を背負ったロバのままだ
それが人間の在り方を変容させることはない
その実存を変容させたければ
人は言葉を越えていく必要がある
すべての論理や概念や教義や聖典を越える必要がある

郵　便　は　が　き

料金受取人払郵便

荻窪局承認

3006

差し出し有効期限
令和７年5月15日
まで
切手は不要です

167 8790

東京都杉並区
西荻北 1-12-1
エスティーアイビル
市民出版社 編集部行

フリガナ
お名前　　　　　　　　　　　　　男
　　　　　　　　　　　　　　　　女　　歳

ご住所　〒
都道　　　　郡
府県　　　　市
　　　　　　区
TEL　　　　　　FAX

E-mailアドレス

ご職業または学校名

過去に弊社へ愛読者カードを送られたことがありますか
ある・ない・わからない

新刊案内のお知らせ（無料）　希望する・希望しない

ビデオ・オーディオ・ＣＤのカタログの郵送(無料)
希望する・希望しない

ご購入の本の書名　夜眠る前に贈る言葉（よるねむるまえにおくることば）

ご購入書店名

都道　　　市区
府県　　　郡　　　　　　　　　書店

お買い求めの動機

(イ) 書店店頭で見て　(ロ) 新刊案内を見て　(ハ) カタログを見て
(ニ) 広告・紹介記事・書評を見て (雑誌名　　　　　　　　)
(ホ) 知人のすすめで　(ヘ) OSHOへの関心　(ト) その他 (　　　　　　)

●この本の中で、どこに興味をひかれましたか？

a. タイトル　b. 著者　c. 目次・内容を見て　d. 装幀　e. 帯の文章
f. その他 (　　　　　　　　　　　　　　)

●本書についてのご感想、ご意見などをお聞かせください。

●これから、どんな本の出版がご希望ですか。

●最近読んで面白かった本は？

書名　　　　　　　著者　　　　　　　出版社

● OSHO 関係の瞑想会、イベント等の案内をご希望ですか？

希望する・希望しない

ご協力、どうもありがとうございました

情報にはけりをつけなさい
完全に終わらせてしまうことだ
それは単にあなたをおうむにするだけだ
私たちはそんなおうむたちを賢者と見なす
だが彼らにはあなた方を満足させ、至福の状態に導き
愛に満ちた真実を知る人にすることはない
すべての情報にけりをつけることだ
それはマインドに終わりを告げることを意味する

マインドをお終いにすると、瞑想が誕生する
ひとたび瞑想が生まれると、奇跡が起こり始める
そして生が、量子的飛躍を遂げ始める……信じがたいことだ
人はあたり一面に溢れ来る、様々な神秘に目覚め始める
だが、私たちは知識ゆえに閉ざされている
私たちの目は閉じている
知識ゆえに盲いている

子供のように無垢である必要がある
無垢であれば――
清明、それも鏡のように完璧に清明であれば――
真実を映し出すようになる
そして真実を知ることは、真実そのものになることだ

私たちはそれぞれの社会、文明、宗教により育てられ
それによって誤った個性を与えられてきた
私たちは皆、欺かれ、騙されている
私たちを欺いている人々は、実に強力な力を持っている
実のところ彼らの力は
私たちを騙すことによって維持されており
それは何世紀にも渡って続いてきた
警察、聖職者といった人々は強力な力を蓄積してきた
彼らは人々に真実を知らせることを恐れている
彼らのすべての仕事は
騙されやすい人々、騙される用意のある人々
騙されたいと思う人々の存在にかかっている
——事実として、そういう人たちは騙されることを求め
切望している

まさに幼少の頃から、そうした状況が創られていたため
ゆっくりゆっくりと子供は、この世界で生き残るためには
妥協の必要があることに気づいていく
それはあまり意識的にではない——
それほどの意識を子供には望めない
老いた人々でさえ、さほど意識的ではないのだから——
だが漠然とした意識が子供の中で育ち始める
「自分が真実であり続けたら、
ひっきりなしに厄介事に巻き込まれるだろう」
本当のことを言うと、直ちに罰を受けるものだと——

真実の人でいられるほど充分に強くなる頃までには
すべての感覚を失っている
嘘はあなたの内側に深く根を下ろし
それが嘘だと感じられぬほどの
無意識的なものになってしまっている
ほとんどあなたの血液や骨や
骨髄の一部と化してしまっており
嘘を根絶することは
ほとんど不可能な状態になっている
社会があなたにしてきたことは、白紙に戻すことだ

あなたは生まれ変わる必要がある
まさに再誕生だ
物事を ABC から学び始める必要がある
そのとき初めて
自我(エゴ)が強いられた偽りの実体であり
あなたは決して切り離された単一体ではなく
有機体の一部であることを知るだろう

20
month 7

子供たちは大人から学んでいる
そのため大人たちが何をしようと、そのまねを始める
今日、子供たちは映画やテレビで
殺人や自殺や強奪などあらゆるものを目にする
子供たちは学んでいる……
いたるところで暴力を目にする、強姦、殺人――
そして同じパターンで繰り返し始める
彼らの子供がまた彼らから学ぶ
それは慣例的な現象になる――
宝は内側にあるというのに
誰もが皆、外側を探し求めているからだ

イエスは繰り返し語ったものだ
「神の王国は内側にある」と
だが側近の弟子たちでさえ
決してイエスを理解することはなかった
最後の夜になり
イエスが囚われの身になろうとしていた時でさえ
彼らは、天界での神の王国について尋ねていた
哀れなイエスはその全生涯に渡り
神の王国は内側にあると語っていたのに！
それは弟子たちと交わした最後の対話だった
弟子たちはこう尋ねた
「ひとつだけ答えて下さいますか、マスター
神の王国であなたはまさしく
神のかたわらにお座りになることでしょうが
私たち12人の側近の弟子のうちで

あなたの隣に座るものは誰なのでしょうか？」
この愚かしさ、政治的なもの
階級制度に通じる質問がわかるかね
それにこの哀れな男はその全生涯をかけてこう語っていたのだ
「祝福されし者とは、最高位への渇望がないものだ
なぜならそういう人は高位にあるのだから」と
だが、人々はただ言葉を聴き続ける、美しい言葉を
彼らは感謝を持って言葉を聴いていたが
理解していなかった
私たちは仏陀を見失い、イエスを見失い
すべての偉大なマスターたちを見失ってきた——
それが、このように惨めな人類が存在している理由だ

21
month 7

誰もが皆、真実を携えている
真実とは創案されるものではなく、発見されるものだ
むしろ再発見されると言った方が当たっている
私たちはすでにそれを所有している
だがすっかりその事実を忘れているのだ
ただ深く眠りこけて、自分自身が誰なのか忘れているのだ
すべては思い出すことにかかっている

もっと油断なく醒めていなさい
もっと意識的でありなさい
何ひとつ失われてはいない
あなたはただ夢を見ているだけなのだ——
自分が物乞いである夢を見ている
だが、そんなことはない
ひとたび夢が破壊されたら、ひとたび目覚めたら
突然その馬鹿馬鹿しさの全容に気づくだろう

比類なき宝はあなたのものだ
永遠の生はあなたのものだ
神の王国はあなたのものだ
究極の宝があなたのものだ
それはずっと内側にあった
私たちはそのものなのだ！
だから、どこか他の場所を探し歩く必要などない
ただ単に、全エネルギーを覚醒のために注ぎなさい

22
month 7

真実であることの悦び
真実を欠く人間は虚構の闇に落ちる
真実であることの簡潔さ
簡潔さを欠く人間は、不必要な複雑さや混乱を起こす
ひとつの嘘は千とひとつの嘘をもたらす
というのも、その嘘を守る必要があるからだ
——嘘は、真実によって守られることはない
嘘は唯一、他の嘘によって守られる
それぞれの嘘はさらに多くの嘘を呼ぶ
たったひとつの嘘があなたの全生涯を
真正さを欠く不実なものに変える
真実は多くの贈り物をもたらす
だがそのためには、人は瞑想の扉を開ける必要がある
誰もあなたに真実を与えることはできない
真実はすでに神から直接あなたへ与えらえている
それは、どこか他の場所で発見される類の何かではない
真相はすでに明らかだ
あなたの本性なのだ
ただ、ほんの数歩内部へ踏み込むだけでいい
サニヤスは、単にこのことを意味する
真実を探求することへの決断
「この瞬間から、私の生は
自己の真実の発見のために捧げられる」と公約することにある
真実はそんなに遠方にあるわけではない
わずかな一歩（ステップ）を必要としているだけだ
それゆえ、ステップというよりは量子的飛躍だ
マインドから無心（ノー・マインド）へのジャンプなのだ

23

month 7

ダニエルにまつわる物語は実に美しい
だが心にとめておきなさい
私はそれを物語と呼ぶ、歴史ではない
私にとってはたとえ話、物語は歴史よりも意味深いためだ
歴史は事実のみを記録するが
たとえ話は真実を記録するからだ

ダニエルは信仰の放棄を強要され、それを拒絶したため
ライオンの穴に放り込まれた
にも関わらず無傷で姿を現したのだ
それはただひとつのことを示唆している
真実のための愛は、命以上に価値を持つと
人は真実のためにはその命を犠牲にできると
それは又、次のことを示唆している
人類は進化、発展を遂げているようだが
本質は何ら変わっていない
未だ、信頼の人々はダニエルのように被害を被る宿命にある
というのも、社会は虚偽の上に成り立っており
真実の人を大目に見ることができないからだ
第二に、次のことを示唆している
真実の人は恐れる必要などないことを
彼らは何物によっても傷つかない、ライオンですら無力だ
というのも、真実の人は内側の永遠なる何かを
知っているからだ
それは不滅だ、死でさえそれを持ち去ることはできない
虚偽に生きるのは価値がない
真実のために死ぬことは生におけるこの上ない至福のひとつだ

24

month 7

真実は金銭では入手できない
真実を他者から入手する方法はひとつもない
譲渡は不可能だ
人はそれを自分で見つけ出す必要がある
金銭や権力の及ばない世界なのだ
内側に深く入っていけば、そこに見出すことだろう
実のところ、それはすでに与えられている
買い入れの必要はない
だが皮肉なことに誰もが皆買い入れている
ある者はキリスト教の市場から仕入れ
ある者はヒンズー教の市場から仕入れ
ある者はユダヤ教の市場から仕入れ
ある者はギータから、またある者はバイブルから
あるいはコーランから
だが覚えておきなさい
他者から仕入れたものは何であれ
真実についての何かにすぎない
——真実そのものではない
あなたはただ言葉を仕入れたにすぎない——
空虚で中身のないものだ
真実は唯一、あなた自身の経験に基づくとき真実となる
真実を与えることはイエスでさえ不可能だ
仏陀にも不可能であり、私にも不可能だ
誰一人として、あなたに真実を与えられる人間はいない
それはあなたが、すでにそれを所有しているという
簡潔な理由による
すべては内側の探求にかかっている

あなたの実存の核(コア)への
存在の核への浸透――
するとあなたはそれを
見つけ出すだろう！
真実が商品となりえないのは幸いだ
譲渡不可能なのはごく当然だ
さもなければ、真実はその価値を失っていただろう
譲渡可能であれば人々はそれを両親から相続できるし
遺言書の作成も可能だ
「私の真実の半分は妻に、半分は愛人に
息子たちには等分に分け与えること……」
それは大したものだろう、だがそれは物ではない――
それが物ではないことはしかるべきことだ
それは全く個人的なものだ
あなたはそれを絶対的な孤独の中で、最奥の光の中で
偽りのない寺院の中で知ることになる
そこでは真実がいつまでもあなたを待っている

真実の宗教は信念に基づかない
信念に基づく宗教は、すべて偽りの宗教だ
真実の宗教は経験に根ざしている
信念はすべて、真実の経験を妨げる壁と化す
すでに信念に捕らわれているとしたら
あなたは探求を放棄しているのだ
信念に捕われていると
自分はすでに知っているつもりになる
信念を持つということは
単に疑いのすべてを抑圧した状態にあることを意味する——

探求は、あなたの疑いがそのまま新鮮に
生きづいていて初めて可能となる
疑いは抑圧してはいけない
それは前進のための踏み石として使われるべきだ
それは悪いものではない
何もおかしなところはない
だが人は、疑いの中で永遠に生きてはならない
人は疑いを、真実の探求のために使うべきだ

あなたが自分の力で探し当てるとき
それは完全に異なった現象となる
完全に次元を違えた質を持つ
もはや無力な信念ではない
それは生きている真実だ
あなたの真実だ——
そのために、生命を賭ける価値を持つのだ

26

month 7

真実は常にそこにある
私たちはそれに囲まれている
だが私たちは、内側をひどく掻き乱されているため
反射できずにいる
満月はそこにある、星もそこにある
だが湖にその姿は映らない
多くの波が立っているため、満月を映すことができない
月を愛で、星を眺めることも叶わない
空はずっとそこに在るのに、眼は閉ざされたままだ
必要とされていることのすべては
湖水がすこしばかり静かになることだ

私のここでの努力のすべては、あなたの意識の湖を
静寂にするよう助けることにかかっている
そしてそれは起こりうる
私に起こりうるならば、あなたにも起こりうる
私は並はずれた事は何も要求していない
それは誰にでも起こりうる——
わずかな努力が必要なだけだ
それがすべてだ……
家柄などは、何の関係もない
わずかな努力、わずかな知性でこと足りる
それはすべての人に備わっているものだ
あなたが内側の静けさを達成する瞬間
革命的な変化が起こる
その時、あなたはこう語るだろう
「私は祝福する！」と

覚えておくべきことは、ただひとつ
真の知識は、情報の蓄積から成り立ってはいないということだ
それは他者から学べるようなものではない
それどころか、学ばずして得られるものだ
再び子供のように無垢になるとき
人は本当に知る人となる
意識の鏡が完全に空っぽとなり
意識の湖に波ひとつ、波紋ひとつないとき
天空のすべて、存在のすべてが
その輝き、美しさ、壮大さとともに丸ごと映し出される

そう、その経験が神だ
空っぽになり、静かになりなさい
まさに非在となりなさい、全くの無になりなさい
そうすれば全体があなたのもとに落ち着き
あなたの意識に全体が反射される
その経験はまさに宗教的経験、神秘的体験に他ならない
それはあなたに、神への確信を与える
信念ではなく、絶対的な確信をだ
それはあなたに、絶対的な明晰さを与える
神はあなた自身の経験となる
それは、イエスがそう語ったから
仏陀や私がそう語ったからというようなものではなく
あなたがそれを知っているというようなものだ
その経験はあなたのまさに内部を貫き
あなたの実存の一部となる
そうして初めて目的は成就し、生は満たされる

誰でもない人間となる用意があれば
その人は最高の人間となる
無になりなさい
そうすればあなたはすべてになる
誰でもない人間になりなさい
するとこの上もなく並はずれたものを成就する
ただ空っぽでありなさい
すると、あなたの中にある至上のもの
至高のものを知るに至る
だが覚えておきなさい
至高の者になるために無になろうとはしないことだ
そんなことをしても無になれるはずがない
無は、至高の人間に至るための手段にはなりえない
崇高さとは副産物であり、目的や終極ではない

それは芳香のようなものだ
花は終極であり、意識の開花こそがすべてだ
そしてそうなった時、突然そこに芳香がある
芳香を探し求めれば、花を見逃してしまう
花がなければ、どんな芳香もない
花を探し求めれば、芳香にもおのずと出会える

柔和で謙虚で誰でもない人であれば
王国の扉は開き、あなたは聖なる客人となるだろう
そうなった時にはもはや
あなたは生の頂上にまで昇り詰めている
だがそれは副産物だ

神の王国に到達することが目的ではない
そんなことなど、すべて忘れなさい
私の教えのすべては
ただ誰でもない人であることに尽きる
あなたの実存から
いっさいの腐敗物を放り出してしまいなさい、ひとつ残らず
そしてすっかり、広々としてしまいなさい

そのスペースは、満ち溢れている
あなたの実存で満ち溢れている
実存には成長していく可能性があるために
そのための空間を包含するからだ
実存にはその花弁を開き
千の花弁を持つ、蓮の花になる可能性がある
そしてそうなったときには
内側にこの上もないダンス、音楽、詩が流れ
はかりしれない美しさと優雅さに包まれる
その時、閉じ込められていた輝きが一斉に放たれる
もはやそこには
それを覆い隠すようなどんな障害もないのだから
あなたは拡張していき
生は光の、愛の、祝福の、爆発となる

29
month 7

私たちはごく幼少の頃から
世界的に名の知れた有名人となり
知名度の高い成功した総理大臣や大統領や
ノーベル受賞者といった、とにもかくにも特別な誰か
何者かになるよう、教え込まれている
どの子供も、何者かになるという概念に毒される
私たちは、誰でもないというのが真の実情(リアリティ)だ
そしてそのリアリティは、途方もなく美しい！
ただの誰でもない者であることが
想像を絶するほどの悦びと歓喜をもたらす
名声は、何ものをももたらさない
それは実に馬鹿げたゲーム
実に子供っぽい、未熟なものだ

真の成就について私が定義するならば
それは死でさえも持ち去ることのできぬもの
死によって持ち去られるものは何であれ
真の成就ではなく偽りの成就だ
遊ぶためのおもちゃにすぎない

この瞬間から、誰でもない人になりなさい
そして誰でもない人であることと
それがもたらす自由を楽しみなさい
無名となり、悦びを味わいなさい！
そこには何の憂いも何の不安もない
そもそも自我がないのだから傷つくことがない
何者もあなたを傷つけることはできない
誰かがあなたを侮辱したとしても
あなたは傍観し楽しんでいられる
あなたの内側に痛みを感じ
傷を受ける者が誰も存在していないためだ
あなたは楽しみ、笑っていられる

人が辱めを受けつつ、それを楽しみ笑っていられるとしたら
その人はすでに何かを達成している
その人は永遠の一部となっている
不死の世界へ足を踏み入れたのだ

30
month 7

見る眼があれば、驚くに違いない
物乞いでさえ、ただの物乞いではない
彼もまた人間なのだ
愛の経験をし、怒りを経験し——
そこには千とひとつの経験がある
皇帝たちもうらやむほどの——
彼の生は鑑賞され、注目され
理解されるに値するほどのものだ
なぜなら彼の生に起こることは
あなたの生にも起こる可能性があるからだ

人はそれぞれの可能性を秘めて生きている
それぞれの人が、一つの可能性を現実のものへと変容していく
そして、それらすべての可能性はあなたのものでもある
あなたは、アドルフ・ヒットラーにも
イエス・キリストにもなりうる——
いずれの扉も開かれている
一人は一方の扉から入り
もう一人は他方の扉から入っていった
いずれの扉もあなたに開かれている
だから私はゴータマ・ブッダと同様
アドルフ・ヒットラーにも興味を抱いている
そしてイエスにも興味を抱いているが
ユダにもまた同様に興味がある
一人一人の人間に、私の可能性が呈示されているからだ

人はこのことを理解する必要がある

すると全宇宙（オールユニバース）が大学（ユニバーシティ）となる
それこそが、大学の正確な意味だ
それは同じ宇宙（ユニバース）という言葉を語源としている
そうして、あらゆる状況が学びの場となり
すべての挑戦が成長のための挑戦となる
そしてゆっくりゆっくりと人は、自分を創りあげていく
私たちはこの生を
ひとつの機会として与えられたにすぎない
すべては私たち次第だ
私たちが何になろうとしているか
結果がどうなるかといったこと
すべてはそうなるべくしてなる

31

month 7

生まれてからの７年間は、もっとも重要な時期だ
寿命が７０年であれば
始めの７年間はその７０年を決定するものとなる
というのも人は、違った次元においても
同じパターンを繰り返すものだからだ
彼は妻を愛するそぶりを見せる
子供たちを愛するそぶりを見せる
友人を愛するそぶりを見せる
そうしてこのみせかけは深く沁み入り
それが見せかけだと感じられもしないほどになる
それどころか、それがいわゆる愛なのだと思い込む
これが愛の実体だ

世界中の誰もが愛し合っているのに
世界が精神病院化しているのはそのためだ
人々は至福に満ちているべきだ
もし世界中が愛に溢れていたなら
誰もが皆、開花しているはずだ
だが誰も開花していないようだ
まさに、根本的な何かが欠落している

私のここでの努力は
あなたがあなた自身のあらゆる見せかけ、偽りに気づくよう
手助けすることにかかっている
ひとたび気づいたなら、それらは落とせる
いともたやすく――
あらゆる事のすべては気づかれるためにある

偽りは深く沁み渡り、その根はあなたの骨まで奥深く
まさに骨髄にまで達している
だから、よく気づいていることだ
とても注意深く、まさに覚醒している必要がある
あらゆる根を発見するためにも
ひとたび嘘偽りのあらゆる根を
見せかけの愛を見つけたら
あなたはそれを根こそぎにできる
雑草はすべて根こそぎにし、再び子供となり
無垢な、まさに始まりの状態に戻って
生を再び出発する
するとそこには、自発性と自然さがあるだろう

month 8

1000%に生きる

LIVING ONE THOUSAND PERCENT

1

month 8

愛は、あなたの実存の内なる空で最高の輝きを放つ星だ
外界の星々はその比ではない
外界の星々もまた美しい
だが内なる星々と比べればいかほどでもない

そう、内なる世界では
愛はもっとも輝きに満ちた星であり、太陽なのだ！
それはあなたの内なる世界の、まさに魂そのもの
源泉そのものだ――
内側へ入っていき、それを見出すことだ
そして発見したなら
それを分かち合いなさい
祝福しなさい

光であることの意味を忘れたら
楽しさ、快活さの意味をも見失うだろう
それは同じ現象の二つの側面なのだから
光であることは
楽しさ、快活さが起こるための基本的な必要条件だ

楽しさ、快活さは
光に満ちた雰囲気(ムード)の中でしか起こらない
生を難問と見なさないことだ――
それは難問でも何でもない
生きるべき神秘であり、解明されるべき何かではない――
楽しみ、踊り、愛し、歌うべきものであり
解決すべき何かではない
それは解決を待つ謎ではない
驚き、畏怖を持って生を探検しなさい
ちょうど幼い子供のように

だから快活さを学びなさい
物事を楽しく受けとめなさい
すべての物事は、楽しみとして受け取られるべきだ
たとえそれが死であるとしても

3

month 8

不完全な人間など、一人もいない
だから誰も完全になる必要はない
必要とされていることのすべては
生をトータルに生きることだ
完全さはすでに備わっている
人は完全なるものから創られる
不完全になどなりようがない
私たちは究極なるものから生まれたもの
神の海に揺らぐ波だ
だから、神の特性は何であれ、波の特性となる
神が完全なら私たちも完全だ
完全になろうとする考えそのものが、馬鹿げている
その必要は全くない
人は皆、すでに完全だ

だが私たちは、その完全性を丸ごと生きぬいてはいない
私たちは最小限にしか、生きていない
自分の可能性を使い切ってはいない
使っているのはごくごく一部でしかない——
科学者によれば、それはせいぜい7％だ
93％の可能性は、ただ失われている
だが、可能性はすでに潜んでおり
活かしてもらえるのを待っている
生を100％生きぬけたなら
神から与えられた素晴らしい機会を
充分活かしていることになる
そして100％に生きるとき、初めて変容が起こる

決してそれ以前には起こらない

だから、私のここでの努力は
可能な限り強烈に生を愛し
一瞬一瞬を十全に生きぬくよう
あなたを導くことに向けられている
ゆっくりゆっくりと何かがあなたの中で開かれていく
そして自分自身に気づき始める
自分自身に挑戦を課せば課すほど
より多くのことに気づき始める

4

month 8

あなたにはこの世界を生きる必要がある
だがこの世界を壮大なドラマとして、捉えておくことだ
私は隠遁には反対だ
世間から逃げる必要はない
あなたは世間に生きる必要がある
だが、全面的に違った方法をとることだ
それを深刻に受け止めず
気楽にいきなさい
宇宙的ジョークとして捉えなさい
それは宇宙的ジョークなのだ

東洋では、神の遊びと呼ばれる
もしそれが神の遊びなら私たちはその中のただの役者であり
その演技を深刻に受けとめる人など、全くいないだろう

あなたはドラマの中で、王にもなれる
だが、それを真面(まとも)に受けとめてはいない
幕が降ろされたとたん
自分が王様であったことなどすべて忘れ
それがあなたを慢心させることはない
たとえ金持ちであろうと、慢心しないことだ
又、貧乏であろうとそれを深刻にとらないことだ
私たちは皆、色々な役を演じている
可能な限り、美しく演じなさい
だがすべてがゲームであることを、片時も忘れてはならない
そして、死の訪れとともに最終の幕が降ろされる
それから、役者全員が退場する
彼らは皆、宇宙の一なるエネルギーの中へ消え去る

このことを忘れずにこの世に生きていけるなら
人はすべての惨めさから、完全に自由となる
惨めさは、物事を深刻に受けとめることの副産物だ
そして至福は、物事を気楽に受けとめることの副産物だ
生を楽しみとして捉えなさい
生の中で喜び溢れていることだ

5

month 8

私は、宗教に対する全く新しいアプローチを提案する
宗教は、生を肯定するものでなくてはならない
あなたの生を高め、さらに美しく彩るものでなくてはならない
それは創造的であり、現実からの逃避であってはならない
それはあなたの感覚を鈍くするものではない
よりいっそう敏感にするものでなくてはならない

私にとって、生そのもの以外にどんな神も存在せず
存在そのもの以外にどんな寺院も存在しない
そうあってこそ、すべてが神聖なる祝祭となる
私がすべてと言うときには、まさにすべてを指している
生が祝祭なら死も祝祭であり
出会いが祝祭なら別れも祝祭だ
幼年期、青年期が祝祭なら、壮年期も祝祭だ
──それぞれに違った祝祭だ

すべてを祝い始めたら、あなた方は真の礼拝者となる
何者も盲信する必要はない
教会や寺院に通う必要もない
あなたがどこにいようと、何をしていようと
それがあなたの祈りとなり、瞑想となる
そしてあなたのサダナ、修行となる

愛はこの世の最大の癒しだ
愛以上に深く達するものはない
それは肉体やマインドを癒すだけでなく、魂までも癒す
その人に愛することができたなら、その傷はすべて消え去る
そして人は全体となる――
全体となることは、神聖になるということだ

全体となるまでは、あなたは神聖とはいえない
肉体の健康は表面的な現象だ
それは薬や科学で手に入れられるものだ
だが実存の最奥の核は
唯一、愛によってしか癒されない
愛の秘密を知る者たちは
生のもっとも深遠なる秘密を知る
そうなるともはや彼らには、惨めさのかけらもない
老いもなければ、いかなる死もない
むろん肉体は老い、やがて死に至る
だが、愛はあなたが肉体ではなく純粋な意識であり
あなたにはどんな誕生も死もないという真実を明らかにする
そして、そのような純粋な意識のもとに生きることは
存在との調和のもとに生きることだ
至福とは、存在との調和の中に生きることの副産物だ

私は、さほど神や天国に興味はない
だが、愛には絶対的な関心がある
愛の実体を知る者は
おのずと神とは何かを知るからだ
しかしその逆はあり得ない
神を盲信し続ける人は、愛の実体を知るには至らない
事実、神を盲信する人々は
地球上に憎悪を蔓延させている……
これほどの害悪を及ぼした人々は他にはいない
キリスト教徒、イスラム教徒、ヒンズー教徒——
彼らはすべて、大陰謀の参与者たちだ

彼らは、神について平和について愛について語る
だが、その行動の全貌ときたら
流血の惨事以外の何ものでもない
実に何世紀もの間、それは繰り広げられてきた
実のところどんな罪人も
あなた方が呼ぶところの聖者ほどの罪は犯していない
彼らは直接手を下しはしないものの
人々を挑発し、そうするように仕向けている

まさに、人がもう少しばかり注意深く意識的であったなら
実に馬鹿げた、幼稚で下らぬ事の全体を見てとれるだろう
しかしながらこれは宗教の名のもとに行なわれてきたことだ

それゆえ、私は愛に要点を置いている
愛が生じたら、他のすべてはその後に続く

それについて疑問の余地はない
愛の人は、神との遭遇をそう長くは避けられるものではない
逃げようとしたところで不可能だ
彼は神を発見するだろう
そうなっている、それは必然だ

8

month 8

愛する人は全存在から愛される
存在はただあらゆる方向、あらゆる次元から
私たちに反響しているだけだ
私たちが美しい歌を歌えば
その歌は何千倍もの美しさとなり戻ってきて
私たちの上に降り注ぐ
私たちが与えるものは何でも戻ってくる
人々が惨めなのは、他でもない
彼らが他人に、惨めさや痛みを与えているからだ

自分で蒔いた種は、刈り取る必要がある
一粒でも種を蒔けば
何千もの種を刈り取ることになるのは当然だ
存在は、惨めさとは無縁だ
それは惜しげもなく与えてくれる
だがそうなるのは、あなたの方が先に与えていた場合のみだ
——存在は、あなたが与えたものを何倍にも返してくる
だから、基本的にすべてはあなた次第だ
至福を求めているのなら
すべての人々に、すべてのものに至福を降り注ぎなさい
愛を求めているのなら、愛しなさい
何かを望むのであれば
望んでいるだけでは何の助けにもならない——
それを実行し、具体化しなさい
すると間もなく、あなたは驚くだろう
自分が与えたものは何であれ、必ず自分に返ってくる
それは千倍にもなり、それ以下ではないということに

自分が欲するものは何であれ、与えなさい
それでもあなたが、空っぽになることはない
あなたは満たされるだろう、この上もなく……
自分の想像以上に、自分の夢以上に満たされるだろう

あなたは、自分が手にしているものしか得られない
それはあなたが手にしているものが磁力となり
それと似たものを引き付けるからだ
それはあたかも
飲んだくれが街にやって来た時のような状況だ
間もなく彼は、他の飲んだくれを見つけるだろう
博打打ちが街にやって来たら
直ちに他の博打打ちたちに知れ渡り
泥棒が街にやって来たら、彼は他の泥棒を見つけ出す
そしてもし真理の探求者が街にやって来たら
彼は他の探求者を見出すだろう
私たちが自分の中に創り出すものは何でも
人を引き付ける中核となり
それはある種のエネルギーの場（フィールド）を創り出す
そのエネルギーの場において、物事は起こり始める

だから存在の祝福を得たいのであれば
できるかぎりの至福を創り出すことだ
人は自分にできる、最大限のことを行なうべきだ
すると、その千倍もの至福があなたのものとなる
所有すればするほど、さらに多くのものを受け取るだろう
ひとたび、この秘密が理解されれば
人は内的にはどんどん豊かになっていき
よりいっそう、その喜びは深まっていくだろう
歓喜には終わりがない ――
必要なのは、ただ正しい方向を定め、始めることだ

存在の愛は、すべてに行き渡っている
存在は私たちに無関心ではない
だが、ただ私たちの方が無関心であるために
存在がそう見えてしまうだけだ
存在は、ただ反射する
それは鏡だ
それは私たちに木霊(こだま)している
大声で叫べば、叫び返してくる
存在を歌い上げれば、歌が返ってくる
私たちが何をしようとも
それは千倍もの形となって返ってくる
それは存在のすべての次元から
すべての段階から返されるからだ

存在が無関心のように見えるのは
私たちが愛していないからだ
ひとたびあなたがすべてを
川、山々、星々、人々、動物たちを——愛し始めたら
ひとたび深い愛情に満ちて生を生き始めたら
ひとたび熱烈に思慕し始めたら
全存在があなたに好意を寄せてくるだろう
存在は常に同じもので支払ってくる

存在はまるで意味のないもののように見える
それは私たちが意味を創り出せずにいるからだ
存在が実に鈍く単調なものに見えるのは
私たちがそうだからだ

仏陀の目には、そんな風には写らない
仏陀はかつて、語ったものだ
「私が光明を得た瞬間、存在全体が光明を得た」
そう、私が彼を保証しよう
仏陀が語ったことは、絶対的に真実だ
それはまた私の経験でもある
あなたがどんな状態であろうと
まさにそれがあなたにとっての存在の姿となる

瞑想は、あなたに二つのことを示唆する
あなたの内なる世界に関わる瞑想と、そして存在に関わる愛
瞑想はあなたの中心（センター）とならなくてはならない——
気づき、沈黙と静かな観照だ
そして愛はあなたを取りまくもの
何の理由付けもない思いやりであるべきだ
——心が暖かいことは、本当に美しいことなのだから

中心においては、瞑想的でありなさい
あなたを取りまく部分においては、愛情深くありなさい
するとあなたは全存在が変容する様を
目の当たりにするだろう
それは、同じ存在なのだ
実際、あなたは変わっていく
だがあなたが変わるや否や、あなたとともに全存在も変わる

宗教は、孤立した活動であるべきではない
生からかけ離れたものであるべきではない
それはまさに、あなたの生そのものとなるべきだ
あなたが何をしていようとも——料理、洗濯、庭いじり——
すべては祈りであり、瞑想であり、祝祭なのだ

宗教が生から分離するとき、それは現実逃避となる
宗教が生を意味するとき、それは創造性となる
生を可能な限り、気楽に捉えなさい
気楽に捉えれば捉えるほど、より光明に近づく
気楽に捉えるにつれ、あなたは光に満ち溢れる

12

month 8

平和は、聖なるものだ
それは神からの贈り物だ
そして、神は実に公平だ
あなたが真剣に、心から瞑想に入っていけば報われるだろう
それに関する疑問の余地はない
それは常に、そのように起こってきた
だが、このことは覚えておかねばならない
平和は神からの贈り物だ
私たちが直接手出しできるものではない
だが私たちは、平和が降り立つための正しい状況を
創り出すことはできる

それはまるで、花のようだ
あなたは直接花に働きかけることはできない
だが土壌を用意して種を蒔き
植物が育つのを助け、待つことはできる
適切な時季、適切な瞬間に花々は咲き出す
あなたの努力は報われる
だが花々を種や木の中から引っ張り出すことはできない
あなたはそれが起こるのを、許さなければならない
それらはある未知なる源泉から
ある神秘的な源泉から現れる
だがそれは常に起こる
人は充分、忍耐強くあらねばならない
人は単に自分の仕事をやりとげ
時が熟せば花々が咲くことを信頼する必要がある

それは必ず訪れる
それはイエスにも仏陀にも、モハメッドにも訪れた
それはあなたにもまた、訪れるだろう
神には選り好みはない
神は誰をも、ひいきしたり咎めたりしない
神とは単に、自然の究極の法則を意味する
ただあなたの務めを果たすことだ
すると自然はすぐにも応えてくれる

13

month 8

何の理由もなく、何の動機もなくただ静かに座ることを
人は楽しむようになるべきだ
——静かに座り、ただ呼吸し、在り
鳥たちに耳を傾け、自分の呼吸を観つめることの
飽くことなき喜びだけのために、ただ在ること
ゆっくり、ゆっくりと新しい香りが
あなたの実存から放たれていく
その香りは瞑想であり、瞑想の平静さ、穏やかさ
静寂に他ならない
それは彼方から、贈り物としてやってくる
そして誰かに準備が整い次第
それはいつでも起こる、必然的に

自然は誰に対しても、絶対的に公平だ
受けるに値するのが誰であろうと
その人に値するものをその人は得る
人々が惨めであれば
その人々は惨めさを受け取るに値する者だということだ
だからこそ彼らは受け取るのだ
誰に罪がある訳でもない、誰一人として他者に責任はない——
彼らは自分でそれを獲得した

誰かが至福に満ちていたら、単にその人が
至福を受け取るに値することを意味している
自然は常にあなたに相応したもの
あなたにその用意ができ準備が整い
あなたの受容力に見合ったものを与えるのだ

14
month 8

忍耐は探求者にとっての基本的な資質だ
性急さは探求には障害となる
神に関しては性急になるべきではない
どうしてみたところで、神は永遠の中に生きているのだから
また、急ぐということは
あなたが秒や分や時を数えていることを示す
それは的を得ていない
神を知りたいのであれば真実を知りたいのであれば
永遠なる道を知る必要がある
それが、忍耐が要求されることの理由だ
時間のことなどいっさい忘れなさい
急がないこと、いらいらしないこと、待つことだ
大いなる期待とともに、愛に満ちて待ちなさい
だが決して欲望を抱いてはならない
客の訪れは、いつ何時にも起こりうる
だから喜びに満ちていなさい
だが、まだその気配がなくとも気落ちしないことだ
彼を迎え入れるあらゆる用意をしておきなさい
ずっと用意して待っていなさい
まだその気配がなくとも、それは単にあなたに
まだ用意ができていないというだけのことだ

だから、それについて挫折感を抱くことはない
ただよく周りを見渡して、準備に準備を重ねることだ
あなたの準備が万端に整い、あなたが完全に静かになり
あなたがまるっきりの空になったとき
神は訪れる——即座に神は訪れる！

15

month 8

修道院で静穏に在ることはたやすい
そのような所で静穏になる以外に何ができようか？
だが、その静穏さは死んだものだ
それはむしろ、無気力に近い
無気力な人間にとって禁欲生活を送ることは、いともたやすい
実のところ、他の何を期待できるのだろう？

あらゆる娯楽が満ち溢れる中で
静穏であることのアートを学ぶことができるなら
この世界は大いなる挑戦となる
そのとき初めて、あなたの沈黙は真実で
信頼に値する生きたものとなる
そこに生気に満ちた平穏さがなければ
神の到来は望めない
神とは生だ
死んだ平和など、絶対的に価値はない

だから、世の中に生きなさい
だが世の中のものにはならないように
世間で暮らしなさい
だが世間を、あなたの中に浸入させてはならない
世間を通り抜けていくことだ
だが、影響はされずにいること
それは可能だ
途方もない奇跡だが、それは可能だ
それが可能となったとき
人は初めて歓喜（エクスタシー）とは何かを知る

誰もが皆、平和の人になりたいと願っている
だが単に願望の域に留まるため
人々は平和のために叫び続け
その同じ人間が戦争の準備を始める
同じ人間が平和について語り続け
同じ人間が原子爆弾や水素爆弾を蓄え続ける
すべて同じ人間のしわざだ
それは実に奇妙な現象だ
人間はそうした矛盾の中に生きている
良いこと、美しいことを欲望するのは簡単だが
実現化は完全に異なる問題であるという単純な理由による
あなたは夢に描く
その夢を現実に変えるのは、また別のことだ
誰もが夢を描いている
実に美しい夢だろう
だが夢は夢だ
目を覚ましたとき、その夢はあなたの現実を
微塵も変えていない――現実は何も変わっていない
そして人は分裂していく
神聖さや平和、愛など良いことについて夢を描き
一方で戦争や大量殺人や暴力に向け準備する
真に平和的な人間は、内的変容を通過する必要がある
その時、初めて夢は現実となる
瞑想は、あなたの攻撃的なエネルギーを
平和的なエネルギーに変える錬金術だ
瞑想はあなたの暴力性を愛に変える
両者は異なったものではない
それは同じエネルギーだ

私たちは
エネルギーを持つが
成長していない
それゆえ
私たちのエネルギーは
狂暴になる
瞑想とは
成長のプロセスだ

これまで人類は
厳しく無慈悲であることをとても賞賛してきた
とりわけ男性においては……
何世紀もの間、男性は狂信的愛国主義の雄豚であり続けた！
人類はすべての攻撃性、残酷さ、暴力性
好戦的物事を賞賛し
女性的な物事のすべてを強く非難してきた
大問題が生じたのはそのためだ
その問題は、すべての美しいものは女性的であり
もし女性的なものを強く非難するとすれば
美はこの世界から消え去ってしまうことにある
私たちは美を破壊するために、賢明にもがいてきた
醜いものが美しいものを支配し
強固なものが柔和なものより賞賛されてきた

老子は語った
「岩のように堅くなってはならない
水のように柔軟になりなさい」と
老子は自らの生きる道を、水の道と説いた
そしてこう続けた
「究極的には、柔軟なものは堅固なものをしのぐ
岩はいつの日か、消え去るだろう
水を流れるままにしておきなさい
すると岩は砂へと姿を変えるだろう」
むろん、すぐにはそれが起こるのはわからないだろう
それには時間がかかる
だが、岩には水を破壊することはできない

そのためには少しばかり深い洞察——
——より先まで見抜く力、より大きな展望が必要だ——

ところが私たちは実に近視眼的だ
ただそこまでしか見ていない
この近視眼のために
通常、水ではなく岩の方を択んだ方がいいように思えてしまう
永遠の正しい展望に立ち
真の実体(リアリティ)をまのあたりにした人々は
全面的に異なる何かを語る
柔和なものを贈り物とすることだ

優しさはもっとも神聖な質のひとつだ
優しくあるための第一の必要条件は
自我（エゴ）を落とすことにあるのだから――
自我は決して優しくなれない
自我は常に攻撃的だ
優しくはなりえない
謙虚になることなどもってのほかだ
自我にとって、それは不可能だ
自我が謙虚になるとすれば
自らのもくろみのすべてを粉々に砕いてしまうことになる
だから、優しさは存在へと続く道だ

人は岩のようであるより
むしろ水のようにあるべきだ
そして常に覚えておきなさい
長い目でみれば
水は岩をしのぐということを

19

month 8

あなたの生き方が
慈悲に満ちたものとなれば
それはまさしく証しとなる
あなたが内なる変容をくぐり抜け
すべての緊張が消え去り
今やそこに絶対的な平穏、絶対的な沈黙
絶対的な平和があることの具体的な証となる
あなたは我が家に辿り着いた
慈悲こそが象徴、基準だ
それはあなたの実存の
最奥の核で起こったことの表明となる

瞑想は内側で起こり
慈悲はその外側へ表れた表明だ
誰も他人の瞑想状態を
見ることはできない
だが瞑想的な人を取りまいている慈悲や愛は
誰の目にも見えるものだ
そういう人は愛そのものに
慈悲そのものになる
瞑想に深く入って行きなさい
すると慈悲へと至るだろう
それこそが生の、究極の真実だ

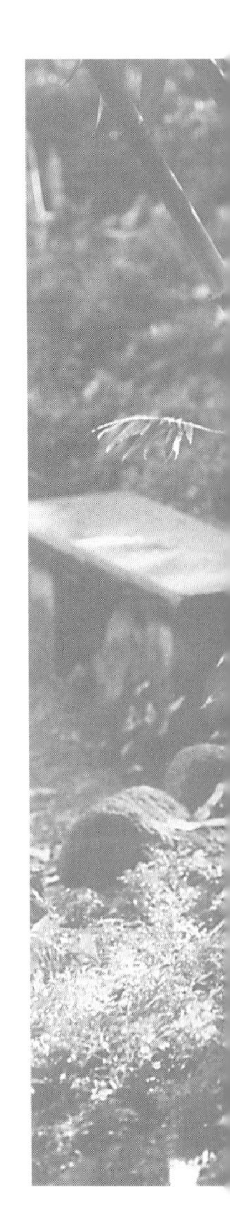

もっとより深く
沈黙にあることを学びなさい
よりさらに
静穏であることを学びなさい
沈黙と静穏を楽しみなさい
それらは究極の来客を
迎えるための基本的な準備だ
深遠なる沈黙のうちに在るとき
あなたには
神聖なるものを迎え入れる
主(あるじ)になる可能性がある

21

month 8

あなたの宗教は恐れからではなく
愛から生ずるものでなくてはならない
地獄を恐れないことだ——地獄というものは存在しない
存在した試しなど一度もない
それは人々を利用するための、聖職者による作り話だ
そうやって聖職者たちは人々を
何世紀にも渡って利用し続けてきた
そしてまた、天国というものも存在しない……
そう、ある種の地獄と天国はある
だがそれは、心理的なあなたの内側にあるものだ
どこか地の底の方だとか、天空の上だとかいった
ある場所に関わるものではない
それは地理学上の問題ではない
天国や地獄といった考えは、落としてしまいなさい——
宗教はその手のナンセンスとはいっさい関係がない
神を人格として捉える考えも、落としてしまいなさい
神を父と呼ぶことは、単にあなたの恐怖をかき立てるだけだ
どの子供もまさに物心ついた頃から、父親を恐れてきたからだ
一個の人格としての神など存在しない
天国にはどんな超(スーパー)父親も存在しない
神とは単に、存在全体を意味している
それは、生のもうひとつの名前だ
生を愛しなさい、生に身を捧げなさい
可能な限り生を十全に生きなさい、何ひとつ隠しだてなく
トータルに、あなた自身を生に差し出しなさい
すると、無上の喜びが湧き起こる
至福には始まりはあっても、終わりはない

あなたが内側に足を踏み入れようとも
すでにそこに至った人々が
誰かのために足跡を残しておくようなことはない
それは不可能だ
あらゆる人々の内側の領域はあまりに多種多様に異なるため
仏陀の足跡ですら、あなたの助けとなることはない
それに、文字どおり仏陀の足跡を辿ったところで
決してあなた自身を発見することはない

イエスの足跡を示した地図も、あなたの助けにはならない
文字どおりそれを追っていくことは不可能だ
だが、実に間接的な方法でならあなたを助けることはできる
内側のある確かな何かに、気づかせることができる
だが、実に漠然とした意味合いでだ
それはあなたに、次のような確信を与える
「そうだ、内なる世界は存在する
そのことに疑問の余地はない
あれほど多くの賢者が嘘をつけるものではない
仏陀、イエス、ツァラトゥストラ、老子
マハヴィーラ、クリシュナ、モハメッド——
そうした美しい人々に嘘がつけるだろうか
彼らが陰謀を巡らしているはずがない
いったい何のために？
彼らは全く別々に存在していた、異なる時代、異なる国々に
にもかかわらず、彼らは全員ほとんど同じ言語を語っている」
しかしあなたが、それを正確になぞっていくのは不可能だ

仏陀の内なる領域は
あなたの内側の領域とは異なるのだから
どの個人にも独自性がある
極めて独自なものであるがゆえに
自分自身を発見できるのはあなたしかいない
だからこそ桁はずれの勇気が必要となる

これは生における最大の冒険となる
この冒険に挑んでいる人たちは、大いなる恵みを受けている

生は音楽であり、マインドは騒音だ
そうだ、その騒々しいマインドのせいで
私たちは生の音楽を逃している
マインドとその騒音を止めない限り
生の美しい音楽を知ることは決してないだろう

何かを達成しようとするマインドが止むとき
そこには至福がある
達成しようとするマインドが働いているとき、至福は消え去る
それはあらゆる宗教、あらゆる神秘主義の秘密の全容だ
もしあなたにこの簡潔な秘密が理解できたら
生にそれ以上理解すべきことは何もない
それで充分だ――これこそマスターキーだ

24

month 8

音楽は、神性なる体験に酷似している
神性は存在の究極の音楽なのだから
音楽は宇宙に存在するハーモニーの別の名だ
私たちが音楽と呼ぶものは、そのほんのひとしずくにすぎない
だがそのひとしずくにでさえ
海の秘密のすべてが含まれている

それが音楽の魅惑的なところだ
音楽はあなたの中に瞑想を解き放ち
封印されていた輝きを解き放つ
しばし監獄のあらゆる壁は消え去り
あなたは別世界の住人となる
しばしあなたは時間と空間を超越する
無限なるもの、束縛なきものとなる
それは、始まり——
決して終わることのない旅の始まりだ

音楽は、深い瞑想から生まれた
音楽は、深い瞑想においてあなたの内側に起こった同じ状況を
外側に創り出す努力が実を結んだものだ
真の瞑想者が、真の音楽家でもあるのはそのためだ
彼は演奏するかもしれないし、しないかもしれない
作曲するかもしれないし、しないかもしれない
だが彼は秘密を知っている
彼は黄金の鍵を手にしている
また真の音楽家は、遅かれ早かれ必ず瞑想に出くわす
それを長いこと回避することはできない

それは不可能だ
外側のものは内側を刺激し
深い眠りの中にある内なる音楽に挑んでいくからだ
その同じ音楽は、全存在の中にも隠されている
だから私は音楽を
存在におけるこの上なく神聖な現象のひとつと見なすのだ

25

month 8

瞑想は音楽だ、究極の音楽だ
音なき音楽、沈黙の音楽だ
それは私たちが音を通じて創り出し得る
どんな音楽よりも、遥かに豊かで遥かに深い
というのも、音というものはつまるところ障害だからだ
その障害を魅力的なものにすることもできよう
だが、それが障害であることに変わりはない

沈黙とは、そこにどんな障害も何の混乱もないことだ
だがその言葉なき、音なき状態の中には
至高の音楽、至上のハーモニーがある
瞑想はあなたを、沈黙の境地へと導く
沈黙を知らぬかぎり
自分のハートで眠り続けているものに気づくことはない
彼は自分自身の王国、自分自身の豊かさ
自分自身の宝に気づかぬままでいる
ただ内側に入っていくだけで
いつ何時でも皇帝になれる可能性を持ちながらも
依然として物乞いのままでいる
科学はさながら錬金術のようだ

ひとたび音の障壁を突き破り、ひとたび音の障壁を乗り越え
あなたの実存の核そのものに到達した時には
あなたは存在の、まさに中心に辿り着いている
それを耳にした人々は、その音楽を様々な名で呼んでいる
そのひとつが神だ

神は哲学ではなく、むしろ音楽に近い
神は神学ではなく、むしろ詩に近く
神は仮説ではなく、むしろ踊りのようだ
そうした方向に神を探し始めなさい
するとあなたは正しい方向に向かっていき
我家へ辿り着くだろう

外側の世界においても、内なる世界においても
音楽についていきなさい
どんな寺院に行く必要もない、音楽で充分だ
存在の音楽を聴くことを学びなさい
松の木々を通り抜ける風や、水の音
そして踊り戯れる海に耳を傾けなさい
注意深く耳を澄まし、無心の状態で何も考えずに聴きなさい
それはあなたの実存の、まさに核心にまで貫いていく
すると驚くことだろう
聖書にも、ギータにも与えることのできなかったものを
音楽が与えてくれることに、驚愕するだろう

27

month 8

瞑想なき人間は、そのハートにどんな歌もなければ
その実存に何の詩も、何の祝祭もない人間だ
その人の春はいまだ訪れておらず
花々はいまだに待ちわびており
まだ花として現れていない
彼はまだ花開いてもいなければ、その芳香も放たれてはいない
まるで種のようだ
自分自身の殻に閉じこもっている——目覚めることなく
自分が何になることができ、自分が何であるのかに
全く気づいていない
そして何の喜びも、何の至福も
何のダンスもない、ありきたりの生を送り続ける
その足どりは重く、その生はあたかも重荷のようだ
彼はどうにかして、それを引きずっている
実のところ、死は救済のように見受けられる
遅かれ早かれすべては終わり
人は墓の中で休息をとる

生とは学校だ
私たちは何かを学ぶためにここにいる
もっとも大事なことは
どうやって歌い、どうやって踊り
どうやって喜びに満ちるかを
学ぶことにかかっている
そしてすべては、瞑想を通して可能となる

瞑想はあなたの中のエネルギーのすべてを解き放つ
すると何千もの花々が
あなたの実存の中で開き始める
そうなると天国は、もはや死後のものではない
天国は今、ここに在る
そして天国が、今ここに在る時にのみ
初めて、真実は存在する

28
month 8

真理への第一歩は快活さ
内深くから起こる踊り(ダンス)だ
その踊りを妨げるものはすべて、落とさなくてはならない
その生が祝祭となることを妨げるものはすべて
落とさなくてはならない
私たちは皆、至福に反する様々な条件付けを持ち歩いている

実際、宗教はほとんど深刻さと同意語となっている
宗教的人間は、実に悲しげに見える
あたかも、笑うことが罪であるかのようだ
彼らには歌うこともできなければ踊ることもできず
また何ひとつ楽しむことができない
生に背を向けている
それは真理を探求する道ではない

生を愛しなさい
日常の小さな出来事を愛しなさい
ほんのちょっとした物事を
食べること、歩くこと、寝ること——
生のごくありきたりの営みを、歓喜へと変容する必要がある
日常の物事は、そのすべてが踊りとなるほどの
喜びとともになされるべきだ
そうすれば、真理はそう遠いこともない
一瞬毎に、どんどん真理は近づいてくる
あなたの至福が十全(トータル)となる、まさにその瞬間
真理があなたの上に降り注ぐ
そして真理は解き放たれる

人が、笑いとなり愛となることができたら
他にどんな祈りも必要ではなくなる
その人は、すでに聖なるものになった
神になったという悲しげな人など私は見たこともない

神へと向かう唯一の道は、踊りの道だ
だから、踊り、歌い、祝い、喜ぶことを学びなさい
するといたるところに、神を見出すだろう
ひとつひとつの経験が神聖なものとなり
ごく普通の物事が並外れたものへと変わる
世俗的なものは、神聖なるものの中に消え去ってゆく
生全体が神に満ち
神は、遥か天空のどこかにいるどころのものではなくなる
どこにいようと、あなたは神に包まれている
あなたはいついかなる時にも、聖なる大地を歩いている
石のひとつひとつが聖なる言葉を秘め
岩のひとつひとつが聖典となる
あなたに必要なのはただ
見るため、感じるため、在るためのハート
湧き踊るハートしかない！

30

month 8

私はこの世界と生を、途方もなく愛している
だから私のサニヤシンたちに
生の最愛の人になるよう教えているのだ
風と踊り、雨の中に踊り、木々と踊りなさい
じきにあなたは、宗教が聖典にはなく
存在全体に広がっていることに驚くだろう
その一瞥を得るのは虹からかもしれないし
その経験を得るのは、孔雀の踊りや
彼方にさえずるカッコウの声
あるいは誰かが奏でるフルートからかもしれない

宗教は死んだようなものではない
宗教はとても生き生きとしたものだ
だからそれと繋がりを持つために
精気に満ちている必要がある
惨めさの中にあれば、死んだように生き
無上の喜びの中にあれば、あなたはさらに生気に満ちていく
あなたの至福が頂点に、絶頂に達するとき
あなたは存在と触れ合う
そしてその接触はあなたに、生が単なる出来事ではなく
それ以上の何かであるという証明を与える
それは定義不可能だ
それを、X・Y・Z、だの、光明だの、道(タオ)だの
真理だの、神性さだのと呼ぶことはできる
だが、それらは何かを指し示す言葉にすぎない
その実体は、どんな言葉をもってしても言いようがない

私の展望(ヴィジョン)のすべては
踊り、歌い、愛し、笑っている人類にある
私は地球全体を、笑いや、音楽、詩や、絵や
よりいっそうの繊細さで満たしたい
そして人はより繊細に、創造的になればなるほど
より宗教的になる
より創造的になるほどより創造主に近くなる、明らかに
だから生をお祝いしなさい——忘れないように
それはあなたに贈る、私からのメッセージだ！

month 9

踊りながら神のもとへ

DANCE YOUR WAY TO GOD

1
month 9

智恵とは歌のことだ
それは深刻なものではなく、遊びに満ちたものだ
それは悲しみではなく、お祝いに満ちたものだ
だから智恵が歌とならぬかぎり、それは真実ではない
それは知識にすぎない、単なる知識だ
知識を智恵のように見せかけているだけだ
だが真実の智恵は、唯一瞑想から生じる
また真実の智恵は歌にもなれるもの
究極的に歌となるものであり、その他に道はない

生は祝われるべきもの
十全(トータル)に生きるべきものだ
神はこの生を創造した
神は苦行者には見えない
さもなければこれらの花々や虹や蝶が存在するかね
——何のために?

神は苦行者ではない
——このことについては一片の疑いの余地もない
神は愛であり、創造者、詩人、歌い手、ダンサーだ
神はまた完全主義者でもない
神は成長を、そして探求を愛する
神は自分自身を発見し続ける人々を愛する
神は自発的に成長していく人々に
途方もなく興味を持っている
神は時には、人々が道に迷うことも受け入れる
さもなければ成長は不可能だ
また神は、人々が間違いを犯すことも受け入れる
間違わずに学べた者など、一人として存在しない

神は聖者ではない——その事だけは確かだ
もし神が存在するとしたら
何か、私のサニヤシンのようになるだろう
そう、すっかり存在、生と恋に落ちてしまっている……
さもなければ、神はこの生を創造していなかったはずだ
あなたは新しい類の宗教性を学ぶ必要がある
歌い、踊り、祝うことのできる宗教性を

3

month 9

祝祭に満ちている生は、神へと通じている
神のところへは、踊って行きなさい
神のところへは、笑って行きなさい
神のところへは、歌って行きなさい！
そう、神はそろそろ深刻な聖者たちには
嫌気がさしているに違いない
何世紀もの間、あの愚かな聖者たちときたら……
もしくは神は自殺してしまっているに違いない
そんな聖者たちの一部始終を目の当たりにして――
私は彼らのものはたとえ写真であろうと
部屋に置くことはできない――
あるいは神は気が狂ってしまっているか
逃げ出してしまっているかもわからない

あなたに生が見てとれるなら
この生が神の創造物であり、神の顕現であるとするなら
神とは踊っている神だろう
花々と芳香に満ち溢れ、歌のとだえることのない――
創造性に溢れ繊細で――音楽に満たされている神だろう……
この生が何かの証しであるとすれば――
この生以外に証しとなるものは存在しないのだが――
神が深刻であるはずがない

瞑想はあなたを無上の音楽に目覚めさせる――
外側の音楽と、内なる音楽に
音楽はそこにある
それなのに私たちは注意が足りず、目覚めていない
それゆえ、それを逃し続けている
全存在は、音楽以外の何物でもない
その音楽こそは、神秘家から“神”と呼ばれているものだ

神とはある人格ではなく
存在の究極のハーモニー、まさにオーケストラだ
あらゆるものがその周りのすべてと同調している
木々は大地と同調し、大地は風と同調し……
それは果てしなく続いていく
そこにはどんな階層制度もない
たとえごくちっぽけな草の切れ端にも
宇宙最大の星と同じほどの重要性がある
そのどちらもが存在のオーケストラを創りあげているもの
そのオーケストラを、より高くより豊かにしているものだ

私たちには存在に捧げられるものなど、何もない
だが、歌い、踊り、様々な美しい楽器で
演奏することはできる
私たちは生のすべてを歌に踊りに
そして祝祭へと変容できる——
それこそは、
存在へ向けた紛れもないたった一つの贈り物だ
木々から花々を摘み、存在に捧げることなど馬鹿げている
その花々は木のものであり、
あなたのものではないというのに
それどころかそれらはすでに
木々から存在へと捧げられたものだ
花々は木々の許で息づいていたのに
あなたは花を殺し、その美しさを破壊してしまった
あなたは存在に向けて死骸を捧げている

あなたには、イエスの言葉を存在に贈ることはできない
それはイエスの言葉、イエスの歌だ
美しくはあるが、借り物にすぎない
それはあなた自身のハートから湧いてきたものではない
そこからあなたの心臓の鼓動は聞こえず
あなたの印も刻まれてはいない
クリシュナや仏陀の美しい歌をどれほど捧げたところで
すべては借り物にすぎない
私の存在へ向けての基本的なアプローチはこうだ
いかなる人にも
その意識を満開の花咲く樹木へと成長させる必要がある

どの個人もそれぞれの形で
開花すべきだ
むろん人間の花は
木々の花とは違っている
バラや蓮やマリーゴールドの
ようなものではない
人間の花は
愛の、自由の、喜びの花
もっとさらに質の高いものだ
私はそれを歌と呼ぶ

歌い手が自己を
その歌の中に失うとき
まさにその瞬間
その歌を存在に捧げたことになる
ダンサーが踊りの最中に
おのれを失うとき
その踊りを存在に捧げたことになる
そしてあなたの喜び、愛、
存在への歌を捧げ始めると
捧げれば捧げるほど
より多くのものがあなたに
降り注がれていることに
気づき、驚くだろう
それは百万倍にもなって
あなたへと返ってくる

6

month 9

すべては深い調和のもとに流れ続けている
だが人はそれに気づくことがない
その無自覚は惨めな状態を引き起こし
自分の捏造した悪夢に悩まされ始める
だが気づきさえすれば、生は祝祭だ
それは絶え間なき祝祭、祝祭に次ぐ祝祭
終わりなきお祭りだ
私たちはただ、それに耳を傾けられるよう
もう少しばかり静かになる必要がある
そして完全に沈黙した時
ただ静かであるだけでなく、沈黙そのものになるとき――
私たちは消え去り、この全宇宙のハーモニーの一部となる
それは人類と存在との邂逅
部分と全体との邂逅なのだ

ある意味では人は消え去り溶解する――
自我（エゴ）として人格として――
だが人は全体となる
そう別の意味では、初めて人は在るようになる
雫は消え去り、海となった
雫は敗北したわけではない
何も失われてはいない
ただとるに足らない境界線が失われるにすぎない
それは固守するに値しない
実際、それはすべてのごたごた――
恐れやおののきを創り出している

昇った太陽は消え、死んでゆくといった
途絶えることのない恐れやおののきをだ

実のところあらゆる境界線は死から来るものであり
私たちは死によって限定されている
自己の境界を失った瞬間
死もまた消滅する
そうして人は永遠で無限なるものになる
あなたが段々と常にそこにある素晴らしい音楽に
より気づくようになっているのなら
瞑想がうまくいっているのだと覚えておきなさい――
それに必要なのは交感できる耳だけだ
瞑想はそういう耳、そういうハートを創り出す

7

month 9

私たちの生は、生と呼ぶに値するものではない
生が始まるのはあなたが死を越える次元において
動き始めた時だけだ
だからこそ、瞑想はある
瞑想は、死の向こう側へ行くための方策、智恵、はしごだ
彼方なるものの一瞥があれば、それで充分だ
そうなればあなたはただ、肉体のみが死に至り
あなたが死ぬのではないことを知るだろう
また、ただ肉体のみが誕生し
あなたが生まれてはいないことを知る
あなたは生まれる以前からここにおり
死の後にもここにいることだろう
あなたは永遠なるものの一部だ

ひとたびこのことを経験したなら、生は至福となる
そしてその至福の中で、人は存在からの恵みを感じる
そうして、自然とひとりでに感謝の念が湧き起こる
私はそれを祈りと呼ぶ
それ以外の祈りなど、すべて偽りにすぎない

真の祈りは、至福と祝福を経験して初めて湧き起こる
自然とあなたは感謝に満ち、存在に平伏せずにはいられない
どれほどの贈り物が与えられ続けてきたかをあなたは知る——
それを求めたこともなければ
それを受け取るに値する訳でもないにもかかわらず
それだけの価値のある者など誰もいない
だが、存在はその豊かさゆえに与えるのだ

祈りは花のようだ
至福とは花咲き乱れる春のようだ
花開くとき、そこには芳香が漂う
封印されていた芳香が放たれる
何の努力もなしに、ごく自然に自発的に祈りが溢れ始め
特別な理由なしに、ただただ感謝に満ちているのなら
ただ在るだけでも
一瞬ただ存在しているだけでも、充ち足りるものだ——

その芳香に到達することは生の絶頂
クライマックスに達することだ
そこには成就が、途方もない満足がある
その人は我が家に辿り着いたのだ

ウパニシャッドのいにしえの予言者たちは
美しい祈りを捧げていた
それはこれまで捧げられた祈りの中でも
もっとも美しいもののひとつだ
その祈りは、タマソ・マ・ジョティルガマヤー
“おお　我が主よ　我を闇から光へと導き賜え”
アスト・マ・サドゥ・ガマヤー
“おお　我が主よ　我を偽りから真実へと導き賜え”
ムルティョ・マ・アムリッタ・ガマヤー
“おお　我が主よ　我を死から不死へと導き賜え”
これは美しい祈りだ
もっとも美しい祈りだ
だが五千年が過ぎ去った
今となっては、それは少しばかり改善の余地があるようだ

私なら「我を闇から光へと導き賜え」とは言わない
そもそも暗闇というものは、存在していないのだから
私はこう言うだろう
「私を光からさらなる光へと導いて下さい」と
私は
「我を偽りから真実へと導き賜え」とは言わないだろう
偽りなど存在していないのだから
私はこう言うだろう
「私を真実からさらなる真実へと導いて下さい」と
私は「我を死から不死へと導き賜え」とは言わないだろう
死というものは存在していないのだから
私はこう言うだろう

「私を不死から さらなる不死へと導いて下さい
生からさらに豊かなる生へ
完全さから、さらなる完全さへと導いて下さい」と
もしそれが可能ならば……

私たちは、普通完全さとは終焉を意味すると考える
だが私はそうは思わない
完全さはさらに完全なものになり得る
完全さはよりさらなる完全さへと向かい続ける
それぞれの段階において完全ではある
だがそれでも尚
その完全さはそこで行き詰まってはいない
それにはまだ先がある
それは常に、より豊かなものになる可能性をはらんでいる
新しい歌、新しい踊り、新しい祝祭によって
どんな時にもより彩り豊かなものになりうる
発展にはいかなる終焉もない

10

month 9

世の中にはただ二種類の人間しかいない
常により多くのものを求め続け
決して今あるものを楽しめない人々がいる
欲しがっていたものを手にしたところで
依然としてそれ以上のものを求めてくるだろう
彼らには、楽しもうとする気持ちがない
彼らは楽しみを全生涯に渡り、後回しにし続ける
その生涯は、ただ長く延期された生にすぎない
楽しみは常に明日のことだ
今日のところは働かなくてはならない
今日のところは稼がなくてはならない
くつろぎ楽しむのは明日だ
だが、明日というものは決して訪れない
あるのは常に今日だ
そのため彼らは生きてはいても
何が生なのかを知ることはない

二番目の種類の人間は
自分が手に入れているものを楽しむ人々のことだ
より多くのものを得ることに気がいくこともない
すると奇跡的なことに
日一日とより楽しめるようになる
楽しめる能力が増していくのだ
彼らは絶え間なくそれに磨きをかけていく
毎瞬毎瞬を、彼らは楽しんでいる
楽しむことにより長けていき
喜ぶことにかけてはプロになる
楽しみのちょっとした感覚にも、非常に繊細になる
彼らの感覚のすべては活性化し
彼らは途方もなく知性的になる

そしてこの知性、気づき、繊細さから次の瞬間が誕生する
むろん彼らはこの瞬間にも増して、次の瞬間を楽しむだろう
彼らの生は、絶え間なく深まっていく
それは彼らが深みへと向かい続けているからだ

人間は神となる可能性のすべてを持って生まれて来る
だがエネルギーを手つかずのまま
ただ閉じ込めているがゆえにただの動物に留まっている
決して、その生(なま)のエネルギーを
洗練された形に変えるよう試みようとしない
それらは変容できる
怒りは慈悲になり得る——ただ瞑想を経る必要はあるが——
強欲は分かち合いとなり
劣情は愛となり、愛は祈りとなり得る
だが人々は、梯子の最下段で生きている
生まれたそのままの所で生きている
決して、自分自身を可能性を秘めた人間とは見なさない
私たちは、生を是認されたものと見なしている
あたかも私たちが
すでに申し分のない、理想的な人間であるかのように
そうではない
私たちは完全となる素質と
頂点に昇り詰めるあらゆる可能性を持って生まれてきた
だが、その可能性は潜在しているものだ
それは現実化される必要がある
しかしながらそれを現実化するには
ある種の方法論が必要となる

ある種の科学が必要となる
それは瞑想の科学だ
その科学には何の複雑さもない
実に簡潔だ

だが時として私たちは
生においてもっとも簡潔な物事を見逃し続ける
常に遠方にばかり目を向けているがために
明白な真実を見逃す
人は常に距離のあるもの、遠くにあるものに引き付けられる
身近にあるものは、そこにあるまま放っておかれる

ひとたび内側へと向かい始めたなら、あなたは驚愕するだろう
簡潔な現象でありながら、それは途方もない美しさを持ち
比類のない大いなる喜びがあり、開花があることに
こんなにも長い間見逃し続けてきたのは
いったいどうしたわけだね？
あなたは自分自身にも説明がつかないだろう
なぜ、どうやって、そんなにも長い間待っていられたのか
その体験はあなたの全存在を
黄金へと変容できるほどのものだ

12

month 9

ひとたび瞑想の世界に足を踏み入れると
あなたの視界（ヴィジョン）やあなたの展望は直ちに変貌を遂げる
あなたは自分が偶然にここにいるわけではなく
存在における、ある必要を遂行するため
ここにいることを感じ始める

あなたの背後には存在そのものがある
それは常にそこにある
それはあなたの思考、あなたのマインド
あなたの自我（エゴ）が完全に消えた
深い沈黙の中でのみ発見できるものだ
その明晰さのもとにすべての雲は消え失せ
太陽が姿を現し
その光の中で生は直ちに変貌を遂げる
生は意義と重要性を帯び始め
その重要性とともに喜びと至福が到来する

ちょうどあらゆる樹木が大地に根を下ろすように
あらゆる意識が神に根ざしている
神とは究極の意識を意味する
そして瞑想はあなたを、実存のまさに源泉へと導く架け橋だ
ひとたび源泉に在ることの喜びを味わってしまえば
生におけるその他のいっさいの物事が無意味なものとなる
日常の生活を続けられたとしても
それはすべて演技、素晴らしいドラマとなる
可能なかぎり美しく演じなさい
だがあなたは
もう自分がそのドラマの一部ではないことを知っている
それは単なる役どころだ
あなたの本質ではない
ひとたび窓が開け放たれたなら、あなたは変容する
それこそは、サニヤスの目的のすべてだ
窓を開け放つことは、自分が神聖な存在であることを
真に知ることができるようにするために他ならない

14

month 9

人間の内側を探求していくと
人間というものが
ただの否定、ノーの累積にすぎないことに気づくだろう
否定、否定、否定に次ぐ否定だ
深く掘り下げて行くにつれ、さらに多くの否定
しかもそれが拡大しているのがわかるだろう
肯定、イエスを見つけ出すことはごくまれにしかない
たとえ発見されたところで
麻痺させられ無力にされてしまうだろう
哀れなイエスは殺される
それも群衆の殺到の下敷きになって！
たとえどこかの片隅で生き残れたにしろ
まるで生気がなく、ほとんど死にかけているだろう

生は完全に肯定的なものになりうる
だが私たちはまず、すべてのパターンを変える必要がある
否定のすべては溶解し、肯定に生まれ変わる
それはあなた方が考えているほど難しいものではない
確かにそれは不可能ではない
それは多くの人々に起こっていることだ
仏陀やツァラトゥストラやイエス
ピタゴラスやディオニソスや老子に起こっていることだ
地球上のいたるところで
多くの人々に起こっていることであり
あなたにも起こりうるものだ
それは誰にでも起こりうるはずだ
実のところ私たちは、それを起こらしめるためにここにいる

そしてそれこそが私の言う
凡庸な生活様式（ライフ・スタイル）から詩的な生活様式への移行
数学から音楽への移行だ
そうして生は歌となり
途方もないエクスタシーとなる

私は哀しみの宗教を説く気はない
私はそうしたすべてのサド・マゾ的宗教に反対する
私は全く新しい種類の宗教を教える
それは恐れにではなく、愛に根ざしている
未来にではなく、現在に根ざしている
論理にではなく、愛に根ざすものだ

15

month 9

人は否定的に生きることもできれば
肯定的に生きることもできる
自己の生を否定的に生きるなら
あなたは戦士となり、
絶え間のない戦いの中にあるだろう
そういう生はただのもがき、戦争にすぎず
あなたは他者全員と戦うことになる
むろんそれは勝ち目のない戦いだ
敗北は初めから決まっている
人が全体に勝てるはずがない

その考えそのものが馬鹿げている
だがそれは自我（エゴ）にはアピールする
自我は常にノーと言いたがる
否定・ノーは自我にとっての滋養となる
肯定・イエスは創造的であり、創造者の道だ
恋人たちの道だ
イエスは明け渡しを意味する
ノーが戦いを意味するのであれば
イエスとは明け渡しのことだ
信頼の中で全体に明け渡すことだ——ひとりの友人として
そこには戦いの必要性など全くないのだから——
生と存在を信頼することだ

イエスと答えることを学びなさい
肯定的であることを学びなさい
十全（トータル）に肯定的でありなさい
何も抑えつけてはならない
そのイエスにどんな条件をも設けてはならない
するとあなたは驚くだろう
生は一足飛びに飛躍的に成長し始める
生は、人には想像もできぬほどの
輝き、美しさ、優雅さを帯び始める

生は果てしない歓喜（エクスタシー）になりえる
あなたに求められていることは
あなたの扉と窓を開けることだけだ
風に太陽に月に雨に、そして全体に対してイエスと言うことだ

16

month 9

通常、人々は閉鎖的な生を送る
彼らはハートの扉や窓を開くことがない
彼らは恐れの中に生きる
身を潜め、常に未知なるものを恐れている
太陽や雨や風が自己の実存に入ってくるのを許さない
だが、バラの鉢植えを部屋に置いたまま
すべての窓と扉を閉じてしまったなら
風も雨も太陽もいっさい薔薇に届かなくなってしまう
それではバラの生存はとても望めはしない
じきに枯れてしまうだろう
それが人間の現状なのだ――
ほとんど死にかけている
彼らは死も同然の生を送っている
何とか、どうにかこうにか生きているだけだ

真に生きるためには
人は生のすべてに対して開いていかねばならない
人はすべての恐れを落とし
オープンで感じやすくあらねばならない
ひとつだけ、懸念すべき点がある
恐れだ、それ以外に恐れるものは何もない
なぜなら恐れはあなたを無力にし、殺してしまうからだ
あらゆる恐れを物ともせず
未知なるものへと足を踏み入れるやいなや
あなたの生は多くの新しい物事を発見し始める
それはあなたが一度も気づかなかったような事の連続となる

冒険が深みを増すごとに
感動や歓喜（エクスタシー）もまた深みを増すからだ

未知なるものへと突き進んでいくにつれ
直面し立ち向かっていくべき様々な挑戦があり
おのずとあなたはより目覚め
より注意深く、より意識的になっていく
そうならざるを得ないのだ
それは刃の上を歩くようなもの
どうやってだらだらと寝ぼけたような状態で
いられるというのかね？

あなたは油断なく目覚めている必要がある
それは危険なのだ
そして危険がある時には、いつでもあなたの知性は敏感になる
知性が敏感なときには、歓喜（エクスタシー）はこの上もなく素晴らしい
一瞬一瞬が感動に溢れている
冒険、歓喜、高潔さ、危険、脅威
知性、気づきといったものの中でのみ
内なる実存は開け放たれ、蕾は花開く

17
month 9

未知なるものを恐れなければ
それはすぐにもあなたの扉を叩く
もしあなたが恐れていれば、それはあなたの邪魔はしない
神は決して誰の生をも邪魔しない
神は自らの創造性を愛するからだ
だからこそ、どんな人にも完全な自由を与えている
たとえ神に逆らおうとも――それも自由の一部だ
神に対して扉を閉ざそうとも、それも自由の一部だ
神を否定しようと――それも自由の一部だ
だが自由をそのように否定的に使うのは馬鹿げている
自由を肯定的に使うことだ
自由を、未知なる客人を迎え入れるために使いなさい
信頼や愛、至福を創り出すために使いなさい
そうすれば、神はあなたの中へと浸透していく

そしてあなたという実存と実存全体との出会いは
光の始まり、永遠なる生の始まり、不死なるものの始まりだ
それは誰もが意識的に、あるいは知らず知らずのうちに
探し求めているものだ
誰もが不滅なものを知りたがっている
それは誰にも奪えない

誰もが光の許に来ることを求めている
誰もが見る目を求め、誰もが明晰な洞察を求めている
だが人々は自らの直感を全く妨げ、洞察力を鈍らせ
その実存をぶち壊すことばかりやり続けている

古いものを選択すれば惨めさを選択することになり
新しいものを選択すれば至福を選択したことになる
このことを、手がかりとしなさい
常に新しいもの、未知なるもの、危険なもの
不確かなものを選択しなさい
というのも、そうした危険を犯してのみ人は成長するからだ
成長し成熟していくことこそ、至福に他ならない

ほんの一瞬でさえ、古いものにしがみついてはならない
どんなものであれ、古いものはどんどん落としていくことだ
古くなるや否やさっさとけりをつけ
きっぱりと縁を切ってしまうことだ
決して振り返ってはならない
振り返ることに何の価値もない
振り返ることなどできない人は前方を見るしかない
常に前方だ
そして冒険に満ちていることだ

それはまるで山を初制覇（せいは）するようなもの——
危険なのは確実だ
何しろ、いまだかつて誰も登頂したことがないのだから
山頂をめざし、あなた自身の道を切り開いてゆかねばならない
むろんそこには多くの危険がある
だが、危険は常に美しい
なぜなら危険を通じて私たちは油断なく覚醒し
意識的になるからだ

危険や危機、不確実さは、あなたに覚醒を与える
そして、覚醒こそもっとも価値あるものだ
というのも、覚醒を通して他のすべてが入り込むからだ
愛、楽しみ、神聖さ、真実、解放が——

危険のもつもっとも美しい質は
それがあなたに油断のなさ、気づきを与えることだ
そのため、前人未踏の高峰に地図なしで登っていく人々は
実のところ覚醒（アウェアネス）を求めている
彼らは自分たちが何を探求しているのかに気づいていない
北極や南極へ行く人々
ありとあらゆる危険を背負いながらも月まで行った人々は
自分たちの探求が実は何のためなのかに気づいてはいない
彼らは覚醒を求めている
だが意識的にではない

瞑想者はそれを意識的に行なう
ヒマラヤの頂上や月に向かう必要はない
あなたの内側には遥かに高い頂があり
より遠く、遥かに意味深い星々が存在しているからだ
大空のすべてがそこにあり
宇宙のすべてがそこにある
だがそれは、月やエベレストに向かうよりも遥かに危険を伴う
最大にして最高の危機、もっとも危険な空間が内側にはある
そのためあえて挑戦するのは、極めて少数の人々に限られる
その内なる孤峰から落下すると
これまでに味わったこともないような深淵にまで陥ってしまう

だがこれまで誰一人として、その孤峰から落下した者はいない
その理由は簡明だ
より高みへと登っていくにつれ
あなたはより用心深く、より意識的になるためだ

あなたは鋭い刃ほどの意識状態になる
油断なく醒めている綱渡り芸人のようになる
過去を振り返ることもできなければ
未来を案ずる余裕もない
その瞬間は、その事だけで精一杯だ
今、ここに在るしかない
だからこそ絶対に落ちることがない
私はその孤峰から落ちた人間の話を聞いたことがない
だが危険はそこにある
そしてごく限られた人たちだけが
内側の世界へ
その人自身の実存の内側へと向かっていくのは
その危険ゆえに他ならない

外側の世界はあなたを満足させはしない
それは移りゆく世界であり、はかないものだ
私たちのもっとも内なる切望は
永遠なるものへと向かっている
それを外側から満たすことはできない
だから、外側の喜びは刹那的なままにしておくことだ
永遠性を求めてはならない
永遠に続くものなど、外界にはあり得ない
はかなさをはかなさとして、楽しみなさい
それがはかなさであることを、よくよく承知しておきなさい

朝開いた花は、夕方までには萎むものだ
朝日とともに現れては、日没とともに消え去るだろう
だからそれを祝い喜ぶことだ！
私は花には反対していない —— 祝福しなさい！
だが覚えておきなさい
しがみついてはいけない、期待してはいけない
さもなければ幻滅するだけだ
外側でははかなさを祝福し
内側では永遠を探し求めなさい……
内側であなたは不死なるもの、
永遠なるもの、神聖なるもの、そして神酒を発見するだろう
そしてひとたび発見してしまえば
それ以上に見出すべきものは何もない
そうなればすべてが祝福、すべてが喜びとなり
生は成就を遂げる
あなたは我が家に辿り着いたのだ

21
month 9

人間とは梯子（はしご）のようなもの――
人間の内側には数多くの可能性が秘められている
だからこそそれは脅威でもあれば尊厳でもあり
栄光でもあれば苦悩でもある

落ちていくのはたやすい
どんな時にも落ちていく方がたやすいものだ
それには何の努力もいらない
昇っていくには努力がいる
より高みへと上昇しようと思えば思うほど
それなりの努力が必要となってくる
意識の絶頂（ピーク）に達することを望むのであれば
すべての危険を負わなくてはならない

人間は自己の実存を当たり前のものと捉えてはならない
あなたにはどんな実存のかけらもないのだから――
単に可能性を秘めた領域
可能性の全領域を手にしているにすぎない
それは人間の美点でもあり、人間の惨めさでもある
人間は存在の中で唯一不安に苛まれ、苦悩を感じる動物だ
人間は常に十字路に立たされている
どの瞬間にも選択を迫られている
在るべきか在らざるべきか、これかあれかと
常に二つに引き裂かれている

サニヤスとは究極の絶頂（ピーク）へと昇り詰めることへの
決意、約束に他ならない

世間に留まりなさい
だが全く無関係に、同一化することなく滞まることだ
それこそは、サニヤスのすべてだ
世間に生きながら世間に在ることなく
世間に生きながらも
世間をあなたの中には住まわせない
この世がすべて刹那的なものであると充分に意識して
世間を渡っていくことだ
そうすれば、妨害され、悩まされることもなくなる

そうなれば不幸と至福、失敗と成功の間に
何の違いもなくなる
そして暗闇と光、生と死が
すべて同じものであると理解できたとき
途方もない静穏、平静、調和があなたに訪れる
その深遠なる沈黙こそ、真実に他ならない

23
month 9

限界の中に生きることは、暗黒の中に生きることだ
侮蔑的待遇の中に生きることだ
それはあなたの自尊心を傷つける
なぜなら私たちの実存には、大空のすべてが必要であり
そうして初めて、踊り歌うことが可能となるからだ
そうでないかぎり、すべては麻痺し、無力なものとなる
そこには飛び、動くための空間（スペース）が全くない
しかしながら人間は限界の中に生きている
肉体の限界、マインドの限界、感情や気分の限界の中に
すべて限界に次ぐ限界だ

これらの限界は、すべて超えていく必要がある……
人間はどんな限界にも決して甘んじるべきではない
限界に突き当たったならそれを超えるよう試みることだ
すべての限界を超え、無限なる何かに到達する時
あなたは存在へと至る
あなたは我が家に辿り着いたのだ

蓮(はす)は泥から生じる——
もっとも美しい花は汚れた泥から生じる
このことは、汚れた泥であろうと
内側に何か美しいものを秘めていることを意味している
だから泥を拒絶してはならない
それは蓮を内に秘めている
人はこの香り高く
これほどの色合いを持つ美しく優雅な花が
ありふれた泥から生じるとは
思いもよらないだろう
人間はありふれた泥として生まれるが
内側には蓮の花を秘めている——
まさにその種の状態において
人は拒絶されるべきものではない
人は受け入れられ、変容をとげる必要がある
この世界を否定する必要はない
それは限りなく美しい何かをはらんでいるのだから
それは表面にあるものではない
それは表面にまで浮上させる必要がある

だから私はどんなものにも抗わない
肉体にも世間にも、外界のものにも抗わない
私はすべてに抗うのではなく
すべてを変容させるためにここにいる
存在からの贈り物にはどんな物であろうと
何らかの価値がある
その価値を理解できないとすれば

それは私たちの落ち度であり、狭い視野のせいだ
蓮(はす)について心にとめておくべき二つめのことは——
それが水の中に生息しながらも
水に触れられることはないということだ
蓮はビロードのような花びらを持ち
たとえ露滴が花びらの上に溜まろうと
水滴ははじかれている

世の中に生きなさい
だが世間をあなたの中に浸透させてはならない
世の中に留まりなさい
だが世間の一部とはならないことだ
離れていなさい
クールであり、常に一定の距離をおくことだ
そうすれば、この世界は実に多くのことを教えてくれる
この世界は存在のあみだしたもの
成長し、成熟を遂げるための学びの場なのだ

人は通常、闇の中で生きている
私たちは闇の中で生まれる
実のところ、暗闇は起源には基本的に必要だ
母親の子宮の中には暗闇がある
それは必要だ
光は胎児の成長にとっては妨げとなる
胎児は柔らかく、非常にか弱い
そのためビロードのような暗闇を、回りに必要とする
また胎児は1日24時間、母親の子宮の中で眠り続ける
その9ヶ月の間、胎児は飛躍的に成長する
その間はどんな妨害もあってはならない
さもなければ、エネルギーは他に転換してしまう

始まりにおいては、すべてが暗闇の中で育つ
大地に種を蒔くとする
少しばかり土をかきのけ、そこに種を蒔く
単に土の上にばら蒔くだけでは、発芽しないかもしれない
それでは光が当たりすぎるためだ
それは子宮を必要とする
根を張っていくための大地という子宮が必要だ——
そこには暗闇がある
ひとたび種が発芽し始めると、それは地上へと伸び始める
そうなると太陽や月や星々にまで届こうと伸び始める

子供が産まれる
肉体的には光の許へと出てきたものの
精神的には依然として暗闇の中にいる

その闇は唯一、瞑想を通してのみ払いのけられる
瞑想があなたに第二の生を与えるのはそのためだ
最初の誕生は肉体的なもの
第二の誕生は精神的なものだ
肉体的にあなたは光の中にいる
今や第二の誕生が必要だ――
そうすれば、心理的にも、また精神的にも、光に満たされる
光は存在のもうひとつの呼び名だ
光の中に誕生した瞬間、あなたは光明を得ている
あなたは分割されてはいない
あなたが見る人でもなければ光が見られるものでもない
あなたはひとつとなり、光そのものとなる

鳥たちからその歌を学び
木々からその踊りを学び
川からその音楽を学びなさい
ひとたび目が開かれたなら、あなたは驚くことだろう
存在全体が、実はそうした詩的現象で渦巻いているのだ！

そうしたすべてのことに対し、その意味を追求する必要はない
それでは哲学的追求になってしまう
「これはいったい、どういうことだろう？」
と尋ねたとたん、あなたは詩の心を見失っている
「風にそよぐ木々……あれはいったいどういうつもりだろう？」
と尋ねることなく木々と踊り始めるとき
あなたは一人の詩人だ
そして奇跡は、奇跡中の奇跡とは
意義にこだわらない人々は
直ちにそれを発見するということだ
木々と踊り、鳥たちと歌い、海で泳ぎなさい
すると探し求めるまでもなく
あなたはその意義を見出すだろう
ただ、この美しい存在の一部となることだ

あなたの歌を歌いなさい
誰もがその心の中に歌を秘めて生まれて来る
その歌を歌わぬかぎり、あなたはずっと満たされぬままだろう
あなたは自分のやるべきことをやらねばならない
――それこそは「あなたの歌を歌いなさい」という言葉に
私が託していることだ

やりたいと思ったことは何でもやってしまいなさい！
他人の意見に悩まされてはならない
それは的外れだ
自分のやらんとすることを主張しなさい
結果を顧みることなく、妥協しないことだ
詩人こそは真の反逆者だ
彼は決して妥協することがない
妥協するのなら、もはや詩人ではない
ただのビジネス・マンだ
そこに妥協がなければ、あなたの愛は飛躍的に成長するだろう
あなたの歌を歌いなさい
すると内なる源泉から昇り来る愛を見出すことだろう
そして愛はあなたから溢れ始め、周りの人々へと広がっていく

静寂の内にあるとき
自らの潜在性はあなたに語りかけ、囁(ささや)きかける
しかもその囁きは、明確でゆるぎない――
そこには「もしも」や「でも」は、いっさい存在しない
ハートは「もしも」や「でも」など、あずかり知らない
ハートはただ、これがあなたの運命と言うだけだ
画家や詩人、彫刻家や舞踏家、あるいは音楽家になりなさいと
こうすれば、あなたは満足するだろうと言うだけだ
ハートは道を示し始める

マスターの役目とは、あなたが内なる囁きを聞き
あなたの生が内側の秩序を通して展開し始めるよう
あなたが静かになる助けをすることだ
私がいかなる外側の規律も与えないのはそのためだ
私はあなたが自分自身の洞察を発見できるよう手助けする
そうなればあなたは自由だ
自由の身となる

だから、サニヤシンとは束縛ではない
カルトや信条ではない
それは自由の宣言、個の宣言であり
愛と創造性の宣言に他ならない

これは世俗的で、あれは神聖であるというような考え方は
止めてしまうことだ
楽しむ術(すべ)を知る者にとってはすべてが神聖だ
世間と神との間には何の境界もない——
すべてが神聖だ
おそらく世界とは神の顕現であり
神とは顕れてはいない世界のことなのだ
喜びの中にあるとき、明白なものと判然としないものの間に
違いを作り出すことがあるだろうか？
花とは種の顕れであり
種とは花の顕れていないものだ
—— それらは同じものだ
そう、この世界とあの世界
こちらの岸と彼岸というものも、同じようなものだ
唯物論と唯心論とに分ける必要はない——
それらは全くひとつなのだから

だから、ごくささいな物事を楽しむことだ
シャワーを浴びたりお茶を飲んだり……
どんな違いも、作り出してはならない
至福に満ちる術(すべ)を知る者にとって
お茶を飲む行為はどんな祈りにも匹敵するほど神聖であり
その眠りはあらゆる宗教的な行為と変わらぬほど
神聖なものだ

朗らかさは新たな視点、新たな展望をもたらす
それは全世界を変容させる

そうなると、薪割りや井戸からの水汲みが
最大の偉業にも等しく美しいものになる

だから、悲しんだり深刻にならないように
笑い、踊り、歌い
あなたの生を、極めて単純(シンプル)に謙虚に生きなさい
改良しようとしたり
何かを達成し野心的であろうとする欲望を持つことなしに
生は普通であってすでに美しく
どんな改良もその美しさを破壊するものなのだから

29
month 9

歌はその人が心を開いた状態にあり
そのハートを存在へと注ぐ用意のあることを簡潔に示すものだ
歌は象徴的だ……その人が惨めさとは無縁であることの
ちょうど朝、さえずる鳥たちのように
あなたは絶え間なく、歌うムードの中にあるべきだ
あたかも、常に朝の日の出の時であるかのように

どの瞬間にも太陽は昇りうる
あなたはそれを歓迎し、受容する状態にあらねばならない
あなたは目覚めている必要がある──
その客人は、いつ何時でも訪れるだろう
歌う鳥たちはまさに、太陽を歓迎する支度をしている
花々が開き始め、木々はそよぎ始める
地球全体が活気づき、燃え立ち、
新しい日を迎える用意をしている

歌う心、躍る心、愛する心は
神を享受するための下地を整えるものだ
惨めな人々も祈り続けることはできるだろう
だが、惨めさからの祈りはまさにその出だしから誤りとなる
その祈りは重いものにしかならず、地面に倒れ込むことだろう
その祈りにはどんな翼もない
究極なるものを目指すことも
神に辿り着くこともない

あなたがこの上なく幸せで、愛に溢れていれば
笑いや喜びに満ち
生に対し深刻にならず
幼い子供のように遊び心に満ちていれば——
無邪気であらゆるものを不思議がり
あらゆるものを畏敬の念を持って見つめ
ハートがハレルヤを歌っているとき——
神はどの瞬間にも訪れる
どうすれば、受容的で、オープンで愛に溢れ
歌に満ち、快活でいられるかを学ぶことだ——
神はきっと訪れる

イエスは語った、「叩けよ、さらば開かれん」と
私はこう語る、「思い悩んではならない！」
ただ歌いなさい
すると神はあなたの扉を叩くことだろう
神はこう言うだろう
「入ってもいいかね？」

あなた自身を至福で満たすことだ
神でさえもあなたの中に入りたがるほどに
神の扉を叩くよりも
いっそ神を誘惑することだね！

30
month 9

もっとも根本的なことは、存在の本質を知ることにある
そうすれば人は、存在と同調できる
さもなければ、誰もが調子外れのままだ
そして調和していない状態こそ、惨めさに他ならない
存在との調和の中にあることは、この上ない幸せだ
深く同調しているとき、あなたは祝福されている
存在との調和が乱れているとき、惨めさが生じる

だから、あなたの生に全面的な変容をもたらす唯一のものは
存在の真実、本質、道への目覚めだけだ
その道は、外側には見出せない
その道は、あなたの内側を通っていくものだ
それは内なる旅だ
まず初めにあなたは
自分自身の中心を見つける必要がある
自己の中心を見出した瞬間
あなたは存在の中心をも見出すだろう
それらは分離されたものではない
私たちは単に円周上において違っているだけであり
その中心においては皆出会い、溶け合っている
中心において私たちは皆ひとつだ
木々も山々も人々も動物たちも星々も……

自分自身の中心を見抜く瞬間
あなたは道の全容を知るに至る

ひとたび道を、本質を、法を知るに至れば
それに背くことは不可能となる
それに背くことは、単に自殺を意味するからだ
道（タオ）を知らなければ人は当然道を踏み外し、道に迷う

瞑想とは、自己の中心を見つけるためのひとつの手段だ
決して欠くことのできないもの、それは瞑想だ
瞑想を学ぶことができれば
あなたはすべてを学んだことになる

31
month 9

自分に神に出会うだけの用意があるのか
神が自分に会いたくなるほどの準備ができているのかを
全く思い悩むことなく
実に多くの人々が神を捜し求めている
彼らはそんなことなど気にもとめないだろう
私の言っている要点はこうだ
神のことなどすべて忘れ
ただ、自分自身の準備を整えることだ
機が熟し、あなたに準備が整いさえすれば
いつでも神はあなたに訪れる

あなたが思い悩む必要はない
神について考える必要すらない
あなたの考えなど何の足しにもならない
準備することだ
そして準備が意味することとは
喜び、花開き、踊り、歌い
愛し、瞑想することに他ならない
するとすべての次元
あなたの実存のすべての花びらが開き始める

month 10

惨めさか至福か

YOU CAN CHOOSE MISERY OR BLISS

1

month 10

川とともに流れ、川とともに進むがいい
完全に身をゆだねて
それはすでに海へと向かっている
あなたを海へともに運んでくれることだろう
泳ぐ必要すらない、海は存在の象徴だ
だから海を発見しないかぎり、人に満足はない
人には限定、限界があるのだから
あらゆる限界は束縛となる
川が海へと流れ込む瞬間、それは無限、永遠となる
そう、それはサニヤスの目的地(ゴール)だ
無限で永遠、広大で限りのない、定義不能な
言語に絶したものへの到達を助けてくれるものだ

人はその生を夢という砂上に築く
だから何をしてもすべて失敗に終わり、どの家も崩壊するのだ
その家は、永久(とわ)なるものに基礎を置かず
束の間のものの上に基礎を置いている
その砂の家が崩れ落ちると、私たちは別の家を作り始める
同じ材料からなるものを、同じ道具を使って
私たちは何の教訓も学ばないようだ
ひとつの夢が敗れると別の夢を見始める
ひとつの欲望がくじかれると
すぐに別の欲望や別の計画に飛びつく——
だが、欲望それ自体が失敗を招くことを全く理解していない

欲望することは全体に背くことを意味する
それは不可能な仕事だ、成し遂げることはできない
欲望しないことは全体にくつろぐこと、全体とともに進むこと
個人の欲望はいっさい持たないことを意味する
それはこういうことだ、「全体の意思こそ私の意思だ、
私はいかなる個人的な目的も達成するつもりはない」

私たちは生の、存在の一部となることを学ばなくてはならない
私たちは大海の波だ——個人的な目的は持ち得ない

瞑想は、私たちが分離した存在として在るのではないことを
孤島ではないことを教えてくれる
私たちは無限の大陸の一部だ
それを神、真実、究極なるもの、絶対なるものとでも
何でもあなたの好きなように呼ぶがいい

3

month 10

私たちは存在から分離してはいない
だが、誰もが自分は分離していると思って生きている
分離の概念は自我（エゴ）だ
その概念が—— 単なる概念にすぎないのだが
あらゆる地獄をつくりだす
なぜなら、私たちは自己の生存を気にかけ
未来や、いつの日か迎える死を思い患（わずら）うようになるからだ——
それはすべて自我という概念に関係している
私たちは自分が全体とひとつであることを理解していない
そこには生も死もなかったことを理解していない
なぜなら私たちは全体の一部として、常にここにいたのだから

それはちょうど海に起こる波のようなものだ
波立つ前にも、波は海の中に存在していた——
その波が休息のため海に戻ろうとも、依然としてそこにある
誕生と死はいずれも偽りだ
波はそこにある
時には潜伏し休息しており、時には姿を現す
だが波はそこにある、常にそこにある
それは大海の一部だ

私たちもまた、この存在の一部だ
私たちはこの大海の波だ
ひとたびこれを理解したら、不安はすべて消え去る
心配事は何ひとつない
ここは私たちの故郷—— 私たちはその一部だ
ここをおいて他に私たちの場所はない—— 他には全くない

私たちは、自分が分離した独立体として存在すると思い込む
だがそれは思い込みであり、現実(リアリティ)ではない
そして思い込みが現実に相反するときは
いつも、苦しみが生じる
なぜなら、事実とは異なるものに従って生きるからだ
あなたは誤った方向に向かう
あなたが現実に従って生きるとき、そこに惨めさはない
そして至福が成果となる

もし木の葉に意識があれば
自分は分離している、自分と木は関係ない
我が道を行こうと考え始めるかもしれない
すると即座に厄介なことになる
そこには闘いが生じる

木の葉はどんどんエネルギーの源泉から遠ざかるようになる
木は木の葉の母だ
そして木は、単なる一本の木ではない
それは大地に根ざしている
大地全体の顕(あらわ)れだ
それは空気を呼吸する
それは大気全体の顕れだ
木は太陽と、さいはての星とつながっている
木と闘うことは宇宙と闘うことだ
とるに足らない小さな木の葉が宇宙と闘おうとしている——
その考え自体が馬鹿げている
だが、それこそ人間のやり続けていることだ

人は川の流れに逆らっている
サニヤスとは
川との闘いを落とすこと
川とともに流れ
川があなたを運ぶのを許し
解き放つ(レット・ゴー)アートを学ぶことだ
このふたつの短い単語
“レット・ゴー”は
まさにサニヤスの
極意を表している

そのとき人はこのように言える
「あなたの王国が来たらんことを
あなたの御旨が為されんことを」

そのとき人は
自らの意志を退ける
そして自分の意志を退ける瞬間
生は途方もなく豊かになる
突然、全体が
あなたとともに在る——
そして私たちが
勝利者たりうるのは
全体とともにあるときだけだ

母親の子宮の中では、どの子供も至福に満ちている
子供たちはそこでは何も所有していない——
アメリカ合衆国の大統領でもなく、世界一の大金持ちでもない
宮殿を所有しているわけでもない
全く何も持たないのに、彼の至福は無限だ

心理学者たちは語っている
生涯に渡り脳裏をよぎるのは、子宮の中で過ごした至福だと
どうすれば取り戻せるのだろう?
私たちは母親の子宮の中で何かを味わった
そして、それを忘れられずにいる
忘れようとあらゆる努力を重ねているが
どうしたものか、それはなかなか消え去らない
消し去ることができないほど深い体験だった

だが、それは再びいともたやすく獲得できる
ただ幼子のようになり、宇宙全体を母親の子宮と見なすことだ
それこそ宗教の真の役目と言えるだろう
それはあなたが宇宙を母親と思うのを助ける
すると、あなたと宇宙の間には何の葛藤もない
あなたは宇宙を信頼できる
宇宙があなたを気づかっている事実を深く感じとるだろう
もう何の心配も、絶えず気をもんで緊張する必要もない
すべてが配慮の中にある
すると不意に、この上ない至福がある
瞑想はただ、宇宙という子宮への回帰を
手助けしているにすぎない

6
month 10

真実は内なる深い調和を通してのみ明らかにされる
通常、私たちは混沌(カオス)の中にある
ひどく調子はずれだ
私たちの内側には、ひとりではなく大勢の人間がいる
私たちは多重人格だ
内側にたくさんのマインドがある
そしてそれらは、すべて違った方向へと
私たちを引っぱっている
—— 多くの声が乱れ飛び、どれが自分の声やら判別もできない

ある声がする「これをしろ」
別の声がする「これをするな」
人は絶え間なく迷い続ける
人は床に投げつけられた鏡のように
ほとんど粉々に砕けている
それこそあなたが自分自身を発見するときの状況だ
だが、その破片はすべてかき集めることができる
それらは統一体へと溶け合わせていくことができる
統合し、結晶化させることができる

あなたの内側に統一体が現れるその瞬間
壮大なる音楽が生まれ、あらゆる騒音は交響楽に変わる
そのとき初めて、あなたは存在の真実を見、聞き、感じとる
それは常にそこにある
だがマインドのあまりの騒々しさゆえに
感じとることができない

この内なる混沌(カオス)が去る瞬間
静かで微(かす)かな内なる声を聞きとることができる
そのとき、疑いの余地もなく明確に人は知る
「これは私の声だ、私の内なる存在が話している」
そこには一片の疑いの余地もない
あなたは疑おうともしない
それはあまりにも明白だ
その明白さと確信をよりどころとして
はじめて生は寺院となる――
さもなければ、私たちはただ砂の城を築いているにすぎない

私たちは完璧になる必要はない
私たちは生まれながらに完璧なのだから
また至福をつくりだす必要もない
ただそれを発見するだけでいい
だから思ったほど難しいことではない
それはくつろぎ、安らぎ
ゆっくりゆっくり中心(センター)に定まるという
とても単純なプロセスだ

あなたが自分の中心(センター)に遭遇する日
突然、辺りは光に満たされる
あなたはスイッチを見つけた
それはあたかも暗い部屋の中を手探りするようなものだ
手探りしているうちに、ついにスイッチを見つける
私たちはいたずらに泣いたり叫んだりしている
それがまさにあなたの置かれている状況だ

あなたの苦しみときたら、実に馬鹿げている
縄を蛇と見間違い、逃げ出してバナナの皮で滑って転び
骨を何本か折って入院している人のようなものだ
彼はただの馬鹿者だ
わかるだろう？――蛇などどこにもいなかったのだ！

この滑稽で馬鹿げた生活パターンを
根本から変えてしまうことだ

内側を見つめてごらん
そこに何も発見できなければ、外側を見てごらん
しかし断言するが、内側を見つめてそれを取り逃がした者は
これまでにひとりとして存在しない
だからあなたがそれを取り逃がすわけはない

誰も例外ではない
それは絶対的な法則だ
内側に向かう者はそれを見つける
―― 神の王国を、完璧な至福を、絶対なる真実を
生は絶え間ない歓喜(エクスタシー)となる

人はいったい、どれほどの歓喜が可能なのか
当惑してしまう
「私にさらなる歓喜が可能なのだろうか？」と
だが歓喜は無限だ
それが信じがたいのは
「もうこれが限界だ、もう無理だ」と思うからだ
だがあくる日、そこにはまだ可能性があるのを発見する
あなたは発見し続ける
それに終りはない
この旅には始まりはあっても終りはない

8

month 10

人は地獄を作りだすことも、天国を作りだすこともできる――
それは自分が決めること、自分自身の責任だ
生における素晴らしいものすべて
いや、もっとはっきり言えば生そのものは存在からの贈り物だ
問題はどう探すかではなく、どう受け取るかにある
言わば至福を獲得するか、受け取るかということだ

それはチベットやヒマラヤや
どこか遠いところにあるものではない
そのために旅に出るには及ばない
要は、ただどうやってもっと受容的になるかだ
贈り物はいつも贈られてくる
だが私たちの扉は閉ざされている
太陽は昇るが、私たちは暗闇の中に座り続ける
私たちの目は閉ざされているためだ
贈物はそこにある―― ただ目を開けるだけでいい
するとすべては光だ
だが目を閉ざしたまま、私たちは暗闇の中にとどまっている

生と存在に閉じていてはいけない
もっと傷つきやすくなりなさい
傷つきやすさ、無防備さ、信頼―― すべて宗教性のことだ
生を恐れる必要はない
あらゆる可能なやり方で、生に応じていきなさい
するとあなたは驚くだろう
ほんの一瞬たりとも惨めになる必要はなかった
はじめからずっと至福に満ちていられたのだと

惨めになる理由を捜し出すことに長(た)けた人たちがいる
彼らは惨めにならないと幸福になれない
彼らはひとつの幸福しか知らない
惨めさという幸福だ
そうした人たちが自分の惨めさについて話すとき
それを楽しんでいること、自慢していることが
見て取れるだろう
彼らの目、表情、話し方 —— すべてに現れている
彼らは自分の惨めさを誇張しているはずだ
可能なかぎり、大きくふくらませているはずだ
さあ、どうしてそんな人々が至福に満ちていられるだろう？

一瞬一瞬が常に二者択一だ
惨めさか至福か、それはあなた次第だ
状況ごとに、まず何があなたを惨めにするのか
そして何があなたを幸福にするのかを見つけるのだ
生をこうした視点から捉えはじめてごらん

10

month 10

私が小さな子供だった頃、父は美しい家を建ててくれた
だが建築技師は父を騙した —— 父はお人好しだった
その家は最初の雨で倒壊した
私たちがちょうどその家に移ろうとしていた矢先だった
2、3日もすれば、その家に住んでいたはずだった
だが、その家は倒壊した
父は遠く離れたところにいた
私は父に電報を打った
「スグカエレ —— イエガ、タオレタ」
彼はすぐには戻って来なかった
返事も送ってこなかった
待っていた父が姿を現すや、私にこう言い放った
「おまえはまぬけだ！　家はなくなった ——
なぜあんな長い電報を送って、10ルピーも無駄にするのだ？
その10ルピーは貯金できたのに！
タイミングよく家が倒れたことを神に感謝しなさい
あと4、5日遅かったら、家族全員が死んでいたのだよ！」
父は祝宴を開き、村人全員を招待した
私はその思いつきがとても気に入った！
町中が笑って言っていた 「まったく何ておかしなことだ
あんたたちの家は倒れたんだよ
みんながそれをかわいそうだと思っているのに」
すると父は町の人も全員招待した —— それは小さな町だった
父は大饗宴を開き、私たちが救われたことを神に感謝した
あと4日も遅ければ、家族全員が死んでいたのだ！

これこそ私が選択と呼ぶものだ
あらゆる状況において、至福の方を選択することだ

私の妹のひとりが死んだ
私はその妹を一番愛していた
その妹の死は辛かった——
けれども私には他に10人の弟や妹がいた

父は私に言った
「おまえは不必要にかき乱されている
まだ10人、弟や妹が生きていることを神に感謝しなさい！
神は全員お召しになることもできた
私たちに何ができるというのだ？
神は10人全員を召されることもできたのに
召されたのはひとりだけだ
神は11人のうち、ひとりだけを召された
それは何でもないことだ
それくらいなら大丈夫だ
私たちは神に子供をひとり捧げることができる
神にあの子が必要なら、面倒を見てもらおう
だが、おまえにはまだ10人の弟や妹がいる
——死んでしまったひとりのために不幸でいるより
10人がまだ生きていることで幸福でありなさい」

これこそ、あらゆる宗教的な人の生へのアプローチと言える
そのとき、あなたの生は自然と祝福された現象になる

どの子供もオープンになる術を知っている
すべての子供がとても美しく
とても至福に満ちているのはそのためだ
子供たちの目を覗き込んでごらん――
何という静けさだろう
子供たちの喜ぶさまを見てごらん―― 溢れんばかりだ
どの子供も至福に満ちていることの秘訣を知っている
だが、まもなく忘れてしまう
自分で忘れてしまうか、大人たちが忘れさせる

それは再び学ぶことができる
再びそのアートを学び、オープンであることの
アートを思い出しなさい
取り逃がしているものはない
不完全なものはない――
これが存在しうるもっとも完璧な世界だ……

様々な姿をとって顕れる存在の恋人になりなさい
すると石の中にも教えを見出すだろう
実のところ宗教の聖典を見る必要など
全くないことに気づき、驚くだろう
宇宙全体が本物の聖典だ
いたるところに存在のサインが刻まれている
いわゆる宗教は、すべて人間の作りものにすぎない

快活でありなさい――
それが宗教的であることの私の定義だ
悲嘆にくれるのは罪人（つみびと）となること
快活であることは聖者となることだ
心から笑うことができれば、生は神聖なものになり始める
心からの笑いは類稀（たぐいまれ）だ
心からの笑い以上にあなたの笑いを神聖にするものはない
笑うときは、肉体の全細胞を自分とともに笑わせること
頭のてっぺんからつま先まで、その笑いを広げなさい
あなたの実存のもっとも深い奥底まで浸透させなさい
じきにあなたは、祈りよりも笑いを通したほうが
もっとたやすく存在に近づけることに気づき、驚くだろう

13

month 10

今日ちょうど
ある 95 歳の年老いた男について書かれた本を読んでいた
彼はその長寿と健康の秘訣を尋ねられていた
彼は答えた
「本当のことを言うのは少しばかり恥ずかしい
実はこの命は木々から授かっているのだよ
木々を抱きしめる
すると突然
何とも言いがたいエネルギーの流れが体に入り込んでくる
そのおかげで生き生きし、生気がみなぎるんだ」
私の見るところ、彼は正しい
彼はそれを科学的には証明できないかもしれない
だが、まもなくそれは科学的にも証明されるだろう
木を愛したら、木もまた応えてくれる
岩を愛したら、岩でさえ応えてくれる

可能なかぎり、ありとあらゆる方法で愛を実験してごらん
あなたは日毎に豊かになっていくだろう
あなたは新しい源泉を、新しい愛し方を
新しい愛の対象を発見するだろう
そしてついには、愛の対象なしにただ座る瞬間が訪れる
あなたはただ愛している——
誰かを愛するのではなく、ただ愛する
ただ愛に満ち、愛に溢れている
それこそ光明の境地だ
満たされ、全く満ち足りて、到達している
もはや何かが欠けているという絶え間ない感覚は存在しない

欠けているものなど全くないと感じとれる時が訪れたら
その日はあなたの生における特別な日となる
あなたは探し求め
欠けているものは何ひとつないことを理解したのだ
すべては満たされている
その人は真正に生きた
他の人々はただ生を浪費している
黄金の機会を浪費している
どの瞬間からもジュースをたっぷりと絞り出すことだ

14

month 10

美しい夕暮れを見ると、あなたは喜びに溢れる
当然あなたは
その喜びが美しい夕暮れから湧き起こるのだと思う
それは真実ではない
美しい夕暮れは
あなたにただ瞑想の過程（プロセス）が起こるきっかけを与えただけだ
あまりにも美しいために、あなたの思考が止まったのだ
あなたは畏敬の念に打たれる
それはあなたを虜（とりこ）にした
思考が止まるその瞬間、あなたは深い瞑想に入っていく
そして内側にある喜びの源泉に触れる
だが論理的なマインドは
その喜びの原因は美しい夕暮れにあると思い込む
それは喜びを引き起こしたのではない
それはただ過程のきっかけとなったにすぎない
あるいは、カール・グスタフ・ユングの使った言葉
共時性の方が的を得ているかもしれない
夕暮れの美しさが喜びを引き起こしたわけではない——
なぜなら大多数の人々が
全くといっていいほど、それに影響されずにいるからだ

共時性（シンクロニシティ）が原因となるわけでもない
何百万人もの人々が
夕暮れの美しさに全く心を動かされずにいる
それどころか
夕暮れを見て悲しくなる人もいるかもしれない——
それは人それぞれだ

マインドの状態、ムードに左右される——
必ずしも人が喜びに溢れるとはかぎらない

ひとたびこのことが理解されたなら
喜びの瞬間ごとに
すぐさま自然な瞑想状態がとらえられるだろう
瞑想はそもそも、このようにして発見された
そしてそれは常に同じ状態だ
思考がなくなり、マインドが止まる
すると突然そこに喜びがある

15

month 10

明日は明日でしかない
決して今日ではない
明日が同じようにあると期待してはいけない
その期待そのものが危険だ
そもそも、そのようにはならないからだ
それゆえ、あなたは欲求不満を感じる
偶然にも何かのはずみで明日が今日のようになったところで
あなたは退屈するだけだ
欲求不満も退屈も喜びとはなりえない

未来を開放してごらん
どんな期待もかけてはならない
未知を未知なるもの、予測不可能なままにしておきなさい
物事をどうにかして永続的なものに変えようとしてはいけない
生の本質は変化だ
私たちは本質とともに、道(タオ)とともに
存在の究極の法とともに流れなければならない

あなたの側からはどんな期待もせず、それと調和をとりなさい
するとあなたは途方もなく豊かになる
一瞬一瞬があなたに新たな喜びを
新たな生を、新たな光を、新たな神聖さをもたらす
愛が常に流れ、何ごとにも決して制限されない人は広大になる
大空のように広大になる
その広大さにおいて、人は存在の何たるかを知る
その広大さこそが存在だ

現在に生きることは十全に生きるための唯一の道だ
あなたを後方に引っぱる過去も
あなたを前方へ引っぱる未来もなく
現在に生きるとき
全エネルギーが瞬間に注がれるとき
生は途方もない強烈さを呈(てい)する
それは情熱的な恋愛になる
あなたは自らのエネルギーで燃えあがり
あふれんばかりの光になる
なぜならあるところまで強烈になると
炎は命となり
強烈さは光となるからだ

それこそが豊かさへの道、繁栄への道となる
他の人々はみな貧しい
たとえ世界中の金銭を所有していようとも
彼らは貧しい人々だ

世の中には二種類の貧しさがある
——貧困という貧しさと裕福という貧しさだ
豊かさは所有とは何の関係もない
豊かさはあなたの生き方、あなたの生の質
あなたの生の調べ、あなたの生の詩に関わっている
そして、これらはみな瞑想を通してのみ起こる
他に方法があったためしはない
今もありはしないし、これからもありえないだろう

17

month 10

豊かになる唯一の方法は
神の存在に、神のあらゆる彩(いろど)りに、神のあらゆる虹に
あらゆる音楽に、あらゆる木々と花々に
受容的になることだ
というのも、神は教会で見つかるものではないからだ——
教会は人間によってつくられたものだ
神は本来、自然界に見出されるものだ

あなたは星々に神を見出すだろう
地上に神を見出すだろう
雨が降り、大地から芳香が立ち昇るとき
そこに神を見出すだろう
牛の目や、子供のくすくす笑いの中に神を見出すだろう
聖職者がつくりあげた場所以外のあらゆるところで
神を見出すだろう
教会、寺院、モスク—— それらは空っぽだ
そこにいる人々が空っぽであるように

生がどんなかたちで訪れようと
無条件に受け入れる用意があるとき
突然、神はありとあらゆるところから
あなたになだれ込んでくる
神に満たされてこそ
生は何らかの意味や意義を持ちうる
神を知るに至った者は不死性をも知る
そのとき、ただ肉体だけが死に至る
だが彼の実存の精髄(エッセンス)は永遠に不滅だ

人々は神について考え、神について論ずることで
全生涯を浪費している
決して自らのハートには耳を傾けない
ハートには神への欲望などいっさいない
ハートはただ
踊り、歌い、楽しみ、生き、愛し、愛されることを望む
ハートは芳香を放つ花のように
大空へ飛び立つ鳥のように生きることを望む
ハートは灯(ともしび)に、生の闇を照らす光になることを願う
そこには神への欲望はない
両親、教師、聖職者に教え込まれなければ
あなたは決して神のことなど考えなかっただろう

だから私は言う
至福こそ神であり、他に神はないと
他の神はすべて人間の弄した小細工にすぎない
だから正しい方向を見られるように
そうしたものは落とした方がよい

19

month 10

愛は勝利への唯一の掛け橋だ
だが実に奇妙な掛け橋でもある
なぜなら愛はまず明け渡しを要求するからだ
それは明け渡しを通しての勝利だ
それゆえ、愛には途方もない美しさがある
愛は非攻撃的であり受容的だ
征服によって勝利を得るわけではない
それは征服されることによって勝利を得る

神を征服しようと試みる人々は実に愚かしい
それは不可能なことだ
賢明な人々は自らを神に明け渡す
彼らは自らを征服するよう神を招待する
あなたが神を所有することなど不可能だ
だが神があなたを所有するのを許すことなら可能だ

それが愛というものだ
愛は所有されることを許す
愛は所有とは無縁だ
愛には所有しようという欲望はない
愛はただ所有されることだけを切望する
自らの内側に自分の所有するものなど残されぬほど
完全に所有されることを

愛は究極の神聖なる体験だ
愛は存在には意義があることを
生には意義があることを証明する
愛をおいて他に生の意義を示す証はない
愛を体験したことがなければ
生は無意味で行き当たりばったりだろう
未知なるものや無意識
そして自然の猛威に翻弄される一本の流木のようだ
それが唯物論者の生の見方だ
ただ物質の組み合わせを、物質の副産物を
ひとつの付帯現象を見る
だがそれでは全く意義がない
そして意義がなくては踊ることもかなわず
人はただ足を引きずって歩く
意義なくして生きられるのは臆病者だけだ
勇気ある者は自殺するだろう
切腹をするだろう

本当のところ、生が無意味であると
確信する者はひとりもいない
生は無意味ではないからだ
生には本質的な価値がある
しかし、それは発見されるべきものだ
私たちは無意識に、直感的に、本能的にそれに気づいている
今のところ私たちは
勘だけでそこに何か意義があると気づいている——
だが明確にではない

私たちにはまだその証がない
その証を与えてくれるのは愛だ

愛は瞑想の一瞥を与える
そして瞑想を通して、神という存在へ向けて窓が開け放たれる
だから私は、愛こそこの世でもっとも神聖なる現象と言う

21
month 10

愛は詩の崇高なかたちだ——
詩といっても、書かれたものではない
私にとって詩とは、単なる詩作以上の何かだ
詩的な生とは無縁な人や
全く詩的な優美さのない人でも詩作は可能だ
彼は詩を作ることができる
なぜなら、詩を作るにはある種の技巧（テクニック）さえあればいいからだ
彼は技巧家ではあるかもしれないが詩人ではない
そして100人の詩人のうち99人は技巧家だ
同じことがあらゆる芸術においても言える
100人の音楽家（ミュージシャン）の中で
本当の音楽家はたったひとりにすぎない
99人はただの技巧家だ
そして、彫刻、絵画、建築など
あらゆる次元の芸術においても同様だ

本物の詩人は詩を作る必要がない——
作るかもしれないし、作らないかもしれない
本物の画家は絵を描くかもしれないし
描かないかもしれない
だがその生は豊かに彩られ
均整と調和とバランスが保たれているだろう
彼自身が自らの絵画となり、あるいは詩となり、彫刻となる

これこそ、私が愛は詩であると語るゆえんだ
愛は新たな次元を与えてくれる
愛はあなたをさらに審美的にしてくれる

愛はあなたが見逃してきた多くのことに気づかせてくれる
愛は星々や花々
そして木々の緑、赤、黄金に気づかせてくれる
愛はあなたに他者のことを、
彼らの目や顔や命の美しさを気づかせてくれる
どの人間もみな、無限の可能性を秘めた
とてつもなく非凡な存在だ
ひとりひとりが驚くべき物語であり
ひとりひとりが生きた小説だ
ひとりひとりが一個の世界なのだ

多くのことが可能だ
だが、それは可能にする必要がある
可能にするために必要なものはすべて揃っている
だが意識的にそれに働きかけることだ
それはちょうど、多くの土地と種を所有し
豊富な水と太陽に恵まれているにもかかわらず
あなたが決して畑に種を蒔こうとしないようなものだ
それでは花は咲かないし、土地は荒れたままだろう
草がはえ、雑草が生い茂るだろう
無益なものはすべてひとりでに生じ
価値あるものはすべて苦心して成就しなければならない
これは覚えておくべきもっとも重要なことのひとつだ
価値あることを達成するのは、つらくて骨の折れる仕事だ
もしあなたが何もしなければ雑草は生い茂る
雑草は土地全体を埋め尽くすだろう
だがそれでは、あなたはバラを望むべくもない
それは約束事だった
誰もがひとつのおおいなる約束として誕生する
だがその約束を果たすのは、ごくわずかな人々だけだ
大多数の人々は手ぶらでやって来て、手ぶらで去ってゆく
それは恥ずべきことだ

私のサニヤシンたちは
トータルに全うしていかなくてはならない
自らの生に潜む約束を実現させなくてはならない
なるべきものになることだ
授けられた天意を全うすることだ

23

month 10

あなたは全体なしには存在できない
そして全体もまた、あなたなしには存在できない
ただあなたが在るということが
存在が何らかのかたちであなたを必要としていることの
あなたが何らかの必要性を満たしていることの
充分な証となる

草のちっぽけな葉っぱでさえも
もっとも大きな星と同じくらい必要だ
存在には階層などいっさいない
誰が上でも誰が下でもなく
より必要とされる者も、あまり必要とされない者もいない
すべてが必要とされている
なぜなら存在とは、すべてがともに在ることを意味するからだ
私たちはみな、存在に対して何かしら貢献している
そして存在は、私たちが必要とするものはすべて
与え続けてくれる

エゴが落ちる瞬間、道を誤りはしなくなる
決して道を誤ることはない
すべてはあるがままで完璧に正しい
それこそまさしく神の意味するところだ——
すべてはあるがままで申し分ない

愛について書かれているものは何よりも多い
事実、神についてよりも
愛について書かれているものの方が多い
多くの詩、多くの歌、多くの文学作品、小説、逸話——
それらはすべて愛という現象に関するものだ
なぜ人間はそんなにも愛にとり憑かれているのだろう？
映画、テレビ、ラジオ、読み物、文芸
すべて愛に関わるものばかりだ
まるで人間はとてつもなく愛に関心があるかのようだ

それは本当だ
人は愛に興味がある
だが、それらはすべて代用品だ
人はそれを体験したことがない

彼は映画を見に行き、誰かが愛を演じているのを見て
我が事のように登場人物のひとりとなる
自分がただの観客であることを忘れ
その物語の一部となって映画を楽しむ
彼は役のどれかに同化する
小説を読めば小説の一部になる
美しい詩を朗唱すれば
まるで自分の体験を語っているように思い込む
それらは実体験に比べたら、貧弱な代用品だ

もし真に愛の中に入っていくなら
こうしたナンセンスはすべてこの世から消え去るだろう

常に覚えておきなさい
空腹な人々だけが食べ物のことを考える
裸の人々だけが衣服のことを考え
屋根を持たない人々だけが家のことを考える
それはごく自然なことだ
私たちはただ、所有していないものについて考える
すでに所有ずみのものについては考えない

愛する者となるには勇気が必要だ
愛は生におけるもっとも大きなもののひとつを要求するからだ
自我（エゴ）の明け渡しを

そのとき奇跡が起こり始める
そのとき愛が訪れ、なだれ込み
あなたを満たし、あなたから溢れ始める
そして究極的には
愛そのものがあなたの存在の体験となり
あなたの真実の体験となる

その旅は愛に始まり、光または光明に終わる
そしてその掛け橋は祈りだ
無知から知恵に至る巡礼の全行程は、祈りの旅に他ならない

祈りとはこういうことだ
「私はあまりに矮小な存在だ
全体からの助けがなければ
私を通して可能なものは何ひとつない」
祈りとは、全体へ自我(エゴ)を明け渡すこと——
絶望における明け渡しではなく
深い理解における明け渡しだ
どうして小さな波が大海に立ち向かえるだろう？
—— その努力自体が馬鹿げている
だが、それこそ人類全員が行なっていることだ
私たちはみな、広大な意識の海の小さな波だ
その意識の大海は
神、真実、光明、ニルヴァーナ、道(タオ)、ダルマと呼ばれている
—— それらはすべて同じものを意味する
私たちは果てしない大海の一部だ
だが、あまりにも小さな波だ——
私たちが自らの意思を持ち、自らの運命を定めるのは不可能だ
自らの意思を持とうとする欲望自体
何かを達成しようとする欲望自体が
惨めさの原因そのものだ

祈りとは、人間の意思の無益さを理解し
自らを神意に明け渡すことだ

人は言う
「あなたの御旨が為されんことを
あなたの王国が来たらんことを」
存在へのおおいなる愛があって
はじめてそれは可能となる
ゆえに私は言う
その旅は愛に始まり
光明に終わると
そして旅の全行程は
ただ祈りと
深い解き放し（レット・ゴー）からなる

モーゼの神は言う
「私はとても嫉妬深い神だ
私に叛(そむ)く者たちは、永遠に苦しむことになるだろう」
モーゼの神はあまりにも狭量な神だ
その考えは幼稚だ
そうならざるを得ない
モーゼは先駆者ではあった
彼は氷の壁を打ち砕いたのだ

イエスは量子的飛躍を遂げた
モーゼから三千年の後、イエスは「神は愛である」と語った
彼は磔(はりつけ)にされる宿命にあった
なぜならユダヤ教をまるごと粉砕したからだ
神を愛と見なすことは
古い概念をまるごと破壊することにつながる
そしてユダヤ教のすべては、それに依存していた

今、イエスから二千年が過ぎ去った
そして人類は再び、量子的飛躍を必要としている

私の体験は全面的に異なっている
愛は神だ——
神は副次的なものであり、愛こそが基本だ
実のところ神性さは愛の一面にすぎない
だがその逆はない
神の概念を落とすことも可能だ
それでも失われるものは何もない

愛することができたら、それで申し分ない
愛はあなたの実存に新たな神性さを
超越したものを、そして神聖なるものを
自動的にもたらすからだ

そして今は、私たちがイエスより一歩進む時だ
二千年の猶予は充分すぎる！
イエスがモーゼを越えられたなら
私たちもまたイエスを越えていくべきだ
実のところ、越えていくことで
私たちはイエスに敬意を表することになる
なぜなら私たちはイエスと同じことをしているからだ
ハートに従って生きなさい
あなたの愛に従って生きなさい
愛を自分の光としなさい
そうすれば決して道を誤ることはないだろう

宗教は神学ではない
宗教は愛だ
神学とは論理学以外の何ものでもない
ゆえに“学問”と呼ばれる
そして論理学は宗教とはまったく関係がない
実のところ、それは宗教に反する

論理学とはマインドの訓練であり
些細なことにこだわり、言葉を子細に分割するものだ
それは美しい言語体系をつくれるだろうが
所詮、砂の城にすぎない
それは役立たずだ
それはあなたを、かかりっきりにさせることはできる
たとえばあなたが砂浜に座っていて
他にすることがないので砂遊びを始め
砂の城をつくりあげる
論理学はそれと同じような用途を与えてくれる
あなたは従事することを楽しむこともできる
だが全く得るところがない子供じみたものだ

神学者たちは、決して成熟した人々ではない
イエスや仏陀は神学者ではない
これまで真のマスターが神学者であったためしはない
彼は愛する人、途方もない愛の人だ
彼は存在全体を愛する
愛は彼の祈り、愛は彼の礼拝であり
愛を通して存在と感応し合うことができ、対話が可能となる

必要なのはただ、存在と深い恋に落ちることだ
熱狂的で狂おしいほどの恋愛に……

退屈を感じる人々は、論理の世界に住む人々だ
論理は退屈なものだ
だが愛は決して退屈ではない
愛は絶え間ない驚きを与えてくれる
愛はあなたの驚きを生き生きと保つ
愛はあなたの詩、あなたの踊り、あなたの祝祭(セレブレーション)を育む
さもなければ、あなたの中の美しいものはすべて飢え
やがて死に至る
論理ではなく、常に愛を選択しなさい

私はいかなる信条も教えない
ただ、私の人々が内側と外側のすべてにおいて
いっそう意識的であることを助けるだけだ
意識的でありなさい
油断なく醒めて、気づきのもとに生きなさい
それが私の教えのすべてだ

あなたの気づきをゆるぎないものにしなさい
外側からのどんな規律も強いてはならない
気づきを内側から生じさせなさい
それを湧き起こらせなさい
そうすれば、それは常に新鮮で
若々しく、生き生きとしている

すると生は
もっともっと強烈なものに
情熱的なものになる
それは喜びを
至福を、祝福をともない
激しく燃え上がる

29

month 10

祝福された者たちは至福に満ちている
彼らはすでに神の王国に入っているからだ
神の核心に入り込もうとしていることを知らぬまま
彼らは入っていった
実のところ、神は決して直接的には見出せない
直接神に近づくことは不可能だ
神には住所も名前も形もない
神を探し求めても、決して見つからないだろう

それは人類が次第に無神論者に変わっていったためだ
人々が神を探したのに見つけられなかったためだ
あちこち探し回って生を浪費し
ついにそれは全く無益な試みであることを理解したのだ

だが責任のすべては
聖職者、法王、シャンカラチャリヤ、イマーム、アヤトッラー
いわゆる宗教的な人々の肩にかかっている
というのも彼らは人々に
神を探せ、神を求めよと言い続けてきたからだ——
それはまったくのたわごとだ！

私は至福を探せば神を発見するだろうと教える
神は見つけようとしても見つからない
あなたは以前にも増して惨めになる
というのも、全生涯を賭けて
探し続けたものが見つからなかった場合
必ずや欲求不満を感じるからだ

神のことはすべて忘れなさい
ただ至福を探し求めなさい
あなたが惨めになるその要因を探し出し、落としなさい
それらの要因を根こそぎにしなさい

するとあなたは驚くだろう
惨めさの要因がすべて落ちたとたん
あなたの中で至福が成長し始める
そして至福に満たされる瞬間
あなたは自分を取り巻く新たな臨在に気づくことだろう——
それはあなたのみならず、存在全体を包み込んでいる

その臨在とは神だ
神とは人格ではなく、臨在のことだ
神とは神ではなく、神性のことだ

30
month 10

至福を見出していなければ
人は敗北の中に生きる
彼の生涯は挫折に次ぐ挫折、失敗以外の何ものでもない
あなたはそれを人々の顔に見てとれる
彼らは年を経るにつれ悲しみを増していく
年をとるにつれ実に険悪になり
生に怒るようになっていく
なぜなら、生は彼らの夢をすべて粉砕してしまったからだ
だがそれは生の落ち度ではない
彼ら自身の責任だ
彼らは無意味なことを達成しようとしていた
お金、権力、名声

それらを達成しないと、あなたは欲求不満になる
達成したところで、さらに欲求不満になる
実のところ、達成していない者の方がましな状況にある
まだ望みがあるからだ
いつの日か彼は目的を達成し
すべては思い通りになるだろう

達成した者は紛れもなく完全な暗闇にいる
なぜならもはや望みはないからだ
彼はそうした馬鹿げた物事にすべてを賭けてきた
彼の一生はがらくたのために投じられた
なのに依然として満たされていない

至福とは内側で起こる何かだ
まったく個人的、私的なものだ
あなたは自分自身の内側にそれを見つけることだろう――
誰の助けもいらない
ひとたび至福を発見できたら
あなたは勝利者となる
そのとき生は比類なき光彩を放つ
そのときあなたの実存の空(そら)全体が星に満ちる

そして自らの生涯が空虚なものではなかったことを知るとき
死でさえも美しくなる
そのとき人は生に対する何の執着もなく死に至る
人は全く至福に満ちて死に臨む
そのとき死はただの休息だ
人は花開き、芳香を放つ
ついに休息の時が到来したのだ
全体の中へと消え去る時が

サニヤシンは美しく生き、美しく死ぬ
その生は祝祭であり
その死は祝祭の絶頂となる

31

month 10

至福についてもっとも重要なことは
それが本質的に逆説(パラドックス)であることだ
そしてその性質ゆえに、ほとんど常に誤解されてきた
その逆説とはこうだ
並々ならぬ努力を要求されるが
その努力ゆえにそれは起こらない
それは常に存在からの贈り物として起こる
だが努力なしには、絶対にその贈り物は受け取れない
その贈り物はいつでも手に入るのに
人は自らを閉ざしている

だから人間のあらゆる努力は
実は至福を達成する要因とはならない
努力が至福をもたらすことはできない
それは単に障壁を取り払うだけだ
それは消極的な過程(プロセス)だ
あなたはあたかも
閉め切った部屋で暮らしているようなものだ
すべての窓、すべての扉が閉ざされている
太陽は昇っていても、あなたは闇の中だ
あなたの努力ゆえに太陽が昇るわけではない
どうあがいても、あなたが太陽を昇らせることなどできない
だが扉を開放したり
閉めたままにしておくことなら可能だ――
あなたの努力によるものは、そのぐらいなのだ

扉を開放すれば太陽はあなたのもの
さもなければ、太陽は扉の前の階段でただ待つだけだ
ノックをすることもなく
あなたは永遠に闇の中に住むこともできる――
必要なのは、あなたと太陽の間にある障壁を
取り払うことだけだ……

ほんの少しの努力と、ほんの少しの信頼が必要だ
障壁を取り去るほんの少しの努力
そしてほんの少しの信頼、忍耐、待つこと――
「神は恵みに溢れている
だから私の障壁が取り払われ
私に用意があるときはいつでもそれは起こる
それは必然だ」

month 11

死んで再び生まれる

DIE TO BE REBORN

1
month 11

よりいっそう意識的になることを学びなさい
自分の肉体、マインド、ハートに気づいていること
つまり行為、思考、感覚に気づいていることだ
それらは気づきが明らかにする三つの次元だ
そして三つすべてに気づいているとき
あなたは第四の次元にも気づき始める
—— それは「気づき」そのものだ
第四の次元は超越的なものだ
それはあなたを神性へと導く

人間は経験から全く学ぶことのない唯一の動物のようだ
これは私の観察によるものだ
ロバでさえ学習するというのに

アラビアにはこんな諺がある
「ロバでさえ二度と同じ溝には、はまらない……」
だが人間にそれほどの奇跡が可能かね？
人間は同じ溝に何千回となくはまっている——
二度や三度の話ではない
溝の脇を通るたびにはまっているのだから！
人は自分自身に語りかける
「もう一度やってみよう——
事態は変わっているかもしれないし
同じ溝ではないかもしれない
それに、たしかに私はもはやあの時と同じ人間ではない
いろんなことが変わったし
あの時は夕方で今回は朝方だ
もう何の問題もない
もう一度試してみよう……」

これは間違いなく
人間についてのもっとも重要な観察と言えるだろう
人間は自らの経験から決して学ぼうとはしない

自分自身の経験から学ぶことだ
至福への道を歩むにはそれが必要だ
同じ馬鹿げた間違いを繰り返してはならない——

同じ怒り、強欲、嫉妬、所有欲といったものを
そんなものを繰り返してはならない
今こそ目覚め、油断なく気づきの中にあるべき時だ
古い罠に何度も何度もかかってはならない

あなたが用心深くなるにつれ
そういったすべての罠からどんどん自由になっていく
あらゆる罠と束縛から完全に自由になる瞬間が訪れる
それこそ至福の瞬間だ
至福はまるで花のように空から降り注ぎ始め
それはとめどもなく続く
そして生は自らへの祝福となり
また他者への祝福ともなる

人は至福を得るために努力する必要がある
だが最終的に、それは存在からの贈り物だ
それは逆説的であるかのように思える
論理的ではない
理論ではこう言うだろう
至福を得るために、あなたは努力をしなくてはならない
—— その結果あなたは達成者になる
至福が存在からの贈り物であるのなら、努力の必要などない
存在はあなたに贈り物を与える気になれば
与える用意があるだろうから

だが生は論理に従って進むわけではない
私の意見はこうだ
人は努力なき努力をしなくてはならない
努力が必要だとする考えには理由がある
また、究極の出来事は
常に存在の恩寵によって起こると結論づけるような
確固たる根拠のある理由もある
こんなふうになら理解できるだろう
その努力は、贈り物を受け取る用意を整えるために必要なのだ

通常、あなたには受け取る用意すら整ってはいない
あなたの扉は閉じ、あなたのハートは閉じている
たとえ存在が叫んでいようと
耳を傾けようともしないだろう
存在はあなたの扉をノックし続ける
だが、あなたは決して開けようとはしない

実のところ、扉があるとは思いもよらないだろう
あなたはありきたりの
機械的で無意識な生を送り続ける
努力はあなたを意識的にするのに必要なものだ
だが、努力にできることは意識的にすることだけであり
努力があなたに至福をもたらすわけではない

だから、あなたが至福に満ちているときは
何かが上方から降りて来たことを意味する
至福に至った人々はこんなふうに感じている
「自らの努力によってこのハートは清められ
扉は開き、すべての障害は取り払われた
そしてある日、突然何かが彼方から
ある未知なる源泉から降り注いできた」

そうだ、後で振り返ってみると
自分の努力など
実にちっぽけなものだったとわかるだろう
この途方もない歓喜（エクスタシー）が
その些細な努力の成果であるとは言いがたいだろう
だが、それでも努力は必要だった
絶対欠くことのできないもの
避けては通れないものだったのだ

4
month 11

私たちの根源は自己の中心（センター）にある
仮に人が草だとしたら、根はその中心にある
薔薇になりたければ、その薔薇の根を中心に張ることだ
するとその周辺には葉が茂り、花が咲き
芳香が立ちこめることだろう

だが、あなたは周辺から中心へは移行できない
その動きは常に中心から周辺へだ
周辺とはただの影だ
そして、これほどまでに人類が混乱の中にあるのは
何千年もの間、宗教者、道徳家
あらゆるたぐいの革新主義者たちが
ただの影である周辺を変えようと試み続けてきたからだ
中心（センター）は何ひとつ変わっていない

根は雑草なのに
私たちは周辺に薔薇の咲くことを願う――
それは決して咲きはしない
ずる賢い人々はプラスチックの薔薇を手に入れ
周辺を飾りたてる
私たちは他者を騙し、ついには自分自身まで騙してしまう
だが、プラスチックの花々は本物ではない
それが、いわゆる道徳的人格と言われるものの正体だ
ただのプラスチック、人工品だ
本物の人格とは、養われるべきものでも
訓練されるべきものでもない
それは瞑想の結果として、自然に現れる

5

month 11

死んで再び生まれなさい！
それがキリスト教の象徴である十字架の意味するところだ
だが、キリスト教徒は象徴の意味を把握できなかった
すべての宗教が始祖のメッセージを見失ったように
仏教徒は仏陀を見逃し
キリスト教徒はキリストを見逃し
回教徒はモハメッドを見逃した
信者たちこそキリストの真髄を葬り去った張本人だ
にもかかわらず、彼らは自分たちを
キリスト教徒だと公言してはばからない
それは実に奇妙な現象だ

まずはじめに肉体が死ぬ
あなたは分離された肉体という考えを落とし始める
その馬鹿馬鹿しさがわかるからだ
毎瞬、存在はあなたの中に
新しいエネルギーを注ぎ続けている――
どうして自分が分離されているなどと思えるのかね？
たしかに、呼吸が途絶えれば死に至る！
それは呼吸に限ったことではない
毎日あなたは、食物と水を摂っては
老廃物をすべて吐き出す
生命は注がれ続け
死んだものは肉体から排泄されていく
それが最初の死に当たるものだ
これが初日だ

次はもう少しばかり微細なマインド、思考だ
それもまた外側からやって来る
ちょうど空気や水や食物を外界から取り入れるように
あなたのマインドは、あらゆるところから思考を集め続ける
マインドは、ある個別の実体として死ぬ

そして三日目に、もっとも精妙なことが起こる
感覚、感情、ハートの死だ
それはまさに三日間の出来事を象徴する
そして復活がある
三つの次元が消え去り、存在とひとつになるとき
不意にあなたは自分のものではない実存に
普遍的な実存に気づき始める
それが復活だ

瞑想とは、全く何もしないこと
それは純粋な覚醒だ
だが奇跡が起こる
生におけるもっとも大いなる奇跡
あなたが見つめ続けると
途方もなく驚くべきことが起こり始める
あなたの肉体は優美さに溢れる
あなたの肉体は
もはやそわそわしておらず、緊張もしていない
あなたの肉体は軽くなり始め、重荷は降ろされる
多量の重みが、山のような重みが
あなたの肉体から落ちていくのがわかる
肉体は、あらゆる種類の毒素や有害物質から
清められていく
あなたは自分のマインドが
もはや以前ほど活動的でないことに気づくだろう
その活動は次第に少なくなり、隙間（ギャップ）が生じる
思考が全くない隙間だ
その隙間は、もっとも美しい体験となる
というのも、その隙間を通して
あなたはマインドのいかなる干渉も受けずに
物事をあるがままに見始めるからだ

ゆっくりゆっくり、気分は消え去っていく
あなたはもはや、喜びに溢れているわけでもなければ
悲嘆に暮れているわけでもない
喜びと悲しみの違いは、日増しになくなっていく

まもなく、うれしくも悲しくもない平静の瞬間に達する
そして、それこそ至福が感じられる瞬間だ
その静謐、その沈黙、そのバランスこそが至福だ

そこにはもはや頂上も谷間もない
闇夜も月夜もない
両極はすべて消え去る
あなたはぴったり真ん中に落ち着き始める
そしてその奇跡の数々は、さらに深みを増していく
あなたの肉体が完全なバランスを保ち
マインドが完全に沈黙し
ハートがもはや欲望に占領されていないとき
ついに量子的飛躍が起こる
不意に、あなたは第四のものに目覚める
──以前には決して気づくことのなかったものに
第四のものとは、他ならぬあなたのことだ
それを魂とでも、自己とでも、神とでも
何でも好きなように呼びなさい
それはあなたにまかせよう
どんな名前であろうと申し分ない
なぜなら、それ自体には名前がないのだから……

そしてその瞬間、光だけがある──あなたの内なる目が開く
そして、その内なる目とその光を通してのみ
人は存在の真実に気づくようになる
そしてその真実はあなたを解放する

7
month 11

すべての欲望が消え去るとき
あなたは肉体に戻ることはない
あなたは無限の一部分として
宇宙意識の中に留まるだろう
それは東洋でニルヴァーナと呼ばれるもの
意識の究極の境地だ
もはや肉体を持つ必要も
再び肉体に閉じ込められる必要もない
私たちはそれを究極の自由と呼ぶ
というのも、肉体に在ることは束縛だからだ
当然、それは多くの制限を受けることであり
一方、あなたは無限の存在だ
それは無限のものを
肉体という有限で矮小な世界に押し込める
そのため絶え間のない緊張、不快さがある
窮屈さを、閉塞感を感じ続ける
まるで押し込まれ、詰め込まれ
監禁されて鎖で繋がれているかのように

はっきりとはそのことに気づいていないかもしれない
だが、誰もが漠然と何か間違っていると感じている
間違いとはこうだ——
私たちは無限の存在にもかかわらず
肉体という非常に限定された世界を通して
生きようとしている

気づきはあなたを肉体から自由にする

自分が肉体ではないことを知る瞬間
まさにその瞬間
肉体を通して満たされ得るすべての欲望もまた消え去る
それはちょうど
暗い部屋に明かりを持ち込むようなものだ——
暗闇は消え去る
気づきは明かりのように働く
そして欲望は暗闇に他ならない
そしてそれは神酒（ネクター）だ

8

month 11

肉体上の誕生がある —— 誰もがそれを通過してきた
けれども、それはあなたに
心身（ボディマインド）への固定観念を与えるにすぎない
それはただ、あなたが霊的に誕生するための機会を与える
第二の誕生が起こらないかぎり本当に生きているとは言えない
人はひとつの機会、一粒の種にすぎない
だがその種は芽生えたことがなく、木に成長したことがない
その種に春は訪れず
花開くことも、香ることもかなわなかった

私の努力のすべては
あなたに形式的な宗教を与えることではなく
あなたに教会や教義を与えることでも
また、それにしがみつかせることでもなく
あなたに新しい実存を、新しい人間性を
新しい意識を与えることだ

人はふたつのことを通過しなければならない
ひとつは死、古いものの死、過去の終焉
これまでの生き方の終焉だ
そして二番目は再誕生、新たに始めることだ
あたかも今日、生まれたかのように
それはただの隠喩（メタファー）ではない、たしかにそうなのだ
あなたは今日誕生した
このことをあなたのハートに深く浸透させなさい
過去とのつながりが切れるように
そのとき夜は明け、太陽は地平線に昇っている

あなたの中には三つのエネルギーの源泉がある
ひとつは肉体、もうひとつはマインド、三つめはハートだ
これら三つの川がすべて出会い、溶け合い
ひとつとなるところに第四のものが顕(あらわ)れる
その第四のものは肉体とは呼べない
マインドとも、ハートとも呼べない
ゆえにそれはただトゥリヤ、第四のものと呼ばれる
それにはどんな名前もついたことがない
そしてその第四のものの顕れは
神聖の、変容の始まり
本物の生、真正なる生の始まり
永遠の生、神聖なる生の始まりとなる

それらの三つの川は、すべての人の内側にある
だが滅多に出会うことはない
実のところ、それぞれ違う方向へ向かっている
マインドはある方向に引っぱり、ハートは別の方向に
肉体もまた自らの方向性を持つ
それらは決して出会わない

もし自分の内側の動きを直視したら
あなたは驚くことだろう
それらは絶対に同意しない
肉体が「やめろ、もうこれ以上食べるな、私は食べ過ぎた」
と言っても
マインドは「このアイスクリームのおいしさときたら……
もう少しぐらいかまうものか」と言う

ハートは言う「これは美しい」
マインドは言う
「おまえは愚かだ、おまえは馬鹿だ、気が狂ってる」
ハートが恋に落ちるとき、いつもマインドは言う
「おまえは盲目だ」
ハートがどんな方向に向かおうと
マインドは常にその過失を見つけ出す
それらは違う世界を持っている

瞑想の全過程(プロセス)は
こうした相反する勢力のすべてを溶け合わせ
互いに調和するよう助けることだ
そのときあなたはとてもエネルギーに満たされる
なぜなら不要な衝突によって浪費されていた
エネルギーのすべてが変容を遂げ
あなたの手中に入るからだ
そのエネルギーこそ
翼となって、あなたを彼方へと連れていくものだ

こんないわれがある
「蒔(ま)いた種は、刈り取らねばならない」
もし私たちが惨めだとすれば
それはただ
自分で惨めさの種を蒔き続けてきたということだ
他には誰ひとりとして
あなたの惨めさを引き起こす者はない
もちろん、種蒔きと刈り入れの間には隙間(ギャップ)がある
そしてその隙間のために
私たちは他人に責任があると思い込む
その隙間は私たちを欺(あざむ)く

自分の生に対する全責任をとりなさい
それが醜悪なものであるなら
それに対して責任を感じなさい
生がただ苦悩の連続だとしたら
それに対して責任をとりなさい
はじめのうち、それは受け容れがたいだろう――
「私が、私の地獄をつくりだしている」
だが、ほんのはじめのうちだけだ
たちまち変容の扉が開き始める
なぜなら、自らの地獄に責任があるなら
自らの天国を創造することもできるのだから
多くの苦悩を引き起こせるのなら
多くのエクスタシーも創造できる
責任は自由を、責任は創造性をもたらす

自分がどんな状態であろうと
それが自分自身のつくりだしたものだと理解する瞬間
あなたは外側の要因や状況から自由になる
さあ、それはあなた次第だ
あなたには美しい歌が歌える
あなたは美しい踊りを踊れる
あなたは祝祭(セレブレーション)の生を生きることができる
あなたの生は絶えることのないお祝いになる
誰もそれを邪魔できない
それは人間の尊厳だ
神は個人をこの上なく尊重する
自分自身に対し
自分に起こることすべてに対し責任をとるとき
初めて人は個人となる

真実とは体験のこと
真実は信念とは何の関係もない
信念は例外なく偽りだ
それは人生を少しばかり便利にするが、それだけのことだ
それは精神安定剤のようなものだ
真実とは目覚めること
人間には深い眠りを誘う精神安定剤ではなく
覚醒を促す真実が必要だ
けれども何世紀にもわたって
人はアルコールや、様々な種類の酔わせるものや
幻覚剤に引きつけられている
リグ・ヴェーダの時代から現在に至るまで中毒のままだ
そうした酔わせるもの、幻覚剤、アルコールのたぐいは
すべて真実を避けるための奮闘にすぎない
だが、真実からの逃避は惨めな状態に留まることだ

そうだ、私たちは惨めさに取り巻かれている生を
ほんの少し居心地よくすることはできる
けれどもそれは愚かしい
私たちは申し分なく至福に満ちた生を送ることも可能だ
だがそれは偽りを落とし、真実を探求するとき
初めて実現する
そして真実の探求において最初に必要なのは
いっさいの既成概念を持ち運ばないことだ
完全に無知の状態で行きなさい
何も知らずにいなさい

何も知らずに進むときはいつでも、おのずと真実に至る
そして真実は至福をもたらす
私の努力のすべてはあなたを探求へと押し出すことだ
なぜなら探求、しかも真正なる探求こそ
人を真実へと、真実の体験へと連れていくものだからだ
そのとき至福はあなたのものとなる
祝福はあなたのものとなる

自我（エゴ）としての人間は傷を負っている——
彼は病気だ、健康を損ねている
それは絶え間なく痛む
そこには痛みと苦悶がある
惨めさが、不安が、暗闇がある
人はとことん無力感を味わう
なのに私たちは
この激しく痛む傷が癒（いや）されるのを許そうとしない
それを太陽や、雨や、風にさらすことはない
ひたすら隠し続け、さらけ出すのを恐れる
私たちはその傷が誰かに知られることを恐れている

そして隠し続けるがゆえに
それは癒されることがない
何層にも重なる偽善の奥底に隠し続けるため
それはまるで癌のようなしこりとなり
だんだん肥大していく
そして大きくなればなるほど
あなたはそれを隠さなければならなくなり
ゆっくりゆっくり
あなたの生全体がブラック・ホールになる

それこそ人々の置かれている状況だ
まさにブラック・ホールだ
そして責任は人々にある
彼らがこの地獄をつくりだしているのだ

神にはいつでも癒す用意があり
全体にはいつでも癒す用意がある
けれども、まず私たちが自らをさらけ出すことが必要だ

人は裸で立たなければならない
存在の前では何の秘密もプライバシーもなく、丸裸になる
すると即座に癒しが起こる
それがはじめて起こるとき
あらゆる傷が
あっという間に消え去ってしまうのが信じられないだろう
そもそもはじめから傷など存在せず
まるでただの夢、悪夢だったかのようだ
実のところまさにそのとおり、夢、悪夢なのだ

その癒しは常に存在によって施される
だが、あなたがそれを許さなければならない
あなたの傷を、痛むところを見せなければならない
医者をだましてはいけない
それが何であろうと、たとえどんなに醜悪であろうと
彼に告げなければならない
そうしてはじめて膿(うみ)を出すことが可能となり
彼は癒しの過程(プロセス)を手助けできる

人格が形成されるにつれ
人は偽りの存在となり分裂する
人は二重人格になる
なぜなら、まさにその人格を形成する方法が
そもそも抑圧だからだ—— 他に方法はない
あなたは自分の本性を抑圧し
他人に定められた、一定の法則に従った行動を強いられる
彼らはあなたに、何が正しく何が間違っているか
何が良くて何が悪いかを言い渡す
すでにあなたには十戒が与えられており
あなたはそれに従わなければならない
さて、あなたの本性はいったいどうなるのだろう？

あなたは自分の本性を抑圧する
それを顧みることなく、無視する
けれども、本性がこのやり方で変わることはない
それは内側から口をすっぱくして
あなたが培ってきた人格に背くようせきたてる
—— ゆえに偽善行為がある
偽善者でない宗教人を見つけるのは非常に稀だ
真に宗教的な人は偽善者ではない

偽善行為とは
自分ではないものになろうとして自分を偽ることだ
あなたはそれを承知している
それがあなたを傷つけるということを
それゆえの哀しみがある

世界全体が哀しみに満ちている
というのも、地球的規模で
人格や道徳を形成する指導が
なされてきたからだ

私は人格には全く興味がない
道徳にもいっさい興味がない
私は人々に不道徳になるようにと
言っているわけではない
私は人々に意識的になるように
意識を生み出すようにと言っている
そしてそれこそ瞑想の真意だ
それは意識を生み出す技法（メソッド）なのだ
それはあなたをさらに油断なく
より気づくようにさせる
そしてあなたが
より気づくようになるにつれて
生は変化し始める
あなたの為すことと
あなたの在ることには
深い調和があるだろう
そして為すことと在ることが
調和しているとき
生は喜びに、ダンスになる

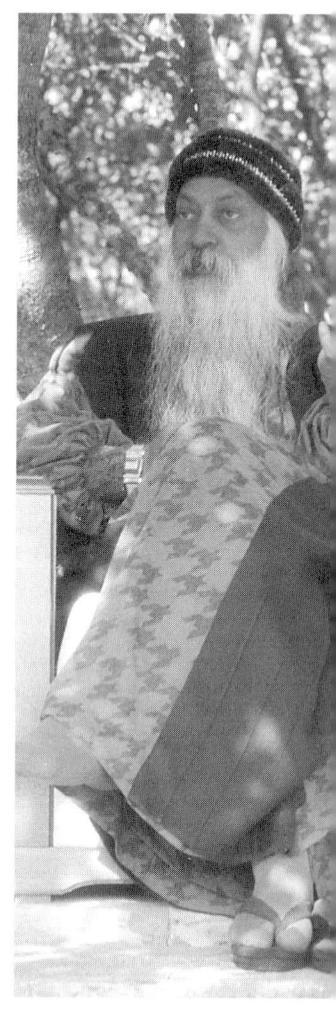

人は何世紀にもわたって嘘の中に生きてきた——
美しい嘘だが、すべて嘘だ
私たちは天国と地獄を信じ
神を、不死性を、魂を信じている
だがそれらはすべて思い込みなのだ——
思い込みとは嘘だ
あなたは自分自身では何も知らない
自らの内側の魂の有無さえも
自分ではわからずにいる
それは論証の問題ではない
あなたに魂のあることが論理的に証明されたところで
あなたの生の質は何ら変わらない
あるいは魂のないことが証明されたとしても
それもまた何の違いももたらさない

有神論者がおり、無神論者がいる
いずれも大差のない生を送っている
神は存在すると信じる人々がおり
神は存在しないと信じる人々がいる
だが、もし彼らの人生を覗き込んだら
そこには何の違いもない

そしてあなたが自分の内側に魂が存在するか否か
それすら判別できないのであれば
いったい他の何を理解できるだろう？
どうやって神や、天国や、地獄や
そういったあらゆるナンセンスを理解できるだろう？

あなたにもっとも近いのはあなたの魂だ
だが、あなたはそれを探求したことすらない！
なのにあなたはどこか上空にある天国について
地の底にある地獄について語っている
あなたは自分が何について語っているのかわかっていない

教会や、寺院や、モスクで人々はしきりに議論し
崇高な問題についての講話が行なわれている
なのに誰ひとりとして
もっとも単純な問題を気にかけずにいる
—— 私とは誰かを知るということを

人々は居心地のいい嘘の中に生きる
彼らは真実などどうでもいい
彼らは慰めを求めている —— 心地いい慰めを
そのため彼らは、迷信や、伝統や、しきたりにしがみつく
というのも世間では、古いものにはそれなりの信望
それなりの信用があるからだ
彼らが言うには、古きはすべて黄金(ゴールド)だ
だが、そうではない
古いものが黄金に見えるのは、愚か者、臆病者だけだ

生は一瞬ごとに新しい
決して古くなることはない
存在は常に、今ここにある
それは過去とは全く関係がないし
未来とも全く関係がない
あなたもまた今ここにあるとき、ひとつの出会いがある
—— その出会いが真実となる
当然それは多くの幻想を、多くの空論を粉砕するだろう
あらゆる概念を、あらゆる古びた信念を粉砕するだろう
なぜなら真実はあなたに合わせられないからだ
真実はあなたにも
真実に対するあなたの見解にも妥協できないからだ
あなた自身が
真実そのものになる用意をしなければならない

それは私が真実への愛と呼ぶものだ

真実の導くところへは
どこであろうと真実とともに喜んで行くこと
落とす必要のあるものは
何であろうと落とす用意があることだ
真実への愛があるとき、はじめてそれは可能となる
愛に不可能はない
愛はすべてを犠牲にできる
そして真実は、全面的な犠牲を
全面的な献身を要求する

16

month 11

現代人は座ることができないほど忙しく生きている
彼は休む間もない
休めなくなってしまったのだ
ひとたび休めなくなると
すべての価値あるものを受けつけなくなる
本当は何もそんなに気に病む必要はない

生は永遠だ
私たちはずっとここに在ったし
これからもずっとここに在るだろう
私たちは不死だ
肉体は変わり、マインドは変わるだろう
だが、私たちはそのいずれでもない
肉体でもなければ、マインドでもない

深い瞑想状態にあってはじめて
私たちは自分が肉体でも
マインドでもないという単純な事実を発見する
私たちは気づきであり、意識だ
私たちはゲーム全体の観照者なのだ
ひとたびその観照を知れば
あなたは少しばかり神酒（ネクター）を味わう
その神酒こそ、錬金術師たちが捜し求めてきたものだ

17

month 11

人は通常、ロボットのように生きる
ものごとをやり続けていながら、彼はそこにはいない
食べ、歩き、話し、聞く —— だがそこにはいない
マインドは世界中をぶらついている
外側ではあなたは食卓につき
朝食をとっているかもしれない
だが内側では月にいたり……
どこか突拍子もない場所にいたりする
いや月に限らず……ほとんどどこにでもいる
だがひとつだけほぼ確実なのは
あなたが食卓についてはいないということだ
あなたはひたすら食べ物を詰め込んでいく……
それは自動的なものになっている

私たちは自動作用から自らを解除する必要がある
私たちはあらゆる動きにおいて
もう少し速度を落とすべきだ
だから気づいていなさい
歩くときはこれまで通りのペースで
これまで通りのスピードで歩かず
速度を落としなさい
よりいっそう油断なくありなさい
さもなければ、あなたは再びスピードを上げ始める
それは自動作用だ……

あらゆる物事をとても静かに、ゆっくりと
この上なく安らかに、優美に行ないなさい

ひとつひとつの動きが
気づきを伴った深い瞑想となるように
もし私たちが自分の動きを瞑想に変容できたら
もし瞑想が
朝から晩まで私たちの生活全般に行き渡るなら……
あなたが目覚める瞬間
何をおいてもまずこのことを覚えておきなさい
ベッドから起きるときは、油断なく醒めていること

はじめのうちは何度も忘れるだろう
だが繰り返し思い起こすことだ
ゆっくりゆっくり人はこつを得ていく
ひとたび日常生活の中で
気づきを伴うこつを呑み込めば
あなたは秘密の鍵を握ったことになる
それはこの上なく大切なものだ
秘密の鍵より価値あるものは存在しない

18

month 11

人類の過去は、ずっと悲しげな人々によって支配されてきた
悲しげな人々は、他者を支配することに無類の喜びを見出す
彼らは他の喜びを知らない
彼らの唯一の喜びは、他者とその自由を押し潰すことにある
彼らの唯一の喜びは
他者をますます喜びのない状態にすることだ
彼らは幸せな人々——
歌い、踊り、祝うことのできる人々に
激しい嫉妬と怒りを感じる

その悲しげな人々は
計り知れないほど多くのものを破壊してきた
彼らほど人類に対して害を及ぼした者はいない
——それは法王、シャンカラチャリヤ
アヤトッラー、イマームたちだ
あらゆる宗教の聖職者たちは、ことごとく人間性に反してきた

ここでの私の努力は、新しい人間の創造に向けられている
そして新しい人間は
唯一、新しいヴィジョンのもとに誕生する
新しい宗教性のヴィジョンのもとに
はじめて新しい人間は生まれる
私は愛、笑い、祝祭の宗教を教える
あなたが至福に満ちているとき
あなたと存在との間に橋が掛けられる
だから私はただ至福、至福と教える
それで申し分ない

ふたつの言葉を覚えておきなさい
ひとつは重力、もうひとつは恩寵（おんちょう）だ
重力は地上の法則だ
それは物を下に引っぱる
恩寵は天の法則だ
それは物を上に引っぱる
科学は重力を発見し、宗教は恩寵を発見した

通常、私たちは重力の法則のもとに生まれて生きる
私たちの生涯は下り坂のようだ
誕生に始まり、死に終わる
生気に満ちたものとして始まり、屍として終わる
それは下降線をたどる

内側へと向かい始めないかぎり
第二の法則である恩寵は機能しない
肉体に同化したままだと、地上の法則が優勢になる
肉体は大地の一部だ
私たちが内側に進み始めるとき
―― それこそ瞑想のすべてなのだが
私たちは肉体の一部ではない何かに気づくようになる
それは肉体の中にあるが肉体ではない
肉体はただの寺院であり、神ではない

ひとたびあなたが
肉体に住むその内なる神性に気づくようになると
第二の法則がすぐに機能し始める
あなたは上方に引き上げられる
生はひときわ豊かに、味わい深く
ますます限りなく、申し分のないものとなる
それは大空へと向かう
それは空のように広大になり始める
空でさえ制限があるほどだ
だが、すべての秘密は瞑想にある

20

month 11

肉体には限界がある
それは生と死の間に限定されたものだ
そしてマインドもそうだ
マインドは肉体から切り離されてはいない
マインドは肉体の内なる様相だ
肉体の内側がマインドであり、マインドの外側が肉体だ

言語はこのふたつが
独立した存在であるかのような誤った概念を与える
それは、肉体およびマインドではない
本当のところは心身(ボディマインド)だ
それはひとつの言葉であり、ひとつの実在だ
すべてのコインにふたつの側面があるように
あらゆる壁にふたつの側面があるように
心身についても同じことが言える
肉体には限界があり、マインドにも限界がある
それゆえ死への恐れがある

肉体は無意識ゆえに恐れを知らない
だがマインドは恐れる
マインドは絶えずおののいている
その恐れとは、遅かれ早かれ終止符が打たれるというものだ
そして死の訪れよりも大きな問題は
私たちはまだ何も達成していないのに
生はいたずらに浪費されていくことだ

一瞬一瞬、死は近づいて来て生はあなたの手をすり抜けていく
それゆえの恐れ、不安、苦悶

人は自分を取り巻く心身(ボディマインド)と自己との同一視を徐々に
落としていかねばならない
それは可能だ
それは為されてきた
そして誰にでもできる
不可能なことではない——
たしかに困難ではあるが
不可能ではない
そして、それが困難なのは
いいことだ
なぜなら私たちに
挑戦を与えてくれるからだ

21

month 11

あらゆる死んだもの
知性的でないものに対して反旗をひるがえすことは
もっともおおいなる冒険
もっともおおいなる革命だ
それはあなたの魂を、知性を研ぎ澄ます
実際、それはあなたの中に統合された個をつくりだす
そしてその統合において
はじめて至福の花の蕾が開く
あなたは成長し始める
さもなければ、人々はほとんど知恵遅れのままだ
人間の平均精神年齢はたったの 12 才だ
私たちは知恵遅れの世界に生きている
80 才、90 才の老人でさえ
ただ肉体的に年をとっているだけだ
彼らは年老いたが、精神的には 12 才かそのくらいだ

だから時として、彼らが自分の年齢を忘れ
子供のように振る舞いだすのを見かけるだろう
彼らにいつもよりちょっと多目に
ウィスキーを飲ませてごらん
すぐに愚かな子供のように振る舞い始める
ウィスキーが愚かしさをつくりだしたわけではない
愚かしさをつくりだす化学物質など含まれてはいない
すでにそこにあるものは暴かれる
それが事の真相だ
それはただ、あなたの現実を暴くだけだ

それはあなたに何かをつけ加えることはできないし
何かを削ることもできない
それはただ、あなたのコントロールや抑制を
解除する手助けをしているだけだ

ちょっと侮辱されるだけで
ものの数秒もたたぬうちに
彼はもはや80才ではなく、12才の子供になり
かんしゃくを起こし始める
彼は自分の英知や体験のことなど、すっかり忘れ去る

勇敢でありなさい
情熱的に、強烈に勇敢でありなさい
十全(トータル)に勇敢でありなさい
あなたのすべてを賭けることだ
なぜなら、すべてを賭けないかぎり
あなたの生に秘められた輝きを知ることはないからだ
すべてを賭けるときあなたの生は
初めてその究極の極限に向けて開け放たれる

私たちが瞑想にすべてのエネルギーを注がないかぎり
それはただの夢にとどまる
決して現実にはなりえない
瞑想には全面的な関与が要求される
部分的に取り組むことはできない
たまにやったり、1日1時間とか
夕方に15分間とか行なうものではない
変容は、1日24時間が常に瞑想となり
不断のものとなって初めて可能となる
すると、あなたが何をしていようとも——
歩いていてもあなたは瞑想している
食べていても瞑想している
何かを聞いているときも、話しているときも
あなたは瞑想している……

瞑想ということで、私はただ気づきを意味している
何をしていようと
ひとつひとつの動きに完全に気づいていること
——肉体的、精神的、感情的に
そのとき瞑想は1日24時間の現象となる

ある日、奇跡が起こる
その奇跡とは
瞑想的な気づきを伴って眠れるということだ
肉体は眠るが、どこか深いところで意識の流れが続く
あなたは自分が眠っていることに気づいている
とても矛盾した現象だが、それは起こる
その日、瞑想はその完成に至り

その全貌が理解される
それが起こらないかぎり
何かが依然として欠けている
それが起こって初めて
人は瞑想的に死ぬことができる
もし瞑想的に眠ることができないなら
どうやって瞑想的に死ねるというのかね？
そして瞑想的に死ぬ者は
決して再び生まれることはない
彼は永遠の宇宙の一部となる
彼は永遠に、存在の中に生きる
再び肉体の束縛に戻されることは決してない

年老いた人々が実に辛辣になるのは
偶発的なことではない
たとえ自分の両親であったとしても
老人とともに暮らすのはとても難しい
それが難しいのは
彼らの生涯がいたずらに浪費されたという
単純な理由からだ
彼らは苦々しく思っている
その否定的感情を吐き出すために
あらゆる物事を激しく攻撃する
彼らは子供たちが幸せのあまり踊ったり
歌ったり、喜びの歓声をあげることに我慢がならない
—— 彼らはそれに耐えられない

実のところ彼らは生というものすべてに対して
ただ憎しみを感じるばかりになっている
そして口実を見つけようとする……
他者に辛くあたらない老人を見つけるのは稀なことだ
もしそんな老人がいたら
それは彼が真正に美しく生きてきたということであり
本当に成長を遂げたということだ
そのとき老人は
若者が持ちえない比類なき美しさを得る
彼には円熟味が、成熟がある
彼は経験豊かだ
彼は多くを見聞し、生をあまねく生きたので
存在に対して途方もなく感謝している

けれどもそのような老人を見つけるのはとても難しい
なぜならそれは、彼が仏陀であること
キリストであること、クリシュナであることを
意味するからだ

目覚めた人だけが
年老いても辛辣さとは無縁の生を送る——
というのも死が訪れつつあり、生が去りつつあるのに
どこに幸せがあるというのだろう？
人はただ怒る
憎しみに満ちていることは無知であるということだ
あなたはそれを超えていかなくてはならない
自分を彼方へと連れていく橋となる気づきを
学ばなければならない
そして、まさにその向かうことが革命になる
あなたが本当に、すべての不平やノーを超えたその瞬間
途方もないイエスが湧き起こる
—— ただイエス、イエス、イエス
そこには、えも言われぬ芳香が漂う
かつては憎しみであったエネルギーが芳香になる

進化は無意識の現象だ
それは自然現象だ
科学者たちは、人は大洋に一尾の魚として生まれたと言う
魚から人類の段階に至るまで
何百万年という時間が経った
人はあらゆる種類の動物の段階を
通過しなくてはならなかった
人になるひとつ手前の段階は
類人猿、猿のようなものだった

これらはすべて無意識のうちに起こった
そこに意識的な努力は全くない
だが人が人となってからは
進化の過程（プロセス）は止まってしまったようだ
進化はその頂点に達したらしい
というのも人は何千年もの間、人であり続け
それ以上の成長は起こっていないからだ
それは、あることを示している
自然にできることはすべて行なわれたということだ
今それは私たちの手にかかっている
私たちは進化から革命へと進まなければならない

進化とは無意識、革命とは意識のことだ
進化とは成長のこと
だがそれは無意識なため、何百万年もが費やされる

革命もまた成長だ
だがそれは意識的なので
ちょうどジャンプのように量子的飛躍を遂げる
それは徐々に起こるものではない
ゆっくりと段階を経て進むわけではない
それはすべてあなた次第だ
どれだけあなたが勇敢になれるかにかかっている
たとえほんの一歩の歩みであろうと
人間から神へ、ブッダへ、キリストへと進むことができる
それはすべてあなたの情熱にかかっている
あなたの自己投入の仕方、関わり合い方
全面性にかかっている

人には自然に起こる成長の可能性はもう残されていない
意識的に、意図的に
目的をもって成長することを決意しないかぎり
人は人の域を出ないだろう
成長しようと意識的に決意すること——
それがサニヤスの極意だ
そしてそれは革命の始まりだ
進化を超えて、あなたの生に革命を起こしなさい

より良き人間社会では
私たちはすべての子供にこんなふうに語りかけるだろう
「君は愛と至福と真実の種子を持っている
けれどもそれは種子だ
君は一生かけて精いっぱい努力しないといけない
種を蒔き育て方を学び、種が芽生えるのを忍耐強く待ちなさい
その植物の世話をし、さらに花が開く適切な時期を
祈りに満ちて待つことだ」

そしてそれこそ、私たちがここで行なっていることだ
内なる耕作、内なる庭作り、内なる農業の実験
だが、まず打撃(ショック)を受けるにちがいない
これまで私たちはいたずらに生を浪費し
私たちの行為はことごとく
誤った理念から行なわれたということに
過去のすべてがただ脇に置かれるよう
私たちはまず過去を水に流さねばならない

ゼロから始めなさい
まるで今日、生まれたかのように
そして今、生き始めるのだ
過去は忘れなさい、それを持ち運ぶのはやめなさい
それはあなたに何ももたらさない
それは悲劇だった――
過去を背負い続ける必要はいっさいない
過去から自由になりなさい
新たな試みができるように

26

month 11

誰もが見る目を持たずに生まれるが
その目を開く力は誰でも持っている
誰もがみな無明のうちに生まれる
というのも誕生の際は
無意識にならざるをえないからだ
人は生きていくことによって
その経験―― 善と悪、痛みと至福―― を重ねることによって
初めて、ゆっくりゆっくり目覚めていく
それはあなたの生が豊かなものとなって初めて起こる
―― 豊かとは、生きぬかれた生を意味する
密度の高い生を送る人は
ある日その両眼を開けることができるようになる

まさにその瞬間、人は革命的変容を遂げる
生は二度と再び同じではなくなる

目を閉じるとすべては闇と化す
目を開けると生はありとあらゆる光彩に溢れる
神とは目を見開いて存在を体験することだ
神を否定する人々はただ
自分たちが盲目であることを表明しているにすぎない
彼らは盲目であるばかりではなく、強情でもある
自分たちは盲目ではなく
神の方が存在しないのだと言い張る

もし目を閉じたままなら
太陽が空から光を降り注いでいても
あなたは暗闇に住む
あなたが真実を見ることを阻むには
目を覆うほんのちっぽけなカーテンだけで充分だ

生は偉大な教師だ
それは闇から光への究極的なジャンプができるよう
あらゆる人々の用意を整えている

目覚める瞬間、あらゆる惨めさや苦しみが
あまりにも滑稽で、愚かしく、馬鹿げて見えるので
人は不思議に思う
「どうやって私は苦しんでいたのだろう？
何が苦しかったのだろう？
どれほど長く私は苦しんでいたのだろう
―― すべては虚構だった
そこには何の実体もなかった
ただの妄想、夢だったのだ」

ゆえに神秘家たちは
私たちの世界を幻影、マーヤと言う
苦しみとは実体のないもの
至福こそ私たちの本質だ
このことを覚えておきなさい
そして何度も、何度も、何度も思い起こしなさい

人は三通りに存在できる
動物のようにあるか、人間のようにあるか
神のようにあるかだ
通常、人々は動物のように生きる
動物と人の間に大差はない
唯一の違いは
人は他の動物よりもたちの悪い動物だということだ
他のどんな動物よりも低く落ちることもある
人はより狡猾で、より邪悪だ
人は自分の能力を悪用する
創造的であるよりも破壊的になる……

人は動物として生を受ける
人間となるのはほんの一握りだ
人間とは名目上の存在でしかない
人間はいまだ生まれていない

こんな人々こそ人間だ
自分の運命を選び、決定するようになった人
向かうべき方向についての勘(センス)のある人
創造的な人、絶えず発見している人
実存と成長の新たな道を探求する人
生来のものに飽きたらない人
自分の生活形態(ライフ・スタイル)において
知性的であることを望む人、彼らこそが人間だ
そして究極なるものへ、神聖なるものへと昇っていくのは
ごくわずかな者だけだ

30

month 11

人間は機械的に生きる
あたかも夢遊病者のように
人間は行為し続けるが、まるでロボットのようだ
自分の行動を観察し始めると
自分が毎日同じ間違いを繰り返していることに気づき
驚くだろう
そしてあなたは
もう二度と同じ過ちは犯すまいと
何度となく決意してきた
だがそんな決意は無意味だ
同じ状況が再び訪れると
あなたは即座に古いパターンで反応する
あなたは対応の仕方を知らない

このふたつの言葉は意義深い
反応とは機械的、無意識的であることだ
対応とは非機械的、意識的であることだ
対応は状況に応じることであり
反応は古いパターンに従って行動することだ
反応とは受け売りの答えに従うこと
組み込まれたプログラムに従うこと
過去に指図され、支配されること —— それが反応だ
そして過去に全く干渉されずに
瞬間に生きることが対応だ

動物と人間の違いはただひとつ
動物は完全に無意識であることだ
人間のほうが少しばかり意識的だ
そして人間と神聖なるものの違いはただひとつ
神聖なるものは完全に意識的だということだ
人はふたつの中間に位置する
動物の完全な無意識と
覚者(ブッダ)や神の完全な意識との間に

人は下方に向かい、暗闇の中へ舞い戻ることもできるし
昇り始めることもできる

month 12

地を這うなかれ

MAN IS NOT MEANT TO CREEP & CRAWL ON THE EARTH

1
month 12

肉体は闇からなり、魂は光からなる
そしてこの闇と光の出会うところ
そこがマインドの領域だ
だからマインドは
わずかながら闇と光の両方を兼ねそなえている
そのためマインドは常に緊張している
なぜならマインドは
正反対の方向から同時に牽引されているからだ

肉体は肉体の方へ引き寄せ、魂は魂の方へ引き寄せる
そして両者の磁力はほとんど同じなので
マインドはその中間で宙ぶらりんの状態にある
マインドはある時は肉体を選び、ある時は魂を選ぶ
だが、いずれを選択したところで
誤りを犯したような感覚が残る
というのも、もう一方が置き去りにされているからだ
そこには何か欠落感がある
マインドは絶え間なく選択に迫られている
しかしどんな選択をしようとも、どっちつかずとなり
もう片方が仕返しをしてくることだろう
だからマインドは不安と苦悩に満ちているのだ

マインドは肉体と魂のいずれの一部にもなりえない
人は緊張から自由になるためにも
マインドから抜け出さなくてはならない
マインドを超越しないかぎり

マインドを越えていかないかぎり
安らぎを感じることはない

「マインドの安らぎ」というようなものは存在しない
人々は「マインドの安らぎ」について語る——
だがそれは意味をなさない
マインドとは安らいでいないことであり
安らぎとは無心（ノー・マインド）の状態のことだ
だから正確に表現するなら「無心の安らぎ」となる——
その時あなたは真の実存の中心に定まる

2

month 12

マインドは論争好きだ
議論に次ぐ議論—— それは果てしなく続く
あなたは交戦を続けるが
マインドが何らかの結論をもたらすことは決してない
それこそマインドの本性なのだ
哲学が人類に対して
ひとつの結論も与えられなかった理由はそこにある
哲学とは何の役にも立たない思考の訓練にすぎない
にもかかわらず、何千年もの間
えりすぐりの才気ある人々が
そのくだらない仕事に従事してきたのだ

マインドは論争を続けるが
決していかなる結論にも達しない
ハートは議論とは無縁だが、結論を了解している
これが事の真相であり、また生の神秘のひとつだ
マインドは実に騒々しい
だが、その騒音はすべて無益だ
ハートは沈黙している
ハートは約束を守る
頭からハートへ移行しなさい
論争から論争のない世界へと
すると生は突然、新しい様相を呈し始める
重要で意味深く、美と芳香に満ち
光と愛に満ちたものになる
そしてそのすべてが統合されたものこそ
神性の意味するところだ

思考はあたかも闇のようなものだ
それは闇のように現れる
それはまさしく実体あるもののように見えるが
灯（あか）りを持ち込めば
もはやそこにはなくなってしまう
それはただの現象、幻影のようなものだ

だから闇に対しては直接何も手を下せない
あなたはそれを投げ出すこともできなければ
採り入れることもできない
闇に対しては直接的には手も足も出ない
というのも、闇はそもそも存在しないからだ
それには何の重みもない――
単なる光の不在にすぎない
だから、灯りをともしさえすれば
その灯りの存在ゆえに不在は消える

同じことがマインドにも言える
マインドとは瞑想の不在だ
あなたが瞑想に入る瞬間
マインドはあたかも闇のように消え去る
そうして初めて
人は自分が全く実体のない世界に生きていたことを知る
マインドとは私たちの住むこの世界のことだ
真正なる世界は私たちから遠くかけ離れたところにある

マインドとは真正なるものを歪め続け
真正なるものを解釈し
真正なるものの上にそれ自身を投影し続ける
それはあなたが現実（リアリティ）を見ることを決して許さない
あなたが自分自身を見ることすら、決して許さない
マインドは非常に重要になり
あなたはそれに焦点を合わせ始める
するとふたつのリアリティ――
外側と内側はいずれも消え去り
この実体のない、かりそめの世界が
あなたの生のすべてになる
それはあなたを支配する
あなたはマインドを通して生き、マインドとして生きる

そしてそれこそ唯一の難問だ
実体のない世界に生きたら
あなたは生をいたずらに浪費することになる
そこには成長の可能性はいっさいない
成熟も、豊かさも、理解も、至福も、真実も
そこにはいっさい存在しえない

愛情深いハートだけが
存在の核心に触れることができる
マインドは浅薄で表面的なものだ
高みも深みもあずかり知らない
マインドとは愚かしいもの、常に二流止まりだ
それはあなたに
現実(リアリティ)の世界への洞察は与えられない
現実を知るためには
あなたのハートを機能させる必要がある――
そして愛とはハートのハミングに他ならない
ハートが歌うままにまかせなさい
たとえマインドがハートを咎めようとも
マインドのことなど気にとめないことだ
マインドはハートを強く非難し、こんなことを言う
「これは不合理だ」
たとえば状況があなたの惨めさを誘っているにもかかわらず
歌を歌い始めるなら
マインドはこんなふうに言う
「これは間違っている
そんなふうにすべきじゃない
あなたは惨めでなくてはならない――
それが道理というものだ」

あなたのハートが歌い、踊り、喜ぶにまかせなさい
マインドの犬は吠え続ける
「これは不合理だ
そんなことがあっていいものか、不謹慎だ」

それはあなたの内側にある詩情や愛をことごとく咎めたて
あなたをハートから引きずり出すために
あらゆる方法を試みるだろう
というのも、マインドの支配力全体が危機に瀕するからだ
だがマインドの言うことを聞いてはならない
ただ歌い、踊り続けなさい
祝福し続けなさい
するとある日あなたは驚くだろう
犬たちはもはや吠えておらず、遥か後方にいる

それが起こる日は、大いなる祝福の日となる
そして花々はあなたの上に降り注ぎ
全存在が、ありとあらゆる種類の喜びをあなたへと注ぎ始める
あなたは全体と繋がり、見者となったのだ
愛は人を見者にする
愛は人に目を与える

不平に満ちたマインドは決して宗教的にはなれない
不平を言うマインドが宗教的になることは不可能だ
というのも、不平に満ちたマインドは
根本的な現実(リアリティ)に気づくことがないからだ
その現実とは――
存在があなたを愛し、気づかっていること
そしてあなたが風や雨や太陽や月に助けられていること――
何が起ころうとも……
何かが起こるとき
時としてそれは災いのように見えるかもしれない
だが決して災いなどではない
それは常に祝福だ
おそらく最初のうちは災いのように見えるだろう
なぜなら私たちの視野は実に限定されているし
その展望は非常に狭いためだ
私たちは物事の全体像を見ることはできないし
言外の意味までは理解できない
私たちはその後に続いて起こる一連の出来事を
もらさず見ることはできない
それができていたら常に感謝し、祝福を感じているはずだ

死に臨むときでさえ
理解に至った人間は
存在に対して途方もない感謝の念をいだく
そういう人にとって、死は休息に他ならない
そういう人にとって、死は生の終結ではなく
この生より遥かに広大な生の始まりとなる

この生は真正なる生の単なるリハーサルにすぎないものだ——
つまり本物ではなかったのだ

本当のドラマは死の後に始まる——
理解した人間だけがそのことを知る
理解しない人々はリハーサルを本番と見なす
リハーサルが終わるとき
彼らは泣き叫び、生にしがみつき、生に執着する——
すべては祝福に他ならないのだ！

瞑想とはただ
マインドの中身がすっかり空っぽになることを意味する
つまり記憶、想像、思考、欲望、
期待、投影、気分といったものすべてだ
人は内側にあるものすべてを投げ捨て
空にし続けねばならない
生における最上の日とは
投げ出すものが何ひとつ見当たらなくなったときだ――
そこにはまったくの空（くう）があるだけだ！
その空において、あなたは自分の純粋なる意識を発見する
その空とは、マインドに関するかぎり空っぽということだ
本来それは満ち溢れ、横溢している
それは実存で満たされている――
マインドは存在せず、意識で満たされている
だから「空」という言葉を恐れないように
それは否定的なものではなく
単に不要な荷物を否定しているだけだ
その荷物は役立たずで、ただ古い習慣から持ち運んでいるもの
それはあなたの助けにならぬどころか単なる妨げと化している
ただのお荷物、それも山のような荷物だ

ひとたびそれが取り除かれたならあらゆる束縛から自由になる
あなたは大空のように無限になる
その経験は神を味わうこと、またはブッダフッドとでも
何でも好きなように呼んでかまわない……
ダンマ、道（タオ）、真理、ニルヴァーナと呼んでもいい
それらはすべて同じことを意味している

存在と感応し合うには純粋なハートが必要だ
あなたの中でマインドが
もはや支配力を持たなくなるとき
ハートは純粋になる
マインドが優勢のうちは、ハートは汚れたままだ
マインドはあたかも鏡に張り付くゴミのように
ハートにこびり付く
マインドとは思考のゴミに他ならない
思考のひとつひとつは、ただのゴミにすぎない
あらゆる思考を一掃することだ
そうすれば純粋になる

純粋さは道徳とは何の関わりもないものだ
もちろん、純粋なハートは道義をわきまえてはいるが
道徳的であることに必ずしも純粋さは必要ない
道徳的な人は、依然として頭の中に生きている
彼の道徳観は、依然として頭の統治下にある
道徳観念は純粋さを知らない
なぜならそれは無垢ではないからだ
だから覚えておきなさい
道徳があなたを純粋さへと導くことはない
しかしその逆は真だ
純粋さは確実に道義に通じる
だが最初に純粋さがあって初めて道義が後に続くのだ

私たちの真の実存とは
自らのもっとも内なる核のことだ
それはどこか外側にあるものではない
だからあなたはどこへも行く必要などない
ただ我が家に帰ればよいだけのことだ
それは、ここから向こうへの旅ではない
それどころか、向こう側からこちら側への旅だ
私たちはすでに向こう側にいるから
ここに戻って来る必要がある
私たちは常に過去か未来にいる
今に生きることだ

だからマインドが動き始めたときは
いつでもここに呼び戻しなさい
それが過去や未来へと動き始めたら、今に呼び戻すこと
ふたつの言葉を覚えておくように——「今、ここ」だ
だんだん人は、今ここに生き始める
そして、それこそ私たちが存在と感応し合える唯一の方法だ
なぜなら存在は常に、今ここにあるからだ
だが私たちが今ここにあることは決してない
私たちもまた今ここにある瞬間、出会いは起こる
それも必ず起こる

9
month 12

これは最近の発見だが
あらゆる成長にとって「配慮」は
もっとも大切な栄養のひとつとなる
外側にとっても内側にとっても、欠くことのできないものだ
子供には母親のミルクが必要だが
それにも増して母親の「配慮」を必要とする
もし母親が肉体のための栄養を与えるだけで
他に何の世話もせず
子供が自分は無視され
うとんじられているようだと感じたら
その子の成長は止まる
子供は自分自身の信頼を失い自信を喪失し
生の本来の目的を失う
自分が役立たずで、必要とされていないと感じ始める
必要とされることは最大の必要なのだ
それなしでは、その居心地のよい環境なしには
何も成長することはない

同じことは内側の世界でも起こる
私たちが不毛のままだとしたら、何かが間違っている
私たちはそれを省みることがなかった
それについて思い悩むことすらなかった……
そして、もっとも重要なことは「配慮」にある
あなた自身の中心（センター）にもっと留意することだ
時間のあるときにはいつでも
目を閉じて世間のことはすっかり忘れてしまいなさい

あなたの中心（センター）にありったけの注意を向け
充分に世話をし、いつくしみなさい
すると、たちまち花々が開き始める
それは園芸のようなもの、農業のようなものだ
それは無上の喜びをもたらす
というのも、あなたが意識の花々を見るとき
生は徒労ではなかったことを
また、自分に与えられた機会を見失わず
生を生かしたことを実感するからだ

10

month 12

生における究極の体験は逆説的なものだ
それは音なき音だ、さあ、それは不条理だ
音はするかしないかのどちらかしかない——
両方同時はありえない
だが、知るに至った者たちはみな
それが音なき音であることに
「隻手の音声」であることに同意する
知るに至った者たちはみな
究極の実体（リアリティ）は逆説的な性質を帯びることに同意している
なぜなら実体は対極を包含するからだ
それは夜であると同時に昼でもある
それは生でもあり死でもある
論理は切り分け、経験は結びつける
論理は対極の概念を作り出し
経験は対極などまったく存在しないことを
あなたに気づかせてくれる
すべての対極はただ補い合っている

真実の定義とは何か永遠なるものだ
永遠でないものは単なる事実にすぎず、真実ではない
また、事実と虚構の間に大差はない
ある事実が一瞬前には虚構であったかもしれず
たった今虚構であるものが
次の瞬間には事実に変わるかもしれない
虚構は真実ではないし、事実もまた真実ではない
東洋人が決して歴史を重視しない理由はそこにある——
なぜなら、歴史は事実から成り立っているからだ
西洋は非常に事実志向だ

11

month 12

西洋のマインドは、時間の意識の中で生きている
東洋のアプローチは、時間を超越したものへと向かう
それゆえ東洋では、真理を時間を超越したものと定義する
だから時間を越えていかないかぎり
真実については何ひとつ知りえない
時間の流れの中では
画面（スクリーン）に映し出された画像を見ているだけだ——
美しく、一時は心を奪われるかもしれない
だが深いところでは、ただの虚構だと了解している
やがて幕は閉じ、画面だけが取り残される
と突然、上映中リアルだったものは画面のみで
画像は単なる映写であったことを認識する

事実に基づく世界とは、ただの映写にすぎない
画面こそ実体（リアリティ）なのだ

だが画面（スクリーン）は映写によって隠されている
その画面とは神であり
世間とは神聖なる画面上に動く画像なのだ
どうすれば実体を見抜けるだろう――
存在するもの、これまでもここに在ったし
これからもずっと在り続けていくもの
東洋で見出された方法は瞑想だ
瞑想とは単に
画面のみが残るよう、あらゆる虚構と事実を落とすこと
虚構と事実に捉われたマインドを洗い清めることを意味する
意識の画面は純粋で空っぽだ
清らかで純白であり、すべてが静止している
あらゆる動静は消え去っている
というのも、あらゆる動静は時間の中にあるからだ

時は止まり、時計は止まる
突然あなたは別世界へ、遥か彼方の世界へと送り込まれる
そう、そこは真実の世界だ
真実を知ることはすべてを知ること
真実を知ることは真実となることだ
というのも、もはや知る者とその対象は
分離していないのだから
すると、知る者は同時に知る対象となる
見る者は見る対象でもあり、観察者は観察の対象でもある
その究極の体験はあなたを自由にする
それはあなたを
マインドによるあらゆる幻想と世俗的な物事から解放する

実体（リアリティ）とは逆説的なものだ
それはあらゆる対極を包含する
正しい展望のもとでは、それらは対極とは思われない
むしろ補い合っているように見え始める
だから逆説は、思考というずっと低い次元にのみ存在するのだ

まさにあなたが無思考の頂点に達すれば
そこに逆説はなくなる
突然、あらゆる対極が調和し始める
究極において昼と夜は出合い、溶け合う
生と死は出合い、溶け合う
夏と冬は出合い、溶け合う
そこには何の相違もない……

それを知的に理解するのは困難を極める
というのも、知的な観点からすれば
両者は対極に位置するからだ
知性には対極のもの同士が同時に起こることなど
想像もつかない
だが、それが知性の限界だ

物理学者が、初めてあらゆる物質の構成要素である究極の粒子
すなわち電子を発見したとき
それが非常に逆説的に作用するため当惑したものだ——
それをどう解釈すればよいのか？と
それは粒子として作用すると同時に、波動としても作用する

粒子とは単なる点だ、同時に線とはなりえない
線とは多くの点であり、ひとつの点は線ではない
波動は線だ
何十年もの間、それをどう解釈するかについて
大論争が繰り広げられてきた
それが通常の論理には収まらないためだ
ついに彼らは実体に耳を傾けざるをえなかった
他にどうしようがある？
実体がそうした狂った方法で作用しているのであれば
それをありのままに語らなければならない
論理は脇にのけることだ
私たちの論理はたいして重要ではない
ついに物理学者たちは、両者が同時に存在することを認めた
その日から物理学は形而上学となった
その日から物理学者は神秘家のように語り始めた
そうするしかなかったのだ
そして現在、いかに優秀な物理学者であっても
神秘家たちを逆説的だと見なす者はひとりもいない
今や彼らは身をもって体験したのだ
実体に遭遇するとき逆説を避けては通れないことを

第一段階は思考が消え去るときのマインドの沈黙だ
瞑想を始めるには
まず思考を見つめることから入らなければならない
ただ見つめることによって、ある日それは消え去る

次に第二段階——ハートの沈黙
それは感情を見つめることで訪れる
それはより精妙な現象であり、第一段階より遥かに深い
だが、その過程(プロセス)は同じだ
第一段階に成功したら、第二段階もまた越えられるだろう
すると二番目の沈黙に至る
マインドの沈黙とハートの沈黙——
両方の沈黙が存在してはじめて
あなたは観照する者まで消え去ったことに気づく
そこには見るべき対象が何もないからだ
そして知るべき対象も何ひとつない
知る人も消え去る

それこそが究極の沈黙だ
初めのふたつは究極なるものへと向かう踏み台だった
それは仏陀がニルヴァーナと呼び
イエスが神の王国と呼ぶ沈黙に他ならない

14

month 12

導師(マスター)とともにあることは
覚醒した人間とともに生きることを意味する
その人はもはや眠っておらず
夢見は終わり、悪夢は消え去っている
ただマスターと波長を合わせていることで
あなたはゆっくりと、ゆっくりと目覚めていく
まさにマスターのエネルギーそのものが
あなたの実存へと浸透し始める
ゆっくりとあなたのハートに沁み入り
ゆっくりとあなたに新しいハートを
新しい鼓動をもたらす
しかし、あなたが覚醒しないまま
マスターのもとに長く留まることはできない
というのも、マスターは絶え間なく
大声で呼びかけているからだ
あなたを起こすために
あなたを墓穴から引きずり出すために

ひとたびその眼を開けたなら
その瞬間にあなたは生まれて初めて
音楽を、歌を、踊りを体験するだろう
それはどんどん高まり、勢いを増していき
凡庸なマインドには
まったく想像だにできないほどの高みへと達する
それはマインドを越えるもの、遥かにしのぐものだ

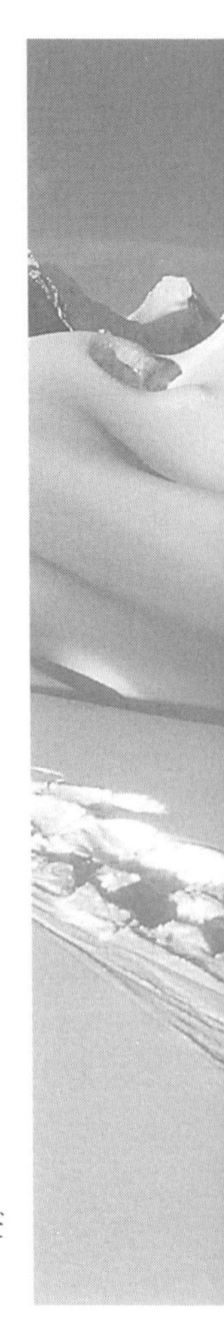

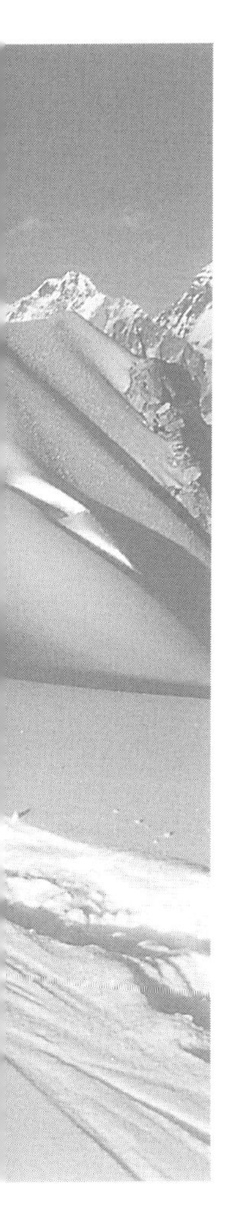

だからそれについて
マインドが何かを語ることはできない
それは言語に絶する名状しがたいものだ
この世界に関して
マインドはまったく手も足も出ない
その論理、言語、言葉
その有用性をもってしても——

未知なるものを目の前にして
マインドは初めて自らの無力さを自覚する
マインドが無力になるとき
あなたの中に
新しいエネルギーが解き放たれる
そのエネルギーとは
私が歌、踊り、あるいは歓喜(エクスタシー)と呼ぶものだ
……それは神の王国だ
あなたのハートが歌に満ち
まさに花開こうとしており
エネルギーに満ち溢れ
体が踊り出すとき
そしてそれを分かちあわずには
いられなくなったとき
はじめてあなたは皇帝となる

15
month 12

すべては贈り物に他ならない
私たちがそれを勝ちとったわけではない
それどころか受けるに値さえしないというのに
美しい入り日を前に
こんなことを思い巡らしたことがあるだろうか
「私はこれを受けるに値するだろうか？」
遠くで鳴くカッコウの声を聞きながら
こんなふうに考えたことがあるかね
「私は聴くに値するだろうか？」
あるいは松林を吹き抜ける風や
踊りながら海へと流れてゆく川や、満天の星々——
「私たちは、この美しい宇宙を手に入れるため
いったい何をしたというのだろう？
そのためにお金を支払ったわけでもなければ
それを受けるに値するわけでもない」と

宗教的意識が、感謝の念が湧き起こる——
それはこの体験から生じるものだ
私たちは受けるに値するわけではないのに
与えられ続けている
人は未知なる手に対して途方もない感謝の念を感じ始める
この美しい、この素晴らしく信じがたいほど
美しい存在を創造した見えざる手に対して
感謝の念を抱くとき人は宗教的になる——
キリスト教徒や、ヒンズー教徒、回教徒になることで
宗教的になるわけではない
感謝の念を抱くとき、初めてそれは起こる

宇宙は広大で果てしない、それは私たち自身にも言えることだ
私たちは宇宙の一部なのだから
そして部分は、全体と不可分のものだ
全体の資質がどんなものであれそれは同時に部分の資質となる

ちょっとした定理だが覚えておくがいい
部分が有限だとしたら、全体も無限にはなりえない
もし全体が無限なら、その各部分もすべて無限であるはずだ
そして私たちは、この無限なる存在の一部だ
私たちもまた無限なるものなのだ
それゆえ東洋の見者はこう宣言した——
「アハーム・ブラフマスミ —— 私は神だ」と
アル・ヒラジ・マンスールは語った
「アナル・ハク —— 私は真理だ」と
それは途方もなく重要な宣言だ
彼らはそれを全人類に代わって宣言した
それは自己本位の主張ではない
彼らはただ真実を提示したにすぎない
だからただ感じてみることだ
あなたが無限なる存在の一部であることを
そこには始まりも終わりもない、あなたはすぐに
不意に体を持ち上げられたような浮遊感を覚える
ちっぽけな悩みや、ささいな問題は消え失せる
あなたの広大さに比較すれば
それは実に取るに足らぬものだ
そんなことはすべて意味を失い
まったく無関係なものになってしまう

17
month 12

覚醒した人間は例外なく人々に途方もない慈悲を抱き
彼らのために最善を尽くそうとしてきた
だがその体験の核心は、言葉ではとうてい説明できない
それを知りたければ体験することだ
真理は体験でしかありえない
あなたが星々や花々に満ち溢れていても
それを誰かに譲り渡すことは絶対に不可能だ
それは譲渡不可能なもの、教えられないものだ
だが油断のない人々ならその一瞥を捉えることができる
それは教えることのできないものだ
だが感じとることならできる

究極の真理は表現不可能なものだ
それはいわば味覚のようなもの
味わったことがあればわかるが
さもなければ伝えるすべはない
蜂蜜を味わったことのない人に
甘みがどんなものか知らせることはできない
一度も光を目にしたことのない人は
光について何ひとつ理解できない
光を知り、体験した者は
それがほとんど表現不可能であることを知る
それは言語の域を遥かに越えるものだからだ
体験はあまりにも広大だが
言語は極めて限定されている
体験はこの上なく神聖だが
言語は極めて世俗的だ
そのため、そこには橋渡しの可能性がいっさいない

真理はこれまで幾度となく発見されている
知り得た人は一人残らず
自らの体験を伝えようと試みてきた
にもかかわらず失敗に終わっているのはそのためだ
だが私たちは
彼らが試みてくれたことに感謝したいと思う
なぜならその努力の積み重ねによって
生はより豊かさを増してきたのだから

19

month 12

本物は体験せねばならない
だから私は、信じることにではなく体験に重きをおく
私の語ることを鵜呑みにしないように
体験するよう心掛けなさい
体験しないうちは信じようとする心に負けてはならない
その誘惑は常にある
というのも、信じるのはたやすいからだ
マインドはつぶやく
「探り、問い、探求していくことの要点は
いったいどこにあるのだろうか！
なぜ悩む？　ただ信じればいいじゃないか！
仏陀は知っている、イエスは知っている
老子は知っている、ツァラトゥストラは知っている
だったら探求することに何の意味があるのか？
彼ら全員がそうだと言っているのならそうに決まっている」

しかしツァラトゥストラが水を飲めば彼の渇きは癒されるが
あなたの渇きは癒されぬままだ
ツァラトゥストラが悟ったとしても
悟るのは彼であってあなたではない

信じることは死だ、それは終止符だ
あなたは単純に、それをあたり前のこととして
受け取ってしまう
誰かが語ると、権威ある誰かが語ると——
聖書や、コーランや、ギータのたぐいだと
あなたは単純にその権威を信じる

いかなる権威であれ、信じ込むことは
あなたの知性の破壊につながる
あらゆる権威は知性を失わせる

自分でも何も知らない人々だけが、信じることを力説する
彼らは探求を恐れ、疑いを恐れ
あらゆる問いを恐れている
彼らはあらゆる問いを抑えつけ
あらゆる疑いを非難する
だが、私は疑いを尊重する

だから私はあなたがたのために
まさに仮説として在る必要がある
私はあなたに仮説を与えよう
そうすれば、あなたは探求へと向かわざるをえない
そうだ、私にはあなたが真理を発見することはわかっている
なぜなら私もまた
同じ探求を通して真理を発見したからだ
私はあらゆる人々の知性と
その潜在する可能性を信頼している
そしてある日、あなたは全体とひとつであることを発見し
我が家へと辿り着く
今やあなたは無上の祝福に包まれている
それはあまりにも溢れんばかりなので
全宇宙をも祝福できるほどだ

20

month 12

どの人も皆、聖なる声とともに誕生する
が、決してそれを聴くことはない
それは静かな、ごく小さい声だ
それは神の声だ
だが私たちの頭の中は、他の様々な声で充満している——

他にもおびただしいほどの声がひしめき合い——
私たちは静かで小さな声を聞き取れずにいる
人々の頭の中では
すべての放送局が同時にオン・エアされているから
非常に騒々しい
たとえ神が叫び声を上げようとも、聞き取れないだろう
それに神は決して叫んだりしない
神は囁きかける
愛は常に囁きかける
というのも、叫ぶことは少しばかり暴力的だからだ
愛は待つことを知っている
それゆえ神は待つ
愛は希望を知っている
それゆえ神は希望を抱く
今日が駄目なら明日はどうだろう……
いつの日かあなたは耳を傾けようとするだろう
だからもっともっと静かになり
騒音をどんどん減らしていきなさい
すると、あなたの内なる神の囁き声を
聞き取れるようになるだろう
それは新しい生の始まり、永遠なる生の始まりとなる

生におけるもっとも稀少な体験は沈黙だ
通常、生はひどく騒々しい
外側には騒音があり、内側にも雑音があり
ひしめき合っている
あなたがたを狂わせるに充分事足りるものだ
それは全世界を狂気へと追いやってしまった
人は内側の雑音を止めなければならない――
外側の騒音は、私たちの制御範囲を越えているから
放っておきなさい――
だが、内側の雑音は止められる
そしてひとたび内側の雑音が止まり、沈黙に包まれたなら
外側の騒音は、もはや何の問題でもなくなる
あなたはそれを楽しむことさえできる
何の支障もなく、その中で暮らすこともできる
そうだ、内なる沈黙の体験はユニークで比類なきものだ
何しろこの体験から、あらゆる体験が芽生えていくからだ
それは宗教の全殿堂の礎となる

沈黙なくしては、どんな真理も自由も神もありえない
沈黙の中で
突然これまでなかったものが存在するようになり
これまで在ったものが消え失せる――
あなたの視点や展望が変わったのだ

沈黙は、あなたが見えざるものを見
知られざるものを知ることを可能にする
それこそ沈黙のユニークたるゆえんだ

22
month 12

社会はあなたの愛のエネルギーにいっさい興味がない
社会の関心のすべては
あなたの頭、いわゆる頭脳的な能力にある
というのも、市場における商品として使えるからだ
社会はただ、効率の良さを求める——
有意義である必要はなく、ただ単に能率的であればいい
そう、まるで機械のように
だが機械は愛のことなどあずかり知らず
決して理解することもないだろう

頭に関しては、遅かれ早かれコンピュータが
それにとって変わるだろう
頭がこれまでこなしていたことなど
コンピュータの方が遥かに手際よく処理できる
だが、これまでに
恋に落ちたコンピュータがあったとは思えない
論理とは機械的能力のことだ——
それは機械にも可能だ
愛はあなたの内側に潜む、本当に人間的な要素だ
だが、社会は愛には何の関心もない
愛は社会にとって無益なものだ
だから、社会はあらゆる人々に論理的であるよう教え込む
だが、頭にかかりっきりになればなるほど
どんどんハートはないがしろにされてゆく

神はハートを通して知られる
真理はハートを通して知られる
ハートは私たちが存在へ飛び込むための中枢だ
それは大洋へと飛び込むための飛び込み台なのだ

人間は不死なる存在だ
実のところ死というものは存在しない
とはいっても、頭にそれが理解できるだろうか？
いや、その見込みは全くない
それはハートを通して理解するものだ
だから私は
生においてあなたの不死性に気づかせてくれるのは
愛の体験だけだと見なすのだ
そうだ、ひとたび不死性を悟るとき
言うまでもなく、あなたの生は
全面的に異なった質を呈し始める――
詩的で踊りと歌と祝祭に満ちたものとなる
いかなる死も存在しない
人は高らかに声を上げることだろう
「ハレルヤ！」と

23

month 12

私のここでの努力は
あなたの愛がより大きくなるよう助けることに、注がれている
いわゆる宗教は、おしなべて私の試みの対極にある
宗教は、あなた方の愛が惨めさを引き起こす事実に気づき
愛を放棄することを説く
私もまたあなた方の愛が
惨めさを引き起こすことは承知している
だがそれに気づくことで、私は制約を放棄することを教える
あなたの愛を限りなきものにしなさい

いわゆる宗教的流儀と私の取り組みは
同じ地点から始まっている
だが、私たちは別々の方向に向かう
彼らは面倒を引き起こす原因は愛にあると考える
だが私はそれには同意できない
問題を作り出しているのは
あなたが愛に課している制約にある

愛を放棄しても解決策にはならない
制限を取り払いなさい、ただ愛しなさい
愛を自発的な、自然な現象のままにしておくことだ

愛を制約から解放する瞬間、あなたは自由になる
愛が解き放たれる瞬間
あなたの実存もまた自由なものとなる
なぜならあなたの実存は愛でできており
あなたの魂もまた愛でできているからだ

私のここでの努力は
あなたをもう少しばかり陽気で喜びに満ちた状態にし
存在全体があなたに与え続けているあらゆる贈り物に
気づかせることに注がれている
すると、あなたの内側から感謝の念が湧き起こる
そしてその感謝の念から生まれるものは
神へと捧げる歌になる
人はただただ感謝の念から存在に跪く(ひざまずく)
自らを、自分が持っているもののすべてを存在に捧げる
—— いくばくかの実存の花々を
その花々こそ、私が歌という言葉で表すものだ
ほんの少しの創造性でかまわない
あなたが創り出せるものなら何であろうとかまわない

まさにその実感——
「私はこの美しい世界に、優美なる存在に
少しばかり貢献することができた
魂の闇夜を少しばかり明るくすることができた」
この実感があれば
人は満たされ、深い満足を覚える
これ以上必要なものなど何もない
それ以外のどんな宗教も必要ではない

創造性こそは宗教であり
創造性こそは祈りに他ならない
だが創造性とは、瞑想的であるとき初めて生まれるものだ

25

month 12

ただ単にハートで生きているだけで
気違いと見なされている人々が大勢いる
彼らは頭によって作られた社会には
適応できずにいる
彼らはいわゆる社会よりも
遥かに素晴らしい空間にいる
それが彼らの唯一の問題となる
それはあたかも盲目の人々の中で暮らす
目開きの人のようだ
そういう人は絶えず苦しい立場におかれている
誰も彼に耳を貸そうとはせず
誰ひとりとして彼を理解する者はいないだろう
彼はあらゆる状況下で誤解される宿命にある

だから、あえてハートに生きようとする人は
ほんの一握りしかいない
彼らは神秘家だ
彼らはごく近くまで来ている——
だが近いということは
依然として少しばかり距離があることを意味する
あともう一歩の量子的飛躍が必要だ
もう一度ジャンプすれば
表現し得ぬ世界に到達することだろう
それは肉体でもなければ、マインドでもハートでもない
だがあなたがたの言語はすべて
肉体、マインド、ハートのいずれかに属する言葉から成り立つ
だから、それを表す言葉はひとつも存在しないのだ

友情には、何らかの精神的な要素が含まれている
愛は生物学的なものだが、友情は精神的だ
そして愛が友情のようにならないかぎり
人は愛に苦しむことになる
至福を見出すどころか
ますます惨めさに直面するばかりだろう
だが、それは愛のエネルギーのせいではない
その理由は、あなたが愛のエネルギーを
より純粋なものに高めたり
磨きをかける努力を怠っていることにある
あなたは愛を当たり前のこととして受け止めている
あたかも完成品であるかのように、だがそれは完成品ではない
あなたの愛を友情のようなものにしなさい
あなたの愛を祈りへと昇華させることだ
そこにはふたつの可能性がある、ふたつの局面が開けている
もし、あなたが愛する人と友好的になれたら
多くの人々を愛せるようになる
あなたの愛はどんどん広がり、その波紋はますます大きくなる
これが最初の局面だ

次にあなたが何の執着もなく、多くの人々を愛し始めたら
他者に対しても同じ行為を許すようになるだろう
あなたの愛はさらなる局面へ向けて成長し始める——
その局面とは祈りだ
祈りとは全体を、全宇宙を愛し
木々、岩、川、山々、星々と友達になることを意味する
友情が祈りの境地に至るとき、人は宗教的になる

27

month 12

自我（エゴ）は完全に落としてしまわねばならない
あなたは達成者になるために生まれたわけではない
必要とするものは何であろうと、すでに与えられている
それは既成の事実だ
あなたに求められているのは
ただそれが成長するのを許すことだけだ
あなたの可能性はすでにそこにある
ただ障害となっているものを取り払うだけでいい
私の考えを
肯定的思考に対抗する否定的思考だとも言えるだろう
いわゆる肯定的思考では
自分がこうありたいという想念を思い描くようにと言うだろう
私は、存在がすでに今あるあなたを作ったのだから
ただ障害を取り去るだけで事足りると言おう

それは偉大な神秘家たち、あらゆる覚者たちの
最古の昔から伝わる教えだった
私たちはその手法をネティ・ネティと呼ぶ
次のように唱え続けなさい
「これは私ではない、これは私ではない」
そして取り去るべきものが何ひとつなくなるまで
ひとつ残らず取り去り続けなさい
絶対的な無が起こるとき、その無の中で蓮が花開く
あなたがいないとき、生まれてはじめてあなたは在る
そして生において
この逆説（パラドックス）の体験以上に価値ある体験は存在しない

真に宗教的な人間は大地に根ざしている
それは然るべきことだ
そうでなければ、彼は根なし草となる
だから私は大地に根ざすようにと教える
まずは大地だ
なぜなら私は知っているからだ
根が地中深く伸びていって初めて
人は雲をも突き抜け昇って行くことができると
花々は開く
だがそれは、根が深く深く張りめぐらされて初めて起こる

だから私にとっては
世俗的なものと神聖なものは何ら違わない
それは一枚のコインの表と裏だ
歌い、踊り、愛すること
そして創造性、ほがらかさ、笑いは
神聖さに何ら反するものではない
それは神聖さの本質的な部分だ
それも、ほんの一部ではなく——
きっかり二分の一を占め
しかも残りの半分に優先するものだ
最初の半分があれば残りの半分は自動的に後に続く
それらを分割することはできない
だが、過去においては残りの半分の方がより重視された

より重視されていたばかりでなく
最初の半分を帳消しにするほどだった
宗教が死んだ理由はそこにある
神が地上から姿を消した原因はそこにある
神は根のない樹と化してしまった

神の復活は可能だ
だが、神を生き返らせる唯一の道は
大地に根ざすことにある —— そしてそれこそ
ほがらかさ、歌、祝祭、という言葉で
私が示唆していることだ

蓮は実に象徴的な花だ——
蓮は泥から生まれる——
もっとも美しい花は汚れた泥から生まれる
祈りは性欲から生まれ、魂は肉体から生まれる
性欲、肉体は泥に当たるものだ
そして神聖さは世俗から生じる
表面的には、それは不可能なことのように見える
泥だけを見れば
それが蓮を生み出せるとは信じがたいだろう
蓮だけを見れば
それが汚れた泥から生じたとは信じがたいだろう
だが、それが事の真相だ
もっとも低いものはもっとも高いものと繋がっている
もっとも高いものはもっとも低いものに含まれ
もっとも低いものはもっとも高いものに含まれている
すべては繋がり合っている
そして、生とは梯子のようなものだ

何ひとつとして否定されるべきではない
——これこそが私の教えの土台となる
たとえそれが汚れた泥であろうとも
すべては蓮の花に変容されねばならない

30
month 12

人は時間の中に生きることもできれば
永遠の中に生きることもできる
選択の自由は与えられている
運命や宿命といったものは存在しないのだから
人間は自由な存在だ、運命を背負うことなく生まれてきた
未来は開かれている、常に開かれている
あなたが誕生する時点で
すでにあなたの未来が決定されているわけではない——
ひとつひとつの行為が未来を決めていく
ひとつひとつの行為はあなたが選ぶものであり
それぞれの段階において
あなたは自分の人生の方向さえも変えることができる
何百万もの人々が、時間の中に生きている
永遠のことなど全く知らない群衆の中に生まれついたという
ただそれだけの理由で、彼らの両親は時間の中に生きてきた
そして彼らの教師たちや、彼らの指導者たち
そして彼らを取りまく社会全体が時間の中に生きている
誕生から死に至るまでずっとだ
だから、あらゆる子供たちがそれを模倣し始める
そんな具合に子供たちは学んでいき
そんな具合に子供たちは条件付けされていく

誰もが皆、時間は三つの時制から成り立つと教え込まれる
—— 過去、現在、未来だ
だが、それは完全に間違っている
時間はただ、過去と未来から成り立っている
現在とは永遠を貫くものだ

現在は時間に属さない超越的なものだ
現在に生きることは時間の枠から抜け出ることだ
今ここに在ること、トータルに今ここに在ること
それは輪廻から抜け出ることを意味する
そして奇跡的なのは、あなたが時間から抜け出せた瞬間
同時に惨めさからも抜け出ているということだ
惨めさとは時間の副産物であり、至福とは永遠の副産物だ
人はいかなる瞬間にも永遠なるものへと移行する自由がある
なぜならそれは常にそこにあるからだ
実のところ、過去は決して存在したためしがない
にもかかわらず、私たちはそれにしがみついている
私たちは実体のないものにしがみついている
両手が実体のないものにしがみついているせいで
その両方のまさに
真ん中にあるもの
—— 現在、真なるもの、
実存的なものを
見逃し続ける

31

month 12

私たちの両手は塞がっている
片手は過去にしがみつき、
一方の手は未来にしがみついている
私たちの実存の一部は記憶に溢れており
他の部分は妄想や夢や投影に溢れている
だが過去と未来の狭間は、
この上なく微妙で繊細な瞬間だ
それは薔薇の花のようなもの —— 壊れやすく、はかない
瞑想とはただ、それを見逃すことなく
それと調和することだ

ゆっくりゆっくり
過去と未来に執着する両手を空っぽにしていきなさい
するとあなたは今に満たされていくはずだ
—— そしてそれこそが変容だ、それは神聖への扉を開け放つ

生こそ唯一の神だ
人はそれを生きぬかねばならない
強烈に、情熱的に、
手を抜かずに生きぬかねばならない
生温い状態で生きてはならない
あなたの命の松明(たいまつ)を両端から同時に燃やしなさい
ほんの一瞬であろうと
それは永遠に続く時間を遥かにしのぐ価値がある

瞬間瞬間に生きなさい
だが何ひとつ中途半端に終わらせることなく生きなさい

今ここに在りなさい
あたかもそれが最後の瞬間であるかのように

これこそ人の生きるべき道だ
一瞬一瞬が最後の瞬間であるべきだ
なのに、なぜそんなに生温く生きるのかね？
ひょっとしたら次の瞬間に、あなたはいないかもしれない
だから、あなたが得たすべてを生に注ぎ込むことだ
得たすべてをその一瞬に賭けなさい
次の瞬間のことなど誰に解るというのかね

これこそ人の生きるべき道だ！
結果に構うことがなければ、あなたは蓮の花となる
この蓮の花を、何度も何度も思い返すがいい
さらにさらに深く、今ここに在ることができるように
しかし、同一化や執着を持つことも
しがみつくこともいっさいなく

未来はないのだから、十全(トータル)に生きられるはずだ
それに過去はないのだから、しがみつくことはない

ひとたびこれが起こったなら生は至福となる——
何の制限もなく果てしなく永遠に続く至福となる

新装版　夜眠る前に贈る言葉

2018年6月26日　新装版 第1刷発行

講　話■OSHO

翻　訳■マ・ナヤナ

照　校■マ・ジヴァン・アナンディ、マ・アナンド・ムグダ

装　幀■スワミ・アドヴァイト・タブダール

発行者■マ・ギャン・パトラ

発　行■市民出版社

〒168―0071
東京都杉並区高井戸西2―12―20
電　話03―3333―9384
ＦＡＸ03―3334―7289
郵便振替口座：00170―4―763105
e-mail：info@shimin.com
http://www.shimin.com

印刷所■シナノ印刷株式会社

Printed in Japan

ISBN978-4-88178-261-3 C0010 ¥2200E

付　録

● 著者（ＯＳＨＯ）について

ＯＳＨＯの説くことは、個人レベルの探求から、今日の社会が直面している社会的あるいは政治的な最も緊急な問題の全般に及び、分類の域を越えています。彼の本は著述されたものではなく、さまざまな国から訪れた聴き手に向けて、即興でなされた講話のオーディオやビデオの記録から書き起こされたものです。

ＯＳＨＯは、「私はあなたがただけに向けて話しているのではない、将来の世代に向けても話しているのだ」と語ります。

ＯＳＨＯはロンドンの「サンデー・タイムス」によって『二十世紀をつくった千人』の一人として、また米国の作家トム・ロビンスによって『イエス・キリスト以来、最も危険な人物』として評されています。

また、インドのサンデーミッドデイ誌はガンジー、ネルー、ブッダと共に、インドの運命を変えた十人の人物に選んでいます。

ＯＳＨＯは自らのワークについて、自分の役割は新しい人類が誕生するための状況をつくることだと語っています。彼はしばしば、この新しい人類を「ゾルバ・ザ・ブッダ」――ギリシャ人ゾルバの世俗的な享楽と、ゴータマ・ブッダの沈黙の静穏さの両方を享受できる存在として描き出します。

ＯＳＨＯのワークのあらゆる側面を糸のように貫いて流れるものは、東洋の時を越えた英知と、西洋の科学技術の最高の可能性を包含する展望です。

ＯＳＨＯはまた、内なる変容の科学への革命的な寄与――加速する現代生活を踏まえた瞑想へのアプローチによっても知られています。その独特な「活動的瞑想法（アクティブメディテーション）」は、まず心身に溜まった緊張を解放することによって、思考から自由でリラックスした瞑想の境地を、より容易に体験できるよう構成されています。

●より詳しい情報については

http:// **www.osho.com**　をご覧下さい。

多国語による総合的なウェブ・サイトで、ＯＳＨＯの書籍、雑誌、オーディオやビデオによるＯＳＨＯの講話、英語とヒンディー語のＯＳＨＯライブラリーのテキストアーカイブや ＯＳＨＯ瞑想の広範囲な情報を含んでいます。

ＯＳＨＯマルチバーシティのプログラムスケジュールと、ＯＳＨＯインターナショナル・メディテーションリゾートについての情報が見つかります。

●ウェブサイト

http://.osho.com/Resort

http://.osho.com/AllAboutOSHO

http://www.youtube.com/OSHOinternational

http://www.Twitter.com/OSHOtimes

http://www.facebook.com/pages/OSHO.International

◆問い合わせ

Osho International Foundation ; www.osho.com/oshointernational,
oshointernational@oshointernational.com

●ＯＳＨＯインターナショナル・メディテーション・リゾート

場所：インドのムンバイから100マイル（約160キロ）東南に位置する、発展する近代都市プネーにあるOSHOインターナショナル・メディテーション・リゾートは、通常とはちょっと異なる保養地です。すばらしい並木のある住宅区域の中にあり、28エーカーを超える壮大な庭園が広がっています。

OSHO瞑想：あらゆるタイプの人々を対象としたスケジュールが一日中組まれています。それには、活動的であったり、そうでなかったり、伝統的であったり、画期的であったりする技法、そして特にOSHOの活動的（アクティブ）な瞑想が含まれています。瞑想は、世界最大の瞑想ホールであるOSHOオーディトリアムで行なわれます。

マルチバーシティー：個人セッション、各種のコース、ワークショップがあり、それらは創造的芸術からホリスティック健康管理、個人的な変容、人間関係や人生の移り変わり、瞑想としての仕事、秘教的科学、そしてスポーツやレクリエーションに対する禅的アプローチなど、あらゆるものが網羅されています。マルチバーシティーの成功の秘訣は、すべてのプログラムが瞑想と結びついている事にあり、私達が、部分部分の集まりよりもはるかに大きな存在であるという理解を促します。

バショウ（芭蕉）・スパ：快適なバショウ・スパは、木々と熱帯植物に囲まれた、ゆったりできる屋外水泳プールを提供しています。独特のスタイルを持った、ゆったりしたジャグジー、サウナ、ジム、テニスコート……そのとても魅力的で美しい環境が、すべてをより快適なものにしています。

料理：多様で異なった食事の場所では、おいしい西洋やアジアの、そしてインドの菜食料理を提供しています。それらのほとんどは、特別に瞑想リゾートのために有機栽培されたものです。パンとケーキは、リゾート内のベーカリーで焼かれています。

ナイトライフ：夜のイベントはたくさんあり、その一番人気はダンスです。その他には、夜の星々の下での満月の日の瞑想、バラエティーショー、音楽演奏、そして毎日の瞑想が含まれています。

あるいは、プラザ・カフェでただ人々と会って楽しむこともできるし、このおとぎ話のような環境にある庭園の、夜の静けさの中で散歩もできます。

設備：基本的な必需品のすべてと洗面用具類は、「ガレリア」で買うことができます。「マルチメディア・ギャラリー」では、OSHOのあらゆるメディア関係の品物が売られています。また銀行、旅行代理店、そしてインターネットカフェもあります。ショッピング好きな方には、プネーはあらゆる選択肢を与えてくれます。伝統的で民族的なインド製品から、すべての世界的ブランドのお店まであります。

宿泊：OSHOゲストハウスの上品な部屋に宿泊する選択もできますし、より長期の滞在には、住み込みで働くプログラム・パッケージの一つを選べます。さらに、多種多様な近隣のホテルや便利なアパートもあります。

www.osho.com/meditationresort

www.osho.com/guesthouse

www.osho.com/livingin

日本各地の主なOSHO瞑想センター

OSHOに関する情報をさらに知りたい方、実際に瞑想を体験してみたい方は、お近くのOSHO瞑想センターにお問い合わせ下さい。

参考までに、各地の主なOSHO瞑想センターを記載しました。尚、活動内容は各センターによって異なりますので、詳しいことは直接お確かめ下さい。

◆東京◆

・**OSHOサクシン瞑想センター**　Tel & Fax 03-5382-4734
マ・ギャン・パトラ　〒167-0042　東京都杉並区西荻北1-7-19
e-mail osho@sakshin.com　http://www.sakshin.com

・**OSHOジャパン瞑想センター**
マ・デヴァ・アヌパ　Tel 03-3701-3139
〒158-0081　東京都世田谷区深沢5-15-17

◆大阪、兵庫◆

・**OSHOナンディゴーシャインフォメーションセンター**
スワミ・アナンド・ビルー　Tel & Fax 0669-74-6663
〒537-0013　大阪府大阪市東成区大今里南1-2-15 J&Kマンション302

・**OSHOインスティテュート・フォー・トランスフォーメーション**
マ・ジーヴァン・シャンティ、スワミ・サティヤム・アートマラーマ
〒655-0014　兵庫県神戸市垂水区大町2-6-B-143
e-mail j-shanti@titan.ocn.ne.jp　Tel & Fax 078-705-2807

・**OSHOマイトリー瞑想センター**　Tel　0798-55-8722
スワミ・デヴァ・ヴィジェイ
〒662-0016　兵庫県西宮市甲陽園若江町1-19親和マンション101
e-mail vijay1957@me.com　http://mystic.main.jp

・**OSHOターラ瞑想センター**　Tel 090-1226-2461
マ・アトモ・アティモダ
〒662-0018　兵庫県西宮市甲陽園山王町2-46　パインウッド

・**OSHOインスティテュート・フォー・セイクリッド・ムーヴメンツ・ジャパン**
スワミ・アナンド・プラヴァン
〒662-0018　兵庫県西宮市甲陽園山王町2-46　パインウッド
Tel & Fax 0798-73-1143　http://homepage3.nifty.com/MRG/

・**OSHOオーシャニック・インスティテュート**　Tel 0797-71-7630
スワミ・アナンド・ラーマ　〒665-0051　兵庫県宝塚市高司1-8-37-301
e-mail oceanic@pop01.odn.ne.jp

◆愛知◆

・**OSHO 庵瞑想センター** Tel & Fax 0565-63-2758
スワミ・サット・プレム 〒444-2326 愛知県豊田市国谷町柳ヶ入２番
e-mail satprem@docomo.ne.jp

・**OSHO EVENTS センター** Tel & Fax 052-702-4128
マ・サンボーディ・ハリマ
〒465-0058 愛知県名古屋市名東区貴船 2-501 メルローズ 1 号館 301
e-mail: dancingbuddha@magic.odn.ne.jp

◆その他◆

・**OSHO チャンパインフォメーションセンター** Tel & Fax 011-614-7398
マ・プレム・ウシャ 〒064-0951 北海道札幌市中央区宮の森一条 7-1-10-703
e-mail ushausha@lapis.plala.or.jp
http:www11.plala.or.jp/premusha/champa/index.html

・**OSHO インフォメーションセンター** Tel & Fax 0263-46-1403
マ・プレム・ソナ 〒390-0317 長野県松本市洞 665-1
e-mail sona@mub.biglobe.ne.jp

・**OSHO インフォメーションセンター** Tel & Fax 0761-43-1523
スワミ・デヴァ・スッコ 〒923-0000 石川県小松市佐美町申 227

・**OSHO インフォメーションセンター広島** Tel 082-842-5829
スワミ・ナロパ、マ・ブーティ 〒739-1733 広島県広島市安佐北区口田南 9-7-31
e-mail prembhuti@blue.ocn.ne.jp http://now.ohah.net/goldenflower

・**OSHO フレグランス瞑想センター** Tel & Fax 0846-22-3522
スワミ・ディークシャント
〒725-0023 広島県竹原市田ノ浦 3 丁目 5-6
e-mail: info@osho-fragrance.com http://www.osho-fragrance.com

・**OSHO ウツサヴァ・インフォメーションセンター** Tel 0974-62-3814
マ・ニルグーノ 〒878-0005 大分県竹田市大字挟田 2025
e-mail: light@jp.bigplanet.com http://homepage1.nifty.com/UTSAVA

◆インド・プネー◆

OSHO インターナショナル・メディテーション・リゾート

Osho International Meditation Resort
17 Koregaon Park Pune 411001 (MS) INDIA
Tel 91-20-4019999 Fax 91-20-4019990

http://www.osho.com
e-mail：oshointernational@oshointernational.com

＜OSHO 講話 DVD 日本語字幕スーパー付＞

■価格は全て税別です。※送料／DVD 1本¥260　2～3本¥320　4～5本¥360　6～10本¥460

■道元 6 —あなたはすでにブッダだ—

偉大なる禅師・道元の『正法眼蔵』を題材に、すべての人の内にある仏性に向けて語られる目醒めの一打。『「今」が正しい時だ。昨日でもなく明日でもない。今日だ。まさにこの瞬間、あなたはブッダになることができる。』芭蕉や一茶の俳句など、様々な逸話を取り上げながら説かれる、覚者・OSHOの好評・道元シリーズ第6弾！（瞑想リード付）　●本編2枚組131分　●¥4,380（税別）●1988年プネーでの講話

■道元 5 —水に月のやどるがごとし—（瞑想リード付）

道元曰く「人が悟りを得るのは、ちょうど水に月が反射するようなものである……」それほどに「悟り」が自然なものならば、なぜあなたは悟っていないのか？

●本編98分　●¥3,800（税別）●1988年プネーでの講話

■道元 4 —導師との出会い・覚醒の炎—（瞑想リード付）

●本編2枚組139分　●¥4,380（税別）●1988年プネーでの講話

■道元 3—山なき海・存在の巡礼—（瞑想リード付）

●本編2枚組123分　●¥3,980（税別）●1988年プネーでの講話

■道元 2 —輪廻転生・薪と灰—（瞑想リード付）

●本編113分　●¥3,800（税別）●1988年プネーでの講話

■道元 1—自己をならふといふは自己をわするるなり—（瞑想リード付）

●本編105分　●¥3,800（税別）●1988年プネーでの講話

■禅宣言 3 —待つ、何もなくただ待つ—（瞑想リード付）

禅を全く新しい視点で捉えたOSHO最後の講話シリーズ。「それこそが禅の真髄だ—待つ、何もなくただ待つ。この途方もない調和、この和合こそが禅宣言の本質だ（本編より）」

●本編2枚組133分●¥4,380（税別）●1989年プネーでの講話（瞑想リード付）

■禅宣言 2 —沈みゆく幻想の船—（瞑想リード付）

深い知性と大いなる成熟へ向けての禅の真髄を語る、OSHO最後の講話シリーズ。あらゆる宗教の見せかけの豊かさと虚構をあばき、全ての隷属を捨て去った真の自立を説く。

●本編2枚組194分●¥4,380（税別）●1989年プネーでの講話

■禅宣言 1—自分自身からの自由—（瞑想リード付）

禅の真髄をあますところなく説き明かす、OSHO最後の講話シリーズ。古い宗教が崩れ去る中、禅を全く新しい視点で捉え、人類の未来への新しい地平を拓く。

●本編2枚組220分　●¥4,380（税別）●1989年プネーでの講話

■内なる存在への旅 —ボーディダルマ2—

ボーディダルマはその恐れを知らぬ無法さゆえに、妥協を許さぬ姿勢ゆえに、ゴータマ・ブッダ以降のもっとも重要な＜光明＞の人になった。

●本編88分　●¥3,800（税別）●1987年プネーでの講話

■孤高の禅師 ボーディダルマ—求めないことが至福—

菩提達磨語録を実存的に捉え直す。中国武帝との邂逅、禅問答のような弟子達とのやりとり、奇妙で興味深い逸話を生きた禅話として展開。「“求めないこと”がボーディダルマの教えの本質のひとつだ」

●本編2枚組134分　●¥4,380（税別）●1987年プネーでの講話

< OSHO 既刊書籍 > ■価格は全て税別です。

探求

真理の泉—魂の根底をゆさぶる真理への渇望

人間存在のあらゆる側面に光を当てながら、真理という究極の大海へと立ち向かう、覚者 OSHO の初期講話集。若き OSHO の燃えるような真理への渇望、全身全霊での片時も離れない渇仰が、力強くあなたの魂の根底をゆさぶり、今ここに蘇る。「真理とは何か」という永遠のテーマに捧げられた一冊。

<内容> ●生を知らずは死なり ●秘教の科学 ●真如の修行 他

■四六判並製 448頁 ¥2,350（税別） 送料 ¥390

瞑想の道—自己探求の段階的ガイド

<ディヤン・スートラ新装版>

真理の探求において、身体、思考、感情という3つの観点から、その浄化法と本質、それを日々の生活の中でいかに調和させるかを、実際的かつ細部にわたって指し示した、瞑想実践の書。究極なる空（くう）へのアプローチを視野に置いた、生の探求者必読の一冊。

<内容> ●瞑想の土台 ●身体から始めなさい ●感情を理解する 他

■四六判並製 328頁 ¥2,200（税別） 送料 ¥390

奇跡の探求 I, II—チャクラの神秘

若き OSHO がリードする瞑想キャンプ中での、エネルギッシュで臨場感溢れる講話録。特に II はチャクラやシャクティパット等の秘教的領域を科学者のように明快に説き明かしていく驚異の書。

■ I：四六判上製 488頁 2,800円+税／送料 390円

■ II：四六判並製 488頁 2,450円+税／送料 390円

死ぬこと 生きること—死の怖れを超える真実

OSHO 自身の幽体離脱の体験や、過去生への理解と対応、死におけるエネルギーの実際の変化など、「死」の実体に具体的にせまり、死と生の神秘を濃密に次々と解き明かしていく。若力強さ溢れる初期講話録。

■四六判並製 448頁 2,350円+税／送料 390円

探求の詩（うた）—インドの四大マスターの一人、ゴラクの瞑想の礎

神秘家詩人ゴラクの探求の道。忘れられたダイヤの原石が OSHO によって蘇り、途方もない美と多彩な輝きを放ち始める——。ゴラクの語ったすべてが途方もない美と多彩な輝きを放つ。

■四六判並製 608頁 2,500円+税／送料 390円

隠された神秘—秘宝の在処

寺院や巡礼の聖地の科学や本来の意味、そして占星術の真の目的——神聖なるものとの調和への探求——など、いまや覆われてしまった古代からの秘儀や知識を説き明かし、究極の超意識への理解を喚起する貴重な書。

■四六判上製 304頁 2,600円+税／送料 390円

発行  (株)市民出版社

〒168-0071 東京都杉並区高井戸西2-12-20

TEL. 03-3333-9384 FAX. 03-3334-7289

郵便振替口座：00170-4-763105

URL: http://www.shimin.com

グレート・チャレンジ—超越への対話

知られざるイエスの生涯、変容の技法、輪廻について等、多岐に渡る覚者から探求者への、興味深い内面へのメッセージ。和尚自身が前世の死と再誕生について語る。未知なるものへの探求を喚起する珠玉の一冊。

■四六判上製 382頁 2,600円+税／送料 390円

＜OSHO 既刊書籍＞ ■価格は全て税別です。

質疑応答

炎の伝承 Ⅰ, Ⅱ — ウルグアイでの珠玉の質疑応答録

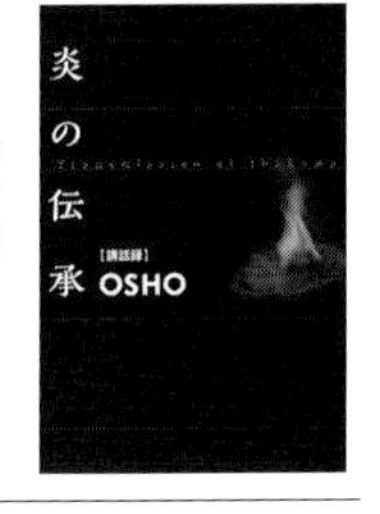

内容の濃さで定評のあるウルグアイでの講話。ひとりの目覚めた人は、全世界を目覚めさせることができる。あたかも炎の灯された 1 本のロウソクが、その光を失うことなく数多くのロウソクに火を灯せるように……。緊迫した状況での質問に答え、秘教的真理などの広大で多岐に渡る内容を、縦横無尽に語り尽くす。

＜内容＞●純粋な意識は決して狂わない ●それが熟した時ハートは開く
●仏陀の鍋の中のスパイス ●変化は生の法則だ 他

究極の錬金術 Ⅰ, Ⅱ
— 自己礼拝 ウパニシャッドを語る

苦悩し続ける人間存在の核に迫り、意識の覚醒を常に促し導く、炎のような若き OSHO。探求者との質疑応答の中でも、単なる解説ではない時を超えた真実の深みと秘儀が、まさに現前に立ち顕われる壮大な講話録。

■Ⅰ：四六判並製 592 頁 2,880 円+税／送料 390 円
■Ⅱ：四六判並製 544 頁 2,800 円+税／送料 390 円

こころでからだの声を聴く
— ボディマインドバランシング

OSHO が語る実際的身体論。最も身近で未知なる宇宙「身体」について、多彩な角度からその神秘と英知を語り尽くす。ストレス・不眠・加齢・断食など多様な質問にも具体的対処法を提示。

■ A5 判変型並製 256 頁 2,400 円+税／送料 390 円

ガイド瞑想CD付

インナージャーニー
— 内なる旅・自己探求のガイド

マインド、ハート、そして生エネルギーの中枢である臍という身体の三つのセンターへの働きかけを、心理・肉体の両面から説き明かしていく自己探求のガイド。根源への気づきと愛の開花への旅。

■四六判並製 304 頁 2,200 円+税／送料 390 円

新瞑想法入門
— OSHO の瞑想法集大成

禅、密教、ヨーガ、タントラ、スーフィなどの古来の瞑想法から、現代人のための OSHO 独自の技法まで、わかりやすく解説。瞑想の本質や原理、探求者からの質問にも的確な道を指し示す。

■ A5 判並製 520 頁 3,280 円+税／送料 390 円

アティーシャの知恵の書（上）（下）

みじめさを吸収した途端、至福に変容される……「これは慈悲の技法だ。苦しみを吸収し、祝福を注ぎなさい。それを知るなら人生は天の恵み、祝福だ」

■上：四六判並製 608 頁 2,480 円+税／送料 390 円
■下：四六判並製 450 頁 2,380 円+税／送料 390 円

愛の道 — カビールの講話

儀式や偶像に捉われず、ハートで生きた神秘家詩人カビールが、現代の覚者・OSHO と溶け合い、響き合う。機織りの仕事を生涯愛し、存在への深い愛と感謝と明け渡しから自然な生を謳ったカビールの講話初邦訳。

■ A5 判並製 360 頁 2,380 円+税／送料 390 円

魂のヨーガ — パタンジャリのヨーガスートラ

「ヨーガとは、内側へ転じることだ。未来へも向かわず過去へも向かわないとき、あなたは自分自身の内側へ向かう。パタンジャリはまるで科学者のように人間の絶対的な心の法則、真実を明らかにする方法論を導き出した——OSHO」

■四六判並製 408 頁 2,400 円+税／送料 390 円

神秘家の道 — 覚者が明かす秘教的真理

少人数の探求者のもとで親密に語られた珠玉の質疑応答録。次々に明かされる秘教的真理、光明の具体的な体験、催眠の意義と過去生への洞察等広大で多岐に渡る内容を、縦横無尽に語り尽くす。

■四六判並製 896 頁 3,580 円+税／送料 390 円

神秘家 **エンライトメント** ●アシュタバクラの講話	インド古代の12才の覚者・アシュタバクラと比類なき弟子・帝王ジャナクとの対話を題材に、技法なき気づきの道についてOSHOが語る。 ■ A5判並製／504頁／2,800円 〒390円
ラスト・モーニング・スター ●女性覚者ダヤに関する講話	過去と未来の幻想を断ち切り、今この瞬間から生きること――。スピリチュアルな旅への愛と勇気、究極なるものとの最終的な融合を語りながら時を超え死をも超える「永遠」への扉を開く。 ■ 四六判並製／568頁／2,800円 〒390円
シャワリング・ウィズアウト・クラウズ ●女性覚者サハジョの詩	光明を得た女性神秘家サハジョの、「愛の詩」について語られた講話。女性が光明を得る道、女性と男性のエゴの違いや、落とし穴に光を当てる。 ■ 四六判並製／496頁／2,600円 〒390円
禅 **禅宣言** ●OSHO最後の講話	「自分がブッダであることを覚えておくように――サマサティ」この言葉を最後に、OSHOはすべての講話の幕を降ろした。禅を全く新しい視点で捉え、人類の未来に向けた新しい地平を拓く。 ■ 四六判上製／496頁／2,880円 〒390円
無水無月 ●ノーウォーター・ノームーン	禅に関する10の講話集。光明を得た尼僧千代能、白隠、一休などをテーマにした、OSHOならではの卓越した禅への理解とユニークな解釈。OSHOの禅スティック、目覚めへの一撃。 ■ 四六判上製／448頁／2,650円 〒390円
そして花々は降りそそぐ ●パラドックスの妙味・11の禅講話	初期OSHOが語る11の禅講話シリーズ。「たとえ死が迫っていても、師を興奮させるのは不可能だ。彼を驚かせることはできない。完全に開かれた瞬間に彼は生きる」――OSHO ■ 四六判並製／456頁／2,500円 〒390円
インド **私の愛するインド** ●輝ける黄金の断章	光明を得た神秘家や音楽のマスターたちや類まれな詩などの宝庫インド。真の人間性を探求する人々に、永遠への扉であるインドの魅惑に満ちたヴィジョンを、多面的に語る。 ■ A4判変型上製／264頁／2,800円 〒390円
タントラ **サラハの歌** ●タントラ・ヴィジョン新装版	タントラの祖師・サラハを語る。聡明な若者サラハは仏教修行僧となった後、世俗の女性覚者に導かれ光明を得た。サラハが国王のために唄った40の詩を題材に語るタントラの神髄！ ■四六判並製／480頁／2,500円〒390円
タントラの変容 ●タントラ・ヴィジョン 2	光明を得た女性と暮らしたタントリカ、サラハの経文を題材に語る瞑想と愛の道。恋人や夫婦の問題等、探求者からの質問の核を掘り下げ、内的成長の鍵を明確に語る。 ■ 四六判並製／480頁／2,500円 〒390円
スーフィ **ユニオ・ミスティカ** ●スーフィ、悟りの道	イスラム神秘主義、スーフィズムの真髄を示すハキーム・サナイの「真理の花園」を題材に、OSHOが語る愛の道。「この本は書かれたものではない。彼方からの、神からの贈り物だ」OSHO ■ 四六判並製／488頁／2,480円 〒390円
ユダヤ **死のアート** ●ユダヤ神秘主義の講話	生を理解した者は、死を受け入れ歓迎する。その人は一瞬一瞬に死に、一瞬一瞬に蘇る。死と生の神秘を解き明かしながら生をいかに強烈に、トータルに生ききるかを余すところなく語る。 ■四六判並製／416頁／2,400円 〒390円
書簡 **知恵の種子** ●ヒンディ語初期書簡集	OSHOが親密な筆調で綴る120通の手紙。列車での旅行中の様子や四季折々の風景、日々の小さな出来事から自己覚醒、愛、至福へと導いていく。講話とはひと味違った感覚で編まれた書簡集。 ■ A5判変型上製／288頁／2,300円 〒320円

数秘＆タロット＆その他

■ **わたしを自由にする数秘**―本当の自分に還るパーソナルガイド／著／マ・プレム・マンガラ

<内なる子どもとつながる新しい数秘> 誕生日で知る幼年期のトラウマからの解放と自由。 同じ行動パターンを繰り返す理由に気づき、あなた自身を解放する数の真実。無意識のパターンから自由になるガイドブック。 A5判並製 384頁　2,600円（税別）送料 390円

■ **直感のタロット**―人間関係に光をもたらす実践ガイド／著／マ・プレム・マンガラ

<クロウリー トートタロット使用 ※ タロットカードは別売 > 意識と気づきを高め、自分の直感を通してカードを学べる完全ガイド本。初心者にも、正確で洞察に満ちたタロット・リーディングができます。　A5判並製 368頁　2,600円（税別）送料 390円

■ **和尚との至高の瞬間**―著／マ・プレム・マニーシャ

OSHO の講話の質問者としても著名なマニーシャの書き下ろし邦訳版。常に OSHO と共に過ごした興味深い日々を真摯に綴る。　四六判並製 256頁　1,900円（税別）送料 320円

＜OSHO瞑想CD＞

ダイナミック瞑想
全5ステージ 60分

◆デューター

生命エネルギーの浄化をもたらすOSHOの瞑想法の中で最も代表的な技法。混沌とした呼吸とカタルシス、フウッ！という スーフィーの真言(マントラ)を、全力で行なう。

¥2,913（税別）

クンダリーニ瞑想
全4ステージ 60分

◆デューター

未知なるエネルギーの上昇と内なる静寂、目醒めのメソッド。OSHOによって考案された瞑想の中でも、ダイナミックと並んで多くの人が取り組んでいる夕方の活動的瞑想法。

¥2,913（税別）

ナタラジ瞑想
全3ステージ 65分

◆デューター

「あなた」が踊りのなかに溶け去るトータルなダンスの瞑想。第1ステージは目を閉じ、40分間踊る。第2ステージは横たわる。最後の5分間、踊り楽しむ。

¥2,913（税別）

ナーダブラーマ瞑想
全3ステージ 60分

◆デューター

宇宙と調和して脈打つ、ヒーリング効果の高いハミング瞑想。脳を活性化し、あらゆる神経繊維を浄化し癒しの効果をもたらすチベットの古い瞑想法の一つ。

¥2,913（税別）

チャクラ サウンド瞑想
全2ステージ 60分

◆カルネッシュ

7つのチャクラに目覚め、内なる静寂をもたらすサウンドのメソッド。各々のチャクラで音を感じ、チャクラのまさに中心でその音が振動するように声を出すことでチャクラに敏感になる。¥2,913（税別）

チャクラ ブリージング瞑想
全2ステージ 60分

◆カマール

7つのチャクラを活性化させる強力なブリージングメソッド。7つのチャクラに意識的になるためのテクニック。身体全体を使い、1つ1つのチャクラに深く速い呼吸をしていく。

¥2,913（税別）

ノーディメンション瞑想
全3ステージ 60分

◆シルス&シャストロ

グルジェフとスーフィのムーヴメントを発展させたセンタリングのメソッド。この瞑想は旋回瞑想(ワーリング)の準備となるだけでなくセンタリング(中心を定める)のための踊りでもある。旋回から沈黙へと続く。

¥2,913（税別）

グリシャンカール瞑想
全4ステージ 60分

◆デューター

呼吸を使って第三の目に働きかける、各15分4ステージの瞑想法。第一ステージで正しい呼吸が行われると血液の中に増加される二酸化炭素がエベレスト山頂にいるように感じられる。

¥2,913（税別）

ワーリング瞑想
全2ステージ 60分

◆デューター

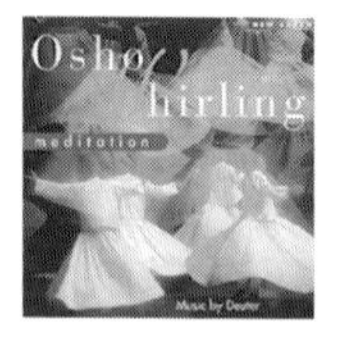

内なる存在が中心で全身が動く車輪になったかのように旋回し、徐々に速度を上げていく。体が倒れたらうつ伏せになり大地に溶け込むのを感じる。旋回から内なる中心を見出し変容をもたらす瞑想法。

¥2,913（税別）

ナーダ ヒマラヤ
全3曲 50分28秒

◆デューター

ヒマラヤに流れる白い雲のように優しく深い響きが聴く人を内側からヒーリングする。チベッタンベル、ボウル、チャイム、山の小川の自然音。音が自分の中に響くのを感じながら、音と一緒にソフトにハミングする。

¥2,622（税別）

<ヒーリング，リラクゼーション音楽CD>

■価格は全て￥2,622（税別）です。

ハートの光彩

全8曲
61分

◆デューター

デューターが久々に贈るハートワールド。繊細で、不動なる信頼のような質をもったくつろぎが、ゆっくりと心を満たしていく。
使われる楽器と共に曲ごとにシーンががらりと変わり、様々な世界が映し出される。

クリスタル・チャクラ・ヒーリング

全6曲
61分03秒

◆ワドゥダ/プラサナ&ザ・ミステリー

虹色に鳴り渡るクリスタルボウル独特の穏やかな響きが、七つのチャクラの目覚めと活性化を促す、ヒーリングパワー・サウンド。まさにいま目の前で鳴っているようなライブ感が印象的。
クリスタル・ボウルは、欧米では医療にも使われています。

レイキ・ヒーリング・サイレンス

全8曲
63分52秒

◆デューター

微細なスペースに分け入る音の微粒子――ピアノ、シンセサイザーに、琴や尺八といった和楽器も取り入れて、デューターの静謐なる癒しの世界は、より深みを加えて登場。透きとおった、えも言われぬ沈黙の世界を築きあげる。

マッサージのための音楽

全6曲
69分

◆デューター・カマール・パリジャット・チンマヤ

マッサージはもちろん、レイキや各種ボディワーク、ヒーリングなど、どのワークにも使える、くつろぎのための音楽。ヒーリング音楽で活躍するアーティストたちの名曲が奏でる究極のリラックスサウンドが、深い癒しをお届けします。

ブッダ・ガーデン

全10曲
64分12秒

◆パリジャット

パリジャットの意味は＜夜香るジャスミンの花＞――彼の生み出す音楽は、優しく香り、リスナーを春のような暖かさで包み込みます。秀曲ぞろいのこのアルバムの、高まるメロディーとくつろぎの谷間が、比類なき安らぎのスペースへ導きます。

アートマ・バクティ―魂の祈り

全3曲
66分47秒

◆マニッシュ・ヴィヤス

魂の中核に向かって、インドの時間を超えた調べが波のように寄せては返す。空間を自在に鳴り渡るインドの竹笛・バンスリの響きと、寄り添うように歌われるマントラの祈り。催眠的で、エクスタティックな音の香りが漂う。

チベット遥かなり

全6曲
55分51秒

◆ギュートー僧院の詠唱（チャント）

パワフルでスピリチュアルな、チベット僧たちによるチャンティング。真言の持つエネルギーと、僧たちの厳粛で深みのある音声は、音の領域を超えて、魂の奥深くを揺さぶる。
チベット密教の迫力と真髄を感じさせる貴重な1枚。

ドリーム・タイム

全6曲
53分

◆デューター

時間の世界から永遠への扉を開けるヒーリング音楽の巨匠・デューターが、夢とうつつの境界を溶かす一枚の妙薬を生み出した。有名な荘子の「夢の中の蝶が私か、夢見ている者が私か」という不思議な感覚が音として再現されたような世界。

※ＣＤ等購入ご希望の方は市民出版社 www.shimin.com までお申し込み下さい。
※郵便振替口座：市民出版社 00170-4-763105
※送料／ CD1枚￥260・2枚￥320・3枚以上無料（価格は全て税込です）
※音楽ＣＤカタログ（無料）ご希望の方には送付致しますので御連絡下さい。

◆瞑想実践 CD◆

バルド瞑想（CD4枚組）

チベット死者の書に基づくガイド瞑想

再誕生への道案内

定価：本体 4,660 円＋税
送料 320 円
180 分（CD4 枚組構成）
◆制作・ヴィートマン
◆音楽・チンマヤ

死に臨む人は、肉体の死後、再誕生に向けて旅立ちます。その道案内ともいうべきチベットの経典「チベット死者の書」を、現代人向けにアレンジしたのが、この「バルド瞑想」です。

バルドとは、死後、人が辿る道のりのことで、「死者の書」は、その道筋を詳細に著しています。人類の遺産ともいうべきこの書を、生きているうちから体験するために、このガイド瞑想は制作されました。意識的な生と死のための瞑想実践ＣＤです。

【構成内容】
- ■ Part 1 原初の澄み渡る光の出現
  第二の澄み渡る光の出現
- ■ Part 2 心の本来の姿の出現
  バルドの１日目から 49 日目
- ■ Part 3 再生へ向かうバルド
  再生のプロセス、子宮の選び方

OSHOダルシャン バックナンバー

ページをめくるごとにあふれる OSHO の香り……
初めて OSHO を知る人にも読みやすく編集された、
豊富な写真も楽しめるカラーページ付の大判講話集。

各A4変型／カラー付／定価：1456 円（税別）〒 320 円

	内 容 紹 介
vol.1	ヒンディー語講話集
vol.3	知られざる神秘家たち
vol.4	死と再誕生への旅
vol.5	愛と創造性
vol.6	自由――無限の空間への飛翔
vol.7	禅――究極のパラドックス
vol.8	愛と覚醒
vol.9	宗教とカルトの違い
vol.10	究極の哲学
vol.11	無――大いなる歓喜
vol.12	レットゴー――存在の流れのままに
vol.13	ブッダフィールド――天と地の架け橋
vol.14	インナー・チャイルド
vol.15	瞑想と芸術
vol.16	夢と覚醒
vol.17	無意識から超意識へ
vol.18	光明と哲学

112 の瞑想カード

―インド5000年、シヴァの秘法―

<内容>
◆カラー瞑想カード 112 枚
◆瞑想ガイド（解説書）付き
◆価格￥4,800（税別）送料 510 円

この瞑想カードは五千年前にインドに生まれ、禅、スーフィ、神秘主義など、あらゆるスピリチュアリズムの源泉ともなった教典「ヴィギャン・バイラブ・タントラ」を題材にしています。
112 の瞑想法を、タロットカードのようにその時々に応じて選ぶ、遊びに満ちた瞑想導入のためのカードです。

発売／（株）市民出版社　www.shimin.com
TEL. 03-3333-9384　FAX. 03-3334-7289